# Polen

Dieter Schulze

# Inhalt

**Erläuterung der Symbole**

*Für Familien mit Kindern besonders geeignet*

*Diese Unterkünfte haben behindertengerechte Zimmer*

*In diesen Unterkünften sind Hunde erlaubt*

CREDIT *Alle Kreditkarten werden akzeptiert*

*Keine Kreditkarten werden akzeptiert*

*Preise für eine Übernachtung im Doppelzimmer mit Frühstück:*

| | | | |
|---|---|---|---|
| ●●●● | über 60 € | ●● | 30–60 € |
| ●●● | 60–120 € | ● | bis 30 € |

*Preise für ein Menü ohne Getränke:*

| | | | |
|---|---|---|---|
| ●●●● | über 30 € | ●● | 10–20 € |
| ●●● | 20–30 € | ● | bis 10 € |

Narev
Mazowie
Kozłowka
Pułtusk
Bug
Wyszków
Nasielsk
Łochów
Serock
Węgrów
Jabłonna
Legionowo
WARSZAWA
WARSCHAU
Błonie
Mińsk
Mazowiecki
Otwock
Piaseczno
Kołbiel

# Polen stellt sich vor

*Der Rynek, der Marktplatz in Warschau, bildet mit den umliegenden kleinen Gassen eines der schönsten Viertel der Stadt. Geprägt ist er von stolzen Bürgerhäusern aus dem 17. und 18. Jahrhundert sowie der in der Mitte postierten Sirene.*

Bei unserem Nachbarn ist viel zu entdecken: weiße Ostseestrände und verträumte Seen, lebhafte Altstädte und ein gewaltiger Gebirgskamm, der sich von den Sudeten zu den Waldkarpaten erstreckt.

Die kostbarsten Wochen des Jahres in Polen? Lohnt sich das denn?« Die meisten Deutschen wissen nur wenig über ihren Nachbarn im Osten – und was sie zu wissen glauben, ist eine seltsame Mischung aus Fantasie und Wirklichkeit. Sie sprechen vom reisewütigen polnischen Papst und der angeblich so schönen polnischen Frau, der Musik Chopins und den munteren Autodieben, polnischer Wirtschaft und grenzenlos fließendem Wodka. Und je nach politischem Standort schätzen oder verhöhnen sie den Elektriker Wałęsa, der mit Maria am Revers den Kommunismus bekämpfte und anschließend zum Präsidenten seines Landes aufstieg.

Seit dem Beitritt Polens zur EU im Jahr 2004 ist der Nachbar näher gerückt. Höchste Zeit also, einmal gen Osten zu fahren und alte, tief verwurzelte Vorurteile über Bord zu werfen. Morgens steigt man in den Zug, und schon abends kommt man an, sei es in Breslau, Krakau oder Danzig. Kein »eiserner Vorhang« tut sich mehr auf, die Grenzkontrollen sind heute flüchtig. Für die Einreise genügt der Personalausweis, und schon bald wird man hüben wie drüben mit der gleichen Währung bezahlen.

Mit der Verständigung klappt es fast überall gut: Fleißig studieren vor allem die jungen Polen Englisch und Deutsch und sind darauf erpicht, ihre Sprachkenntnisse auszuprobieren. Bei einer jüngst durchgeführten Untersuchung stellte sich heraus, dass jeder fünfte Pole über Kenntnisse der deutschen Sprache verfügt, fast jeder zweite spricht Englisch. In Oberschlesien und im Oppelner Land, seltener in Masuren stößt man auf ältere Menschen, die »kariert« sprechen, d. h., sie wechseln munter zwischen Polnisch und Deutsch. Vielerorts gibt es zweisprachige Schulklassen, in Oppeln kann man sogar ein deutsches Abitur ablegen.

Vieles wirkt in Polen fantasievoller als bei uns – die Innenstädte mit ihren alten Marktplätzen wurden mustergültig restauriert und strahlen in frischen Farben. Einstmals leere Plätze haben sich in öffentliche Bühnen verwandelt, bis in die Abendstunden

*Krakau ist eine Stadt im Aufbruch, die hoffnungsvoll in die Zukunft blickt und gleichzeitig ihren nostalgischen Charme bewahrt.*

herrscht vor allem in Universitätsstädten ein ausgelassenes Treiben. Man möchte sehen und gesehen werden, pilgert in Einkaufspassagen, pflegt Geselligkeit in Bars und Cafés. Der erste Weg führt in der Regel nach **Krakau** (Kraków). Nie wurde die Stadt im Krieg zerstört, kein Wiederaufbau tat not. So hat sie manch altehrwür-

## Neuland für viele Reisende

dige Tradition über die Zeiten gerettet, huldigt der Muße und Nonchalance. Mit ihrer eleganten Renaissance-Architektur verströmt sie südländischen Charme, erscheint als Abbild jener Zeit, als sie Hauptstadt eines Königreiches war, das von der Ostsee bis zum Schwarzen Meer reichte. Ganz anders **Warschau** (Warszawa), die neue Hauptstadt, die sich heute für ihre künftige Rolle als wirtschaftliche Drehscheibe zwischen Ost und West rüstet. Nach Berlin ist sie die größte Baustelle Europas, Yuppies füllen die Kneipen und vertauschen den Wodka mit Wein. Big Business triumphiert – in Warschau ungezügelt, in **Posen** (Poznań) eher vorsichtig. Seine Bewohner gelten als »polnische Schwaben« und polieren die Messestadt in fleißiger Kleinarbeit zum Schaufenster in Richtung Westen auf.

In **Danzig** (Gdańsk) gehen die Uhren anders, hier rühmt man sich hanseatischer Gelassenheit. Man war und ist »die Königin des Baltikums«, deutsche, flämische und skandinavische Baumeister schufen Patrizierhäuser und backsteinerne Riesenkirchen. 1980 wurde in dieser Stadt erneut Geschichte geschrieben: Von der Danziger Werft zog die Gewerkschaft »Solidarität« aus, den Sozialismus auszuhebeln. Ihre auf ein Holzbrett gepinselten Forderungen sind mittlerweile ein Weltkulturerbe der UNESCO, die Arbeiter wurden entlassen und ihre Werft in eine »Hansa-

*Westlich des Pieninygebirges, das zu den landschaftlichen Höhepunkten Polens zählt, liegt die Burg Niedzica. Besonders sehenswert ist ihr Arkadenhof aus der Spätrenaissance.*

Stadt« verwandelt – ein Refugium für polnische Neureiche.

Stark im Kommen ist auch **Breslau** (Wrocław), wo sich böhmische, preußische und polnische Traditionen verquicken. Breslau besitzt eine stilvolle Altstadt und eine Dominsel; die Architekten des frühen 20. Jahrhunderts sind zu Klassikern der Moderne avanciert.

Ein Urlaub allein reicht nicht aus, um die Städte in ihrer Vielfalt zu begreifen – ganz zu schweigen von den Attraktionen der Natur: Die Palette reicht von der Ostsee mit ihren Wanderdünen und Kliffs über die Seenplatten Pommerns und Masurens bis zu den alpinen Tatra-Gipfeln im Süden. In **23 Nationalparks** werden die interessantesten Landschaften geschützt. In »Europas letztem Urwald« leben Wisente auf freier Wildbahn, das Gebiet um den »polnischen Amazonas«, das fast so groß ist wie die Schweiz, lädt zur Vogelbeobachtung ein. Auch sonst hat Polen den Aktivurlaubern eine ganze Menge zu bieten: Baden und Surfen im Meer, Segeln und Rad fahren im Seengebiet, Wandern und Skifahren im Gebirge – und das alles zu einem noch immer günstigen Preis.

Schaut man auf die Landkarte, macht Polen einen kompakten Eindruck: Es hat eine annähernd runde Gestalt, im Norden wird es von der Ostsee und im Süden vom Gebirge der Sudeten und Karpaten begrenzt. Gen Westen und Osten gibt es keine so markanten geografischen Schranken, weshalb sich das Land im Lauf der Jahrhunderte mal in die eine, mal in die andere Richtung verschoben hat. Heute bilden Oder und Lausitzer Neiße die Grenze zu Deutschland, während Bug und San Polen und damit auch die EU von der Ukraine und Weißrussland abschirmen.

## Rund und solide

Es gibt in Polen überraschend viel Platz. So weit das Auge reicht, nichts als Felder, Wiesen und Wälder – kaum Dörfer. Polen ist fast so groß wie Deutschland, aber nur halb so dicht besiedelt, wobei sich die meisten Bewohner in einigen wenigen Ballungszentren drängen (Oberschlesien, Danziger Dreistadt, Warschau, Łódź und Posen). Jenseits der Metropolen sind die Räume oft menschenleer, der Natur anheim gegeben.

## Vom Baltikum in die Berge

Die Landschaften sind übersichtlich angeordnet und verlaufen in breiten, parallelen Streifen von West nach Ost. Vom Stettiner bis zum Frischen Haff erstreckt sich auf 500 Kilometern Länge die **Ostseeküste**. Hohe Klippen wechseln ab mit Wanderdünen, die der stete Nordwestwind landeinwärts trägt. Die Strände sind überall weiß und weich, zählen zu den breitesten in Europa und sind für Badeurlaub und Küstenwanderungen ideal. Im Juli und August sind die Badeorte Międzyzdroje und Kołobrzeg, Łeba und Sopot brechend voll, auch in Polen gilt die Devise »Sonne, See und Sand satt«. Wer den Strand für sich allein haben will, kommt besser in der Nebensaison.

An die schier endlos sich verlängernde Kette flirrender Sandfelder schließt sich südwärts der **Baltische Höhenrücken** an. Seine sanft geformten Hügel sind ein Erbe der letzten Eiszeit, als die Gletscher Gesteinsschutt vor sich her schoben, der nach der Schmelze stehen blieb. Doch nicht nur Buckel haben die Gletscher hinterlassen. Ihr Schmelzwasser sammelte sich in Mulden und Rinnen zu unzähligen Seen. Im Westen bilden diese die **Pommersche Seenplatte**, deren schönster Teil die Kaschubei ist, vielen Lesern gewiss schon vertraut durch die Lektüre von Günter Grass' »Blechtrommel«. Die Weichsel mit ihren unter der Ordensherrschaft errichteten Festungsstädten markiert den Übergang zum »Land der dunklen Wälder und kristallnen Seen«, der Landschaft **Masurens**. Inmitten des welligen Landes liegen über 3000 Gewässer verstreut, zumeist lang gestreckte Rinnenseen, wie Perlen auf einer Kette gereiht, durch Flüsse und Kanäle miteinander verknüpft. Der größte ist der Śniardwy-See, auch »masurisches Meer« genannt, Teil des unter Naturschutz stehenden Landschaftsparks. In diesem Teil Polens werden Kindheitserinnerungen wach. Es gibt in Masuren nur wenige Orte, dafür umso mehr Alleen, Pferdekoppeln und Wiesen. Vor allem im Grenzgebiet zu Russland und Weißrussland findet man eine Reihe von Dörfern, die mehr Störche als Einwohner zählen.

Südwärts folgt das wenig spektakuläre **Polnische Tiefland**: eine melancholische Landschaft mit Getreideäckern und von Trauerweiden gesäumten Weizenfluren. Durch das

Tiefland verläuft Polens »Globalisierungsachse« mit Bahn- und Straßentrassen, die die Boom-Städte Warschau und Posen mit West- und Osteuropa verbinden.

Südlich der Linie Breslau–Tschenstochau–Lublin steigt das Land an. Rings um die Oder bauen sich Hügelketten auf; weiter östlich werden das Jura-Plateau und die Heiligkreuzberge durch die Weichsel vom Lubliner Hochland abgetrennt. Ganz im Süden liegen Polens Zentralgebirge, die **Sudeten** und die **Karpaten**. Die Kämme des Riesengebirges – so heißt der höchste, an der Schneekoppe 1602 Meter aufragende Teil der Sudeten – sind glatt geschliffen, sanft fallen seine Hänge zum Tal hin ab. Die Karpaten, die an der Mährischen Pforte nahe dem Dreiländereck Polen-Tschechien-Slowakei beginnen, sind dagegen bedeutend schroffer und wilder. Mit der Hohen Tatra, deren von ewigem Eis bedeckte Grate alpin wirken, steigen sie auf polnischer Seite bis knapp 2500 Meter an.

## An der Geschichte kommt man nicht vorbei

Seit 2004 wohnen Deutsche und Polen gemeinsam im »Haus Europa«. Erstmals in ihrer tausendjährigen nachbarschaftlichen Geschichte sind sie aufs Engste vereint, doch wird noch einige Zeit vergehen, bis sich ein Vertrauensverhältnis entwickelt – zu sehr wirkt die Geschichte noch nach ...

Dreimal wurde Polen ab 1772 geteilt, 1795 gar von der Landkarte getilgt. In den folgenden 123 Jahren mussten die Polen fremden Herren dienen, ihre Sprache, Religion und Kultur wurden unterdrückt. Wenn es darum ging, das Nachbarland zu züchtigen, war Deutschland in vorderster Linie dabei: »Haut doch die Polen, dass sie am Leben verzagen«, lautet ein Ausspruch von Reichskanzler Bismarck, der befürchtete, die Existenz eines polnisches Staates durchschneide »Preußens beste Sehnen«.

*Das Riesengebirge, polnisch Karkonosze, ist der höchste und bekannteste Teil des Sudetengebirges und ein ausgezeichnetes Wander- und Wintersportgebiet.*

Das nach dem Ersten Weltkrieg wieder auferstandene Polen erhielt westlich von Danzig einen Zugang zum Meer, der sich, wie Bismarck befürchtet hatte, wie ein Keil zwischen die Provinz Preußen und das Hauptgebiet des Deutschen Reichs schob. Der »Polnische Korridor« wurde zum Auslöser für Hitlers Überfall auf Polen. Er erfolgte am 1. September 1939 entlang der gesamten deutsch-polnischen Grenze. Stählerne deutsche Panzer stießen auf die antiquierte polnische Kavallerie und überrollten das Land in einem 17-tägigen Blitzkrieg.

Die fünfeinhalbjährige deutsche Besatzung war das Schlimmste, was Polen im Laufe seiner Geschichte durchlitten hat. Sechs Millionen Menschen, davon etwa die Hälfte Juden, starben in dieser Zeit. Die Juden galten als »minderwertige Rasse« und wurden in Konzentrationslagern ermordet; die Polen hatten den Status von »slawischen Untermenschen«, die der deutschen »Herrenrasse« zu dienen hatten. Sie wurden aus den nun unmittelbar dem Reich unterstellten, ehemals preußischen Teilungsgebieten (Danzig-Westpreußen, Posener Wartheland und östliches Oberschlesien) nach Restpolen vertrieben, das fortan als koloniales Generalgouvernement verwaltet wurde: ein Reservoir billiger Arbeitskraft und Aufmarschgebiet für den geplanten Feldzug gegen die Sowjetunion. Die polnische Führungsschicht – Universitätsangehörige, Priester und Offiziere – wurde verhaftet und getötet.

Nach dem Zweiten Weltkrieg wurde Mitteleuropa von den Alliierten neu sortiert: Polen verlor seine Ostgebiete an die Sowjetunion und erhielt als Entschädigung ein Viertel des Territoriums des Deutschen Reiches, darunter Schlesien, Pommern und das südliche Ostpreußen. Auch die Bevölkerung wurde ausgewechselt, »ethnische Säuberung« stand auf dem Programm. Laut einem Be-

*Anregendes Großstadtflair kennzeichnet die viertgrößte Stadt Polens, Breslau oder Wrocław. Dies spiegelt sich auch in der Architektur.*

schluss der Alliierten hatten alle Deutschen, die in dem Polen zugesprochenen Territorium lebten (das waren etwa neun Millionen), ihre Heimat binnen kurzer Zeit zu verlassen. In die von ihnen geräumten Häuser wurden Polen aus den an die Sowjetunion abgetretenen Ostgebieten verpflanzt, was in der offiziellen Sprachregelung beschönigend »Repatriierung« hieß.

## Die neue Freiheit

Erst mit dem Ende des von der Sowjetunion oktroyierten sozialistischen Systems ging, so die offizielle polnische Lesart, die lange Phase der Fremdherrschaft (1772–1918, 1939–1989) zu Ende. Der Schlussstrich, der 1990 unter die Geschichte gezogen wurde, setzte in Polen Hoffnungen frei und sorgte für eine überbordende Aufbruchsstimmung. Die ist freilich mittlerweile verflogen: »Heute sehen wir uns nüchterner und gelassener«, so Jolanta, eine Warschauer Restaurantbesitzerin. »Polen ist auf dem besten Weg, ein ganz normales Land zu werden. Wir haben unsere Glücksmomente und wir haben Depressionen.« Die Städter blicken in Richtung Westen und erhoffen sich von der Mitgliedschaft in der EU Wohlstand und Sicherheit. Mögen sie auch mit vielem, was aus dem Westen kommt, nicht einverstanden sein, so wissen sie doch: Es gibt kein Zurück, der Zug nach Europa ist abgefahren, und man hat das Beste daraus zu machen.

Auf dem Land dagegen ist die Skepsis stärker, kaum einer hat dort von der »Überwindung des Sozialismus« profitiert. Sofort nach Einführung der marktwirtschaftlichen Demokratie waren wichtige soziale Einrichtungen demontiert worden, der Staat fror seine Subventionen ein. Heute sind die Höfe der Kleinbauern, die sich doch – unter dem Beifall des Westens – der Kollektivierung einst so erfolgreich widersetzt hatten, mit weniger als zehn Hektar nach Auffassung des EU-Kommissars zu klein, um wettbewerbsfähig (und subventionswürdig) zu sein. Irgendwie, so meint die Zentralregierung in Warschau, werden sich die Kleinbauern schon durchschlagen. Das mag ein paar Jüngeren, die auf Öko-Anbau und Agrotourismus setzen, vielleicht sogar gelingen. Die Älteren aber bleiben bis auf wenige Ausnahmen auf der Strecke. Einige hocken an der Straße und verkaufen Touristen Waldpilze, Beeren und Maiglöckchen. Andere setzen ihre Hoffnung auf die »Samoobrona« (Selbstverteidigung), eine populistische, von Andrzej Lepper geführte Partei. Diese kämpft für die Gleichstellung polnischer Bauern mit ihren EU-Berufsgenossen, Mindestpreise und Absatzgarantien für landwirtschaftliche Produkte.

*Der Südosten Polens ist vorwiegend von der Landwirtschaft geprägt. Hier scheint die Zeit stehen geblieben zu sein.*

# Gewusst wo ...

*An der Nordseite der Frischen Nehrung erstrecken sich kilometerlange Sandstrände, die ideale Bedingungen für Wassersport bieten. Vor allem Segler und Surfer kommen dank der günstigen Windverhältnisse auf ihre Kosten.*

In Polen verbringt man einen abwechslungsreichen Kultur- und Aktivurlaub, übernachtet auf Bauernhöfen, in Schlössern und noblen Hotels. Dazu wird geschlemmt nach altpolnischer Art.

# Übernachten

## Von opulentem Barock bis zum Minimal Design – für jeden Geschmack ist etwas dabei.

*Karpacz (Krummhübel) ist ein beliebter Ferienort im Riesengebirge. Gemütlich und komfortabel logieren kann man dort im Hotel Rezydencja.*

Das Angebot an Unterkünften hat sich in den vergangenen Jahren stark verbessert. In den Großstädten expandieren die internationalen Hotelketten (Holiday Inn, Radisson, Mercure), auf dem Lande und in wichtigen Ferienorten entstehen familienfreundliche Gästehäuser und kleine Hotels. Oft hat man dort die Möglichkeit, Fahrräder auszuleihen; liegen die Unterkünfte am See, stehen Boote bereit.

## Urlaub auf dem Bauernhof

Immer beliebter wird der Urlaub auf dem Land. »Agrotouristische Bauernhöfe« findet man vor allem in Pommern und Masuren, den Sudeten und Karpaten. Sie bieten einfache, aber saubere Zimmer mit Bad und sind preislich günstig. Auf Wunsch werden Halb- oder Vollpension angeboten, auf manchen Höfen besteht die Möglichkeit zu reiten. Eine entsprechende Broschüre verschickt das Polnische Fremdenverkehrsamt, informieren kann man sich im Internet unter www.agroturystyka.pl.

Eine spezielle Vermittlung von Privatzimmern (Biuro Zakwaterowania) gibt es vorerst nur in einigen Großstädten. Doch auch auf dem Land bieten Hausbesitzer Zimmer an, man achte dort auf Schilder mit der Aufschrift »noclegi« oder »pokoje«.

Preiswerte Herbergen unterhält der polnische Verband für Touristik und Landeskunde PTTK. Oft sind sie im regionaltypischen Stil erbaut und liegen an landschaftlich attraktiven Stellen. Sie sind für Aktivurlauber konzipiert, verfügen häufig nur über Mehrbettzimmer, gemeinsame Toiletten und Duschräume. In Krakau, Breslau und Warschau gibt es mehrere neue Hostels für Backpacker, eine gute Alternative zu den Jugendherbergen mit ihren oft von ganzen Schulklassen bevölkerten Massenschlafsälen.

## MERIAN-Favoriten
## Die 10 besten Adressen

**Rialto (Warszawa/Warschau)**
Kleines, aber feines Designhotel im Art-déco-Stil, die Zimmer sind mit Originalmöbeln ausgestattet (→ S. 16).

**Amber Baltic (Międzyzdroje/Misdroy)**
Komfortables Hotel direkt am Strand mit umfangreichem Sportangebot, Indoor- und Outdoorpool (→ S. 47).

**Holiday Inn (Gdańsk/Danzig)**
Nicht nur für Geschäftsleute empfehlenswert: Vier-Sterne-Hotel mit geräumigen Zimmern und Fitness-Bereich (→ S. 56).

**Rezydent (Sopot/Zoppot)**
Moderner Komfort – u. a. Zimmer mit Internet-Zugang – in einer schön restaurierten Fin-de-Siècle-Villa mit vielen Extras im Wellness-Bereich (→ S. 69).

**Galindia Mazurski Eden (Mazurski Park Kraajobrazowy/Masurischer Landschaftspark)**
Ein uriges Hotel, originell und gemütlich, dazu direkt am See gelegen und von Wald umgeben (→ S. 77).

**Westin (Warszawa/Warschau)**
Viel Luxus in eleganter und angenehmer Atmosphäre bietet dieser Hochhauspalast. Exzellentes Frühstücksbuffet (→ S. 98).

**Radisson (Wrocław/Breslau)**
In einem neoklassizistischen Palais erwartet den Gast elegantes Ambiente und perfekter Service (→ S. 111).

**Rezydencja (Karpacz/Krummhübel)**
Eine gemütliche Villa im Schweizer Bergstil, und das am Eingang zum polnischen Riesengebirge (→ S. 121)!

**Monopol (Katowice/Kattowitz)**
Die »goldenen 20er-Jahre« lassen in diesem Vier-Sterne-Hotel grüßen. Zentrale Lage unweit des Bahnhofs (→ S. 122).

**Amadeus (Kraków/Krakau)**
Kleines, behagliches Altstadthotel in einem Barockpalais. Freundliche Zimmer mit verspielten Stilmöbeln (→ S. 127).

Die Campingsaison dauert in der Regel von Mitte Mai bis Mitte September. Es gibt in Polen ein dichtes Netz von Anlagen, doch nur wenige verfügen bisher über moderne sa-

*Polens erstes Design-Hotel ist das Rialto in Warschau: Hier ist Art Déco Trumpf – von der Lobby bis zu den einzelnen Zimmern.*

**MERIAN-Tipp**

### 1 Warschauer Rialto

Hier, so schrieb eine bekannte deutsche Tageszeitung, hätte sich der Große Gatsby wohl gefühlt: Polens erstes Design-Hotel, 500 m südlich des Hauptbahnhofs, ist bis ins letzte Detail im Stil des Art déco eingerichtet. Die Zimmer sind mit Originalmöbeln der Epoche ausgestattet, sehr schön wohnt man im Raum 41 mit erlesenen Thonet-Stücken von Josef Hoffmann. In der Bibliothek versorgt man sich mit CDs und DVDs, im obersten Stock gibt es ein Fitness-Studio mit Sauna. Für das leibliche Wohl sorgt der Schweizer Kurt Scheller, der seit Jahren zu den herausragenden Köchen im Land zählt.

ul. Wilcza 73; Tel. 0 22/5 84 87 00, Fax 5 84 87 01; www.hotelrialto.com.pl; 44 Zimmer ●●●● CREDIT

→ Umschlagkarte hinten, e 5

nitäre Einrichtungen. Der ADAC gibt in seinem jedes Jahr neu erscheinenden Führer Auskunft über Verbesserungen im Service. Freies Zelten ist in Naturschutzgebieten untersagt, wird aber ansonsten vielerorts geduldet. Auf privatem Grund sollte man allerdings stets vorher den Eigentümer um Erlaubnis fragen.

## Preisklassen und Reservierung

Hotels, Gästehäuser und Pensionen bucht man über Telefon, Fax oder Internet. Um dem Leser eine Vorstellung zu vermitteln, wie teuer die in diesem Buch vorgestellten Unterkünfte sind, wurden sie in vier Preisklassen unterteilt. Die Preise gelten jeweils für ein Doppelzimmer inkl. Frühstück. Für ein Einzelzimmer zahlt man in der Regel 70 % des Preises vom Doppelzimmer.

Alle in diesem Buch genannten Preise beziehen sich, wenn nicht anders angegeben, auf die Hauptsaison. Diese umfasst die Weihnachts- und Osterferien sowie die Monate Juli und August, in den Wintersportgebieten die gesamte Zeit zwischen Weihnachten und Ostern. In der Nach- bzw. Nebensaison, in Städten allerdings auch am Wochenende gewähren Hotels starken Preisnachlass.

Hotels und andere Unterkünfte sind bei den einzelnen Orten im Kapitel »Unterwegs in Polen« beschrieben.

# Ehemalige Schlösser und Gutshäuser

## Am See oder im Gebirge: fürstlich residieren zu erschwinglichem Preis.

»Polen ist das Paradies des Adels«, so lautete noch im 18. Jh. ein geflügeltes Wort. Nirgendwo in Europa hatten Grafen und Gutsbesitzer mehr Macht. Sie lebten ganz nach eigener Façon, waren großzügig, liebten die Jagd, das Spiel und die Leidenschaft. Die Reichsten von ihnen, die Lubomirski und Radziwiłł, Potocki und Ossoliński, besaßen ganze Provinzen, unterhielten eigene Armeen, Ballettensembles und Komponisten. Einige ihrer prachtvollen Schlösser haben sich in die Gegenwart hinübergerettet und wurden in Hotels, oft auch in Museen verwandelt. In jenen Teilen des Landes, die bis 1945 zum Deutschen Reich gehörten, kann man alternativ in Residenzen preußischer Aristokraten stilvoll übernachten.

In Polens Süden beginnt man die Schlosstour im Hirschberger Tal. Der preußische Hochadel fuhr zur Sommerfrische dorthin, und auch der deutsche Kaiser logierte gern mit Blick auf das Riesengebirge. Eine Dauerausstellung zum »schlesischen Elysium« mit seinen über 30 Schlössern bietet der Barockpalast **Łomnica** bei Jelenia Góra, wo Elisabeth und Ulrich von Küster ein kleines Hotel eingerichtet haben (Zamek Łomnica; ul. Karpnicka 3, Łomnica Dolna; Tel. 075/7 13 04 60, Fax 7 13 05 33; www.schloss-lomnitz.pl; 16 Zimmer •• MASTER VISA → S. 178, B 10). Wenige Kilometer westlich, wo die Prinzen Reuß den Kräuterlikör »Stonsdorfer« herstellen ließen, kann man sich gleichfalls einquartieren: Das Palast-

*Wer ein Faible für luxuriöse Schlosshotels hat, wird in Polen mittlerweile vielerorts fündig. Im prächtigen Barockschloss Łańcut aus dem 16. Jahrhundert kann man beispielsweise in eleganten Suiten mit Stilmöbeln nächtigen.*

hotel **Staniszów** liegt inmitten eines englischen Parks mit Teichen und alten Eichen (Pałac Staniszów; Staniszów 100; Tel. 075/7558445, Fax 7558534; www.palacstaniszow.pl; 15 Zimmer ●● MASTER VISA → S. 178, B 10).

Jenseits von Krakau lagen die Ländereien der polnischen Magnaten. Von ihrem feudalen Lebensstil überzeugt man sich im Barockschloss **Łańcut**. Auf Filzpantoffeln gleitet man durch pompöse Kabinette, die vom Boden bis zur Decke mit Kunstwerken gespickt sind. Im Ballsaal, in dem Fürstin Czartoryska Könige und Zaren empfing, findet im Mai das traditionsreiche Festival Alter Musik statt, zu dem Ensembles aus der ganzen Welt anreisen. Für die Nacht stehen Räume im Südflügel des Schlosses bereit: Suiten mit Stilmöbeln oder einfache, preiswerte Zimmer (Zamek; ul. Zamkowa 1; Tel./Fax 017/2252671; 22 Zimmer ●● → S. 181, D 15). Ein Standesgenosse, Fürst Stanisław Krasicki, ließ sich in **Krasiczyn** am Fuß der Waldkarpaten um 1600 ein Renaissanceschloss erbauen. Mit seinen vier hellen Bastionen und einem ringsum bemalten Arkadenhof gibt es eine gute Kulisse für die hier stattfindenden »Ritterturniere« ab. Doch auch wenn kein Fest ansteht, ist man willkommen: Fürstlich übernachtet man im Schloss, etwas einfacher im Kutscherhaus, im Schweizer und Jäger-Pavillon (Zamek Krasiczyn; 10 km westlich von Przemyśl; Tel. 016/6718321, Fax 6718316; www.hotele.zamkowe.pl; 42 Zimmer ●●● MASTER VISA → S. 181, D 15).

Eine vergleichbare Renaissancearchitektur, doch in ganz anderer Landschaft, entdeckt man in **Krąg**, 30 km östlich von Koszalin. Dort steht das nach dem von Stettin zweitgrößte Schloss Pommerns. Laut Legende hatte Ritter Podewils einen Anschlag auf Herzog Bolesław X. vereitelt, zum Dank erhielt er eine gotische Burg am See. Seine Nachfahren machten daraus einen Renaissance-Palazzo mit vier Haubentürmen, die keck aus grünem Dickicht aufragen. Eine deutsch-polnische Familie hat das Schloss erworben und liebevoll restauriert: Man wohnt mittelalterlich, doch mit modernem Komfort, genießt Küche »auf Ritterart« und erkundet per Rad die umliegenden Wälder (Zamek Podewils, Krąg 16; Tel. 094/3470516, Fax 3169111; www.podewils-hotel.pl; 70 Zimmer ●● CREDIT → S. 175, D 2).

# Essen und Trinken

## Die Küche ist herzhaft und deftig, beeinflusst von litauischer, russischer und jüdischer Tradition.

*Nicht nur im Jüdischen Viertel von Krakau wird wieder koscher gekocht – Jüdisches findet Nachahmer in vielen anderen Städten.*

Unschlagbar gut schmecken in Polen Suppen und Eintöpfe. Ein Klassiker ist »barszcz«, eine säuerliche Rote-Beete-Suppe, die mit gefüllten Teigtaschen, den so genannten »Öhrchen«, oder mit knuspriger Krokette gereicht wird. Im Frühjahr wird sie »auf ukrainische Art« mit grünen Rübenblättern angereichert, im Sommer serviert man sie »litauisch« als Kaltschale mit Joghurt und Gurke. Als Alternative bietet sich »żurek« an, eine auf der Grundlage von Sauermilch und fermentiertem Roggenmehl zubereitete Suppe, auf deren Grund ein halbes Ei schwimmt. Besonders gut mundet sie, wenn sie statt im Teller in einem ausgehöhlten Brotlaib serviert wird: Der säuerliche Geschmack wird dadurch noch verstärkt.

Polens bekanntestes Gericht, der »bigos«, gilt zwar als Eintopf, doch hat er kaum etwas Flüssiges an sich. Er besteht aus gedünstetem Sauerkraut, das mit den unterschiedlichsten Resten vermengt wird. Stets mit dabei sind Fleischstücke, Kümmel und Paprika, manchmal auch getrocknete Pflaumen, Äpfel und ein Schuss Wein. Je öfter der bigos aufgewärmt wird, desto harmonischer ist übrigens sein Geschmack. Polens Gastronomen protestieren deshalb heftig gegen die EU-Normen, denen zufolge das mehrmalige Aufwärmen unhygienisch und deshalb zu verbieten sei.

## MERIAN-Favoriten
## Die 10 besten Adressen

**Chief (Szczecin/Stettin)**
Frische Köstlichkeiten aus dem Meer (→ S. 46).

**Kamienica Goldwasser (Gdańsk/Danzig)**
Stilvoll speisen am Ufer der Mottlau (→ S. 62).

**Zhong Hua (Sopot/Zoppot)**
Asiatische Gerichte in einer Pagode am Meer (→ S. 69).

**Bażanciarnia (Poznań/Posen)**
Originelle Kreationen in edlem Ambiente (→ S. 86).

**Piotrkowska Klub 97 (Łódź/Lodsch)**
Kultort mit ausgefallenen Gerichten (→ S. 92).

**U Barssa (Warszawa/Warschau)**
Polnische Adelsküche am Alten Marktplatz (→ S. 103).

**La Scala (Wrocław/Breslau)**
Hier stieg Joschka Fischer bei seinem Stadtbesuch ab (→ S. 115).

**Beim Berggeist/U Ducha Gór (Karpacz/Krummhübel)**
Deftige Bergküche in rustikalem Ambiente (→ MERIAN-Tipp S. 120).

**Chłopskie Jadło (Kraków/Krakau)**
»Bauernschmaus« mitten in der Stadt (→ S. 133).

**Bąkowo Zohylina (Zakopane)**
Viel Wild und frischer Fisch in einem Bauernhaus (→ S. 139).

## Ans Eingemachte gehen

Gern kommt als Vorspeise auch Säuerliches auf den Tisch. Alles, was sich dafür eignet, wird eingelegt: nicht nur Sauerkraut, Rote Beete, Zwiebel und Gurke, sondern auch Hering und Dorsch. Ein Stängel Dill, etwas Knoblauch und ein Meerrettichblatt machen sie haltbar und verleihen ihnen eine pikante Note. Dazu passt vorzüglich Tatar, ein Überbleibsel der Tatarenkultur: Das frische Rindfleisch, das die Reiter unterm Sattel als Proviant mit sich führten, wurde durch den Ritt »weich geklopft«, anschließend roh und pikant gewürzt verzehrt. Heute gilt Tatar als luxuriöse Vorspeise, die freilich in Zeiten von Rinderwahn und Salmonellen mit Vorsicht zu genießen ist. Meist wird das gehackte Fleisch zu einem vulkanartigen Häufchen angerichtet, in dessen kraterartiger Vertiefung ein rohes Eigelb ruht. Marinierte Zutaten werden um den »Berg« herum angerichtet. Mittlerweile gibt es Tatar auch aus Wild und Lachs – zu allen Varianten trinkt man eiskalten Wodka.

Waldpilze sind von der polnischen Tafel nicht wegzudenken, sage und schreibe 42 Speisepilzarten sind im Land registriert. Im Frühherbst schwirren ganze Großfamilien aus, um sie zu ernten. Es gibt Steinpilze, im Polnischen »prawdziki« (die Wahrhaftigen) genannt, außerdem Pfifferling und Reizker, Morchel, Birken- und Butterpilz. Die Tradition des Sammelns reicht in jene Zeit zurück, als viele Polen gezwungen waren, sich mit Riesenvorräten an Pilzen über den langen Winter zu retten. Aus der Not machten sie eine Tugend und erfanden allerlei Gerichte, um das Menü zu variieren: Pilze werden mariniert, in Butter oder saurer Sahne gedünstet, in Fleischrouladen gerollt, oft auch getrocknet und als Aroma für Suppen und Soßen verwendet.

## Klöße und Piroggen

In der kalorienbewussten West-Küche sind sie längst passé, im östlichen Nachbarland sind sie Kult: Klöße, Nockerln und Plinsen, die rund und rechteckig, süß und salzig sind. Sie stammen nicht aus der Fertigpackung, sondern werden aufwendig von Hand zubereitet. Zur Familie der Teiggerichte gehören die »pierogi«, die den schwäbischen Maultaschen nicht unähnlich sind. Am häufigsten sieht man die »russische« Variante (»po ruskie«) mit einer Füllung aus zerstampften Kochkartoffeln, Zwiebel, Schichtkäse und Speck. Beliebt sind auch Piroggen mit Fleisch (»z mięsem«) bzw. Sauerkraut (»z kapustą«). Zuletzt werden die gekochten Teigtaschen mit zerlassenem Schmalz beträufelt und mit Speckgrieben bestreut, dazu trinkt man traditionell Kefir.

*Polnische Biere sind zwar nicht so berühmt wie die tschechischen, aber durchaus hochwertig: Die bekanntesten Flaschenbiere sind Żywiec, Lech und EB.*

## Fisch oder Fleisch?

Das Schnitzel (»sznycel«) zählt nicht zu den Highlights der polnischen Küche, oft verbirgt sich dahinter ein Hackbraten mit einer Portion Ketschup. Wer in Polen gut essen will, bestellt besser Geflügel und Wild. Da gibt es Exotika wie Wildschwein-Carpaccio und pastete, Hirschschinken und Wisentfleisch. Ausgezeichnet schmeckt auch »Ente auf altpolnische Art«, gefüllt mit Apfel, Pflaumen und anderem Trockenobst.

An der Küste und in Masuren ist in erster Linie Fisch angesagt: In der Ostsee wird vor allem Hering gefangen, aber auch Zander, Aal, Hecht und Lachs. Die beliebtesten Süßwasserfische sind Maräne mit zartem, lachsähnlichem Fleisch, Schleie und Barsch. Fast jeder Küstenort hat seine »smażalnia ryb«, eine Bratstube mit angeschlossenem Imbiss, in der man frischen Fisch vom Rost (»z rusztu«) oder geräuchert (»wędzony«) bekommt, meist in ein Brötchen geklemmt. In den Restaurants geht es aufwendiger zu: Fisch wird auf Wunsch gedünstet, gebraten, gekocht, sautiert und flambiert. Hering (»sledź«) wird in saurer Sahne, Zwiebel- oder Gemüsesoße eingelegt. Karpfen kommt oft in Aspik »auf jüdische Art« (»karp po żydowsku«) und erhält durch Rosinen und Mandeln einen süßen Beigeschmack.

Zum Essen trinken die Polen Mineralwasser und Fruchtsaft, am liebsten aber Bier. Es passt gut zur deftigen Küche und ist preiswert, kein Wunder also, dass der Jahreskonsum mittlerweile auf 50 l pro Kopf angestiegen ist. Die wichtigsten Marken heißen Piast, Leżajsk, Okocim, Tyskie und Żywiec, wobei die polnischen Namen darüber hinwegtäuschen, dass die Brauereien längst in ausländischer Hand sind. Wein wird nur im schlesischen Zielona Góra (Grünberg) hergestellt. Freilich reicht die Menge der geernteten Reben gerade aus, um den regionalen Bedarf zu decken. Importwein bleibt trotz fallender Preise für die meisten Polen unerschwinglich.

## Nationalgetränk Wodka

Wodka ist klassenübergreifend jenes »Wässerchen«, das die Mahlzeit auch in Nobelrestaurants abrundet. Es ist für die Polen, was Whisky für die Schotten ist. 20 verschiedene Sorten bietet allein Polmos, die größte Destillerie im Land. Kaum zu glauben, wie viele Nuancen aus Getreide bzw. Kartoffeln, den beiden wichtigsten Ingredienzien des »klaren« Wodkas, gezaubert werden können. Die Palette reicht vom »Chopin«, einem milden Wässerchen, über leicht süßlichen »Krakus« bis hin zum »Lajkonik«, der seinen Namen einem Tatarentöter aus dem 13. Jh. verdankt.

»Bunt« (»gatunkowe«) sind Wodkas, die mit Pflaume (»śliwowica«), Kirsche (»wiśniówka«) oder Traube (»winiak«) angereichert sind. Sie sind süß und werden gern als Aperitif getrunken. Zur Verdauung nimmt man lieber einen »scharfen« Wodka aus Zitronenrinde (»żołądkowa«) oder weißem Pfeffer (»pieprzowka«). Dem eiskalt servierten Kräuterwodka »żubrówka« ist ein Halm Bisongras beigefügt, das der namensgebende Wisent (»żubr«) mit seinem Urin veredelt hat. Ein guter Verdauungstrunk ist auch »starka«, der Adelswodka: Bei der Geburt einer Tochter füllt der Vater sein größtes Eichenfass mit dem besten Wodka und vergräbt es in der Erde. Wenn die Tochter heiratet, wird es ausgebuddelt. Durch die Jahre gemildert, mit leichtem Holzgeruch und goldener Tönung erinnert sein Geschmack an guten Brandy.

## Wann isst man was?

Eine polnische Redensart lautet: »Frühstücke wie ein Kaiser, iss zu Mittag wie ein Bürger und zu Abend wie ein Bettelmann.« Da die Arbeit in Polen schon früh, oft um 7 Uhr beginnt, wird das Frühstück im Morgengrauen eingenommen. Zu einer Tasse Tee oder Kaffee isst man ein dick belegtes Brot; Rühr- oder Spiegelei kommen fast immer dazu. Das Frühstück ist überaus üppig, denn es soll lange vorhalten. In den meisten Betrieben gibt es keine Mittagspause, so dass man bestenfalls zwischendurch ein oder zwei belegte Brote (»kanapki«) essen kann. Erst am späten Nachmittag, ab 15 Uhr, wird »zu Mittag« gegessen. Obligatorisch sind Suppe, Fleisch oder Fisch, dann das Dessert, manchmal zusätzlich Kaffee und Kuchen. Das Abendessen fällt weniger üppig aus – eingenommen wird es zwischen 18 und 22 Uhr. Restaurants sind in der Regel von 12–22 Uhr, Cafés von 8–21 Uhr geöffnet.

Restaurants sind bei den einzelnen Orten im Kapitel »Unterwegs in Polen« beschrieben.

# Einkaufen

## Naives und Süßes, Rustikales und Modisches: von Arkadiusz bis zum »Thorner Kathrinchen«.

*Traditionelle Holzschnitzereien gehören zu den schönsten landestypischen Souvenirs. Typisch für Krakau und sein Umland sind diese farbenprächtigen Holzkrippen.*

Polen ist für seine **Volkskunst** bekannt. Sie entstammt einer archaischen Welt, die vom Wechsel der Jahreszeiten, von Glauben und Gottvertrauen bestimmt ist. »Ich stelle mir vor«, erläutert Schnitzer Kostka seine Arbeit, »wie der heilige Franziskus den Vögeln zuschaut, Johannes der Täufer am Flussufer steht und Jesus traurig am Wegesrand sitzt.« Mit den Heiligen ist er auf »Du«, seine Werke

## Hochwertige Schnitzereien

entspringen einer fast kindlichen Fantasie, die weder durch religiöse Zweifel noch durch akademische Vorbildung getrübt ist. So ist der Strich groß, es gibt weder korrekte Proportionen noch richtige Anatomie. Das Material für seine Kunstwerke findet der Schnitzer im Wald: Holz ist im Überfluss vorhanden, ob Birnbaum oder Linde, Fichte oder unverwüstliche Eiche – verwertet wird alles, was sich hauen und stechen lässt.

Vor allem im Vorland der Tatra und in den Beskiden ist naive Kunst ein selbstverständlicher Bestandteil der Alltagskultur. Ein immer wiederkehrendes Motiv ist der kleinformatige »müde Christus«: Er stützt sein Haupt in die Hand, seine Gesichtszüge sind voll Melancholie. Oft steht diese Figur in einer kleinen Kapelle am Wegesrand, weshalb sie auch »Christi letzte Rast« heißt. Wer sie sieht, soll daran erinnert werden, dass er ein Reisender auf langer Fahrt, das Leben nichts weiter als ein Kreuzweg ist. Ausdrucksstark ist auch die Pietà, die Darstellung Marias, die ihren toten Sohn beweint. Außer Jesus und Maria sind dralle Engel und kecke Teufel im Angebot, die Heiligen Drei Könige und die zwölf bärtigen Apostel. Auch Gebrauchsgegenstände werden geschnitzt, u. a. Teller und Bottiche, Kellen und Schüsseln, Nussknacker und Bienenstöcke.

### MERIAN-Favoriten
### Die 10 besten Adressen

**Gdański Bówka (Gdańsk/Danzig)**
Maritimes aus dem Baltikum an der Mottlaupromenade (→ S. 62).

**Galerie Teresa Wydra (Gdańsk/Danzig)**
Bernstein in allen Formen und Farben in einem altertümlichen Laden (→ S. 62).

**Kopernik (Toruń/Thorn)**
Thorner Kathrinchen, Lebkuchen aller Varianten im musealen Artushof (→ S. 95).

**Nowy Świat (Warszawa/Warschau)**
Die Straße ist Teil des Königswegs und mit schicken Designer-Läden gespickt (→ S. 104).

**Empik (Warszawa/Warschau)**
Riesenangebot von Büchern, Karten und Bildbanden zu Polen – auch in deutscher Sprache (→ S. 104).

**Galeria Sztuki Naiwnej i Ludow (Wrocław/Breslau)**
Archaisch-naive Kunst aus allen Landesteilen, hergestellt von Autodidakten (→ S. 118).

**Muzeum Ziemi (Szklarska Poręba/Schreiberbau)**
Mineralien aus aller Welt, mundgeblasenes und kristallenes Glas (→ S. 125).

**Galeria Plakatu Dydo (Kraków/Krakau)**
Statt glatter Werbeästhetik viel Poesie: Polens beste Plakate (→ S. 134).

**Sukiennice (Kraków/ Krakau)**
Kunsthandwerk und Kitsch in schummrigen Holzkabüffchen (→ S. 134).

**Oscypek (Zakopane)**
Geräucherter Schafskäse mit EU-Gütesiegel, verkauft von Bauersfrauen (→ S. 139).

Wer statt Holz Ton bevorzugt, greift zu **Keramik**: Das im schlesischen Bolesławiec (Bunzlau) hergestellte Geschirr ist extrem widerstandsfähig. Tongefäße werden gebacken, bis sie weiß sind wie Porzellan, anschließend mit einer blauen Glasur überzogen und mit volkstümlichen Mustern verziert: Punkten und

Rosetten, Sternen und Pfauenaugen. Schöne Souvenirs sind auch das aus dem Riesengebirge kommende mundgeblasene und kristallene **Glas**, das sogar von europäischen Königshäusern bestellt wird, und der honiggelb bis braun schimmernde **Bernsteinschmuck**, den man am besten in Danzig ersteht.

## Mode à la Pologne

Originell ist die Festtagskleidung der Landbewohner, und fast wundert es, dass sie von der Modeindustrie noch nicht entdeckt wurde: fest gewebte Wollstoffe und verwegene Farbstreifen in Scharlach, Amarant und Dunkelorange, angeordnet nach Mustern, die in jedem Dorf und in jeder Familie anders sind. Dazu trägt man in den Bergen »skierpce«, flache, spitz zulaufende Schuhe aus einem Stück Leder, in das Ornamente eingestanzt sind.

Junge polnische Designer orientieren sich lieber am Westen; sie sind stolz darauf, dass ihre Produkte von dortiger Mode nicht zu unterscheiden sind. Labels von Leo Lazzi, Linear und KMX findet man in den Shopping-Zentren aller großen Städte. Arkadiusz, der sich gern von US-Popstars wie Christina Aguilera bezahlen lässt, stellt seine Kleider in eigenen Boutiquen aus.

Ein nettes und wohlschmeckendes Mitbringsel sind Süßigkeiten. Lecker schmecken z. B. »Thorner Kathrinchen« (»katarzynki«), die aus Honig, Mandeln, Butter und Zucker gebacken sind und an die Nürnberger Lebkuchen erinnern. Die besten Karamellbonbons (»krówki«) stammen aus Żywiec, eine kleine Kuh (»krówka«) ziert das Einwickelpapier. Warschau ist Sitz der traditionsreichen Schokoladenfabrik Wedel, die seit 1999 mit dem britischen Giganten Cadbury kooperiert.

*Mit etwas Glück wird man an der Ostseeküste fündig: Nach einem Sturm gibt es mitunter Bernsteinstücke, die angeschwemmt wurden. Ansonsten ist Bernstein in allen Variationen und Formen käuflich erhältlich.*

# Feste und Events

## Die Polen feiern gerne. Vor allem kirchliche Feiertage bilden den Rahmen für ausgelassene Feste.

*Die wichtigsten Feste im zutiefst religiösen Polen werden vom Kirchenkalender bestimmt. Besonders feierlich sind die Fronleichnamsprozessionen, die im ganzen Land stattfinden.*

Wohl keine Übertreibung: »Die Polen sind kleine Vulkane, die nur rauchen und von Zeit zu Zeit mit einem Lavastrom ausbrechen« (Aleksander Świętochowski). Wer einen solchen Ausbruch hautnah miterleben will, besucht am besten eines der vielen katholischen Volksfeste. Nach jedem Umzug wird geprasst und gezecht, Wodka und Bier fließen in Strömen. Dazu gibt es fetzige Musik, Jung und Alt schwingt das Tanzbein.

Inbrünstige Frömmigkeit erlebt man am stärksten in Częstochowa, die farbenprächtigste Fronleichnamsprozession findet in Łowicz statt. Zu Ostern lohnt ein Besuch der Passionsspiele in Kalwaria Zebrzydowska: Im »polnischen Jerusalem« werden die letzte Tage von Jesus aufgeführt, das Spektakel erstreckt sich über eine volle Woche! Zehntausende von Zuschauern sind dabei und erleben »live« das Letzte Abendmahl, den Judasverrat und die Kreuzigung auf dem Berg Golgotha.

Neben kirchlichen gibt es eine Vielfalt von weltlichen Festen. Beim Polnischen Fremdenverkehrsamt erhält man eine Übersicht über die aktuell anstehenden Events (www.polen-info.de). Zur Orientierung seien hier die wichtigsten, regelmäßig wiederkehrenden Kulturereignisse genannt:

### April

**Passionsspiele in Kalwaria Zebrzydowska**
Alljährlich zu Ostern.

### Mai

**Musikfestival in Łancut**
Konzertzyklus klassischer und zeitgenössischer Musik mit Solisten und Kammer-Ensembles aus ganz Europa.

**Festival russisch-orthodoxer Kirchenmusik**
Kraftvolle Männerchöre in der Dreifaltigkeitskathedrale in Hajnówka.

**Internationales Kurzfilmfestival in Krakau**
Traditionsreiche Schau mit Kostproben aus aller Welt.

### Juni

**Fronleichnamsprozession in Łowicz**

**Festival der Avantgarde-Theater**
Das Posener »Malta-Theater-Festival« wird gern mit dem Fringe-Festival Edinburghs verglichen.

**Johannisnachtfeier**
An Flüssen werden mit Kerzen geschmückte Blumenkränze ins Wasser gelassen.

**Jüdisches Festival in Krakau**
→ MERIAN-Tipp, S. 128

### Juli/August

**Musik- und Kultursommer**
In vielen Städten stellen Kunsthandwerker ihre Waren aus, es gibt Open-Air-Konzerte von Klassik bis Folklore.

**Festivals der Orgelmusik**
In Oliwa (Danzig), Kamień Pomorski und im Kloster Tyniec (Krakau)

**Internationales Festival des Straßentheaters**
Zauberer und Akrobaten verwandeln die Marktplätze vieler Städte in eine öffentliche Bühne.

**Ritterturniere**
In Gniew, Ogrodzieniec und Bytów finden farbenprächtige Ritterturniere statt.

### August

**Dominikanermarkt in Danzig**
Viel Musik, Tanz und Feuerwerk. Meist wird zur gleichen Zeit das Internationale Shakespeare-Festival veranstaltet.

**Bergfolklore in Zakopane**
Ensembles aus der ganzen Welt zeigen ihr Können.

**Wallfahrt zu Mariä Himmelfahrt**
Hunderttausende pilgern am 15. August zur Schwarzen Madonna nach Częstochowa. Prozessionen finden auch in Licheń, Świeta Lipka und Kalwaria Zebrzydowska statt.

## September

**Techno Parade in Łódź**
Auf der Prachtmeile Piotrkowska steigt die »Parada Wolnści« (Freiheitsparade).

**Warschauer Herbst**
Eines der weltweit wichtigsten Festivals für zeitgenössische Musik.

**Wratislavia Cantans in Breslau**
Oratorien und Kantaten in den schönsten Kirchen und Festsälen der Stadt lohnen einen Besuch.

## Oktober

**Monteverdi-Festival in Warschau**
Opulente Barockopern in den Palästen der Hauptstadt.

**Jazz Jamboree in Warschau**
Eines der traditionsreichsten Jazzfestivals Europas.

## November

**Camerimage in Łódź**
Prämierung der weltbesten Fotografen und Kameraleute in Polens »Hollywódź«.

## Dezember

**Wettbewerb der Weihnachtskrippen**
In der Königsstadt Krakau werden keine Bethlehem-Ställe, sondern fantastische Architekturgebilde ausgestellt.

*Neben den kirchlichen gibt es auch zahlreiche weltliche Feste, die sich großer Beliebtheit erfreuen. Auf diesem Fest in Posen werden die »bamberki« (Bamberger) geehrt, die im 18. Jahrhundert in die Stadt kamen.*

# Sport und Freizeit

## Wanderer, Radler und Reiter kommen auf ihre Kosten, aber auch Freunde des Wassersports.

*Anglern bieten sich in Polen vielfältige Möglichkeiten: Das Land hat mehr als 9000 Seen und Teiche und etwa 26 000 Kilometer Fließgewässer. Vor allem die Seenplatte ist ein Anglerparadies.*

Eine gute Nachricht vorneweg: In den vergangenen Jahren hat sich die Wasserqualität längs der Ostseeküste rapide verbessert – ein toller Badeurlaub an den weißsandig-endlosen Stränden ist garantiert! Allerdings ist FKK im katholischen Polen auch heute noch unerwünscht, nur bei Dębki und Chałupy gibt es ein paar Strandabschnitte, auf denen Naturisten unter sich sind. In allen wichtigen Ferienorten sind Strände mit Bojen gekennzeichnet und von Rettungsschwimmern bewacht. Baywatcher mit der Aufschrift WOPR pfeifen jeden zurück, der sich über die festgelegte Markierung hinauswagt.

Schön baden lässt es sich auch in den stillen und kristallklaren Seen Masurens, doch allein zum Baden fahren die wenigsten dorthin. In der beliebten Ferienregion kann man biken und paddeln, surfen und segeln. Stark im Kommen sind auch die Regionen in Südpolen, hier vor allem das Riesengebirge, die Hohe Tatra und die Waldkarpaten. Im Winter kommen Ski- und Snowboard-Fahrer, von Frühjahr bis Herbst Bergwanderer und Mountainbiker.

### Angeln

Attraktive Angelreviere gibt es in den Seenplatten Pommerns und Masurens, fast 70 Fischarten bevölkern die dortigen Binnengewässer. Der fischreichste Abschnitt der Küste liegt zwischen Kołobrzeg und Ustka, wo es vor allem Seelachs und Makrele, aber auch Aal und Heilbutt gibt. Reich an Forellen sind die Bergflüsse der Sudeten und Karpaten, insbesondere Dunajec und San.

Die Erlaubnis zum Angeln wird beim zentralen Angelverband in Warschau oder in den regionalen Fischereiämtern ausgestellt, häufig auch in Hotels und bei der Campingrezeption. Dort wird man auch über die Schonzeiten informiert, die Tageslimits des Fischfangs und die zulässige Art des Angelns.

**Polnischer Angelverein PZW** (Polski Związek Wędkarski); ul. Twarda 42, 00-831 Warszawa; Tel. 0 22/6 20 89 66, Fax 6 20 50 89; www.zgpzw.pl; eine informative Homepage hat Johann Kornek, der seit mehreren Jahren Angelreisen nach Polen organisiert (www.angeln-in-polen.de).

### Birdwatching & Wildbeobachtung

Der Nordosten Polens (→ Routen und Touren, S. 149) ist mit seinen Torfmooren, Sümpfen und Seen eines der interessantesten Gebiete für Birdwatching in ganz Europa. Allein im Flusslabyrinth zwischen Biebrza und Narew sind mehr als 200 Vogelarten beheimatet, darunter auch Schwarzstorch, Kranich und Kormoran. Im »polnischen Amazonas« leben außerdem Biber, die ihre Burgen am liebsten am Flussufer bauen, sowie Elche, die hervorragend schwimmen können. Echte Wisente auf freier Wildbahn gibt es im Białowieski-Nationalpark, wo auch eine Zuchtstation eingerichtet wurde.

### Golf

Im Sozialismus war Golf tabu, heute ist der Sport in Polen en vogue – zumindest in der neuen Führungsklasse des Landes. Eine Aufstellung aller Golfplätze in Polen findet man im Internet unter www.golf.pl. Ausländische Gäste sieht man bisher vor allem auf folgenden Plätzen:

**Amber Baltic Golf Club** → S. 174, B 2
**ul. Bałtycka 13, 72-514 Kołczewo; Tel. 0 91/3 26 51 10; www.abgc.pl (Insel Wolin, Shuttle-Bus zum gleichnamigen Hotel in Międzyzdroje)**

**Binowo Park Golf Club** → S. 174, A 2
**ul. Szczecinska 51, 72-012 Radziszewo; Tel. 0 91/4 04 15 33; www.binowopark.pl (hinter der dt.-poln. Grenze, 15 km südl. Stettin)**

**Golf Gołębiewski** → S. 176, C 6
**ul. Mrągowska 34, 11-730 Mikołajki; Tel. 0 87/4 29 07 00, Fax 4 29 07 44; www.golebiewski.pl (angeschlossen ans Hotel Gołębiewski)**

### Rad fahren

Geringe Höhenunterschiede, lange Alleen und immer wieder Badeseen, die zum Sprung ins Wasser einladen: Masuren ist für Radler die beste Region. Wenig befahrene Nebenstraßen wurden dort als »Radweg« markiert, keinerlei Schwierigkeiten hat man mit einem stabilen Touren- bzw. Trekking-Rad mit gutem Reifenprofil und ausreichender Gangschaltung für Sand- und Waldwege. Sechs Gänge sind vorteilhaft, Felgenbremsen ein Muss. Ein Spiral- und Bügelschloss schreckt potenzielle Diebe ab. Knallbunte Biker-Montur ist vielleicht nicht jedermanns Sache, hilft aber dabei, von Autofahrern besser wahrgenommen zu werden. Wer nur hin und wieder in die Pedale treten möchte, leiht sich am besten vor Ort ein Rad: In jedem größeren Ferienort und in vielen Hotels gibt es mittlerweile Bike-Stationen mit Ausleihmöglichkeiten.

Ein noch relativ unentdecktes Radlerparadies ist auch das bevölkerungsarme Ostpolen – vom Wigry-Nationalpark im Norden bis zu den Bieszczady (Waldkarpaten) im Süden (→ Routen und Touren, S. 154). Mountainbiker entdecken markierte Strecken im Riesengebirge (allein 300 km im Raum Szklarska Poręba), im Glatzer Bergland rund um Kłodzko und in der Hohen Tatra.

In polnischen Bussen werden Räder prinzipiell nicht befördert, wohl aber in Zügen, die auf dem Fahrplan mit Koffer- bzw. Radsymbol markiert sind. Für Drahtesel muss ein separates Ticket, das »bilet rowerowy«, gelöst werden.

Wer lieber organisiert unterwegs ist, greift auf Pauschalangebote zurück. Die wichtigsten Anbieter von Radtouren erfährt man beim ADFC, dem Allgemeinen Deutschen Fahrrad Club:

**ADFC**

**Postfach 107 747, 28077 Bremen; Tel. 0 18 05/00 34 79, Fax 04 21/3 46 29 32; www.adfc.de**

### Reiten

Die drei schönsten Dinge des Lebens sind laut polnischer Spruchweisheit die tanzende Frau, das Schiff unter vollen Segeln und das galoppierende Pferd. Der polnische Adel schuf sich seine Kavallerie, Pferde hatten ihren Wert im Krieg und bei der Jagd unter Beweis zu stellen. Bis heute sind polnische Gestüte in aller Welt berühmt, viele haben eine jahrhundertealte Tradition. Weniger auf Zucht und mehr auf individuelle Reitbedürfnisse abgestimmt sind die privaten Reiterhöfe. Oft findet man sie in schönen alten Gehöften oder Schlössern. Sie bieten Unterricht, kurze Ausritte und mehrtägige Trails, meist auch Unterkunft und Verpflegung.

Freunden von »Ferien im Sattel« schickt das Polnische Fremdenverkehrsamt auf Wunsch eine Info-Broschüre. Reiturlaub bietet auch der deutsche Veranstalter »Pferd und Reiter«; besonders zu empfehlen ist der Trail auf robusten, trittsicheren Huzulenpferden über die Hochalmen der Waldkarpaten.

**Pferd & Reiter**

**Rader Weg 30-A, 22889 Tangstedt; Tel. 0 40/6 07 66 90, Fax 60 76 69 31; www.pferdreiter.de**

### Wandern

Viele Wanderrouten – sowohl für erfahrene wie für ungeübte Wanderer – gibt es im gebirgigen Süden: vor allem im Riesengebirge, in der Hohen Tatra und in den Bieszczady (Waldkarpaten). Die Wege werden regelmäßig gewartet und sind hervorragend markiert: Zwischen zwei waagerechten weißen Streifen befindet sich ein farbiger Balken, der die jeweilige Tour angibt. Der Anfang einer Route ist mit einem Kreis angezeigt, an wichtigen Schnittpunkten gibt es Informationstafeln bzw. Richtungsschilder mit der noch verbliebenen Gehzeit. So gut ist die Markierung, dass es keines zusätzlichen Wanderbuchs und keines Führers bedarf, um sich zurechtzufinden. Einzig der Kauf einer Regionalkarte vor Ort ist zu empfehlen – die Wege sind auf den meisten Karten eingezeichnet. Einkehren kann man in ganzjährig geöffneten Herbergen, die teilweise noch aus der Pionierzeit des Tourismus Ende des 19. Jh. stammen. Beste Wanderzeit sind die Monate Mai, Juni und September.

### Wassersport

In Polen gibt es herrliche Routen für **Kajak- und Kanufahrer**. Insbesondere Masuren und die Region von Augustów und Suwałki bieten ideale Bedinungen für Wasserwanderungen. Als Klassiker gelten die Flussläufe der Krutynia (→ Routen und Touren, S. 146) und der östlich gelegenen Czarna Hańcza. Wer eine besonders schöne Schnupperstrecke kennen lernen will, fährt nach Krutyń und lässt sich auf der flachen Krutynia von Gondolieri staken.

Andere beliebte Kanustrecken sind die Flüsse Rega und Drawa in Westpommern und die Brda nördlich von Bydgoszcz. Boote können von Mai bis Ende September in den Wassersportzentren, aber auch in vielen Hotels und Pensionen ausgeliehen werden; das Vorzeigen eines Freischwimmerzeugnisses ist nicht mehr nötig.

Die »masurischen Meere« sind auch für **Segler** das Revier Nr. 1. Über ein verzweigtes Kanal- und Schleusensystem stößt man zu vielen kleinen Seen mit einsamen Buchten vor. Begehrte Standorte mit großer Marina sind Mikołajki, Giżycko, Sztynort und Ruciane Nida. Preisgünstig mietet man Boote in den westlich gelegenen Orten Olsztyn, Ostróda und Iława. Der Besitz eines DSV-Segelpatents ist obligatorisch, Infos erhält man beim Polnischen Segelverband (Polski Związek & Zeglarski, ul. Chocimska 14, 00-791 Warszawa; Tel. 0 22/8 48 04 83, Fax 8 48 04 82; www.pya.org.pl).

**Surfer** und **Kitesurfer** tummeln sich auf der Halbinsel Hel, einwöchige Kurse für Anfänger und Fortgeschrittene bietet beispielsweise das Sopot Surf Centrum im Seebad Sopot bei Danzig (ul. Bitwy pod Płowcami 67; Tel. 0 58/5 55 72 22; www.ssc.com.pl).

*Reitsport und Pferdezucht haben in Polen eine jahrhundertelange Tradition. Entsprechend vielseitig ist auch das Angebot für Urlaub im Sattel – egal ob Anfänger oder Reitprofi.*

# Wellness- & Kurtourismus

## Zur Kur nach Polen? Eine Beauty-Woche im Gebirge oder ein Solebad am Meer? Warum nicht?

Polen hat eine lange Kurtradition und gut ausgebildete Fachärzte, von denen viele Deutsch sprechen. Nach der Wende wurden die therapeutischen Einrichtungen erneuert und auf modernen medizinischen Stand gebracht, die Unterkünfte bieten meist den Komfort von Mittelklassehotels. Seit das Land EU-Mitglied ist, kommt ein wichtiges Argument hinzu: Gesetzliche Krankenkassen übernehmen einen Teil der Kosten: Sie kommen in der Regel für die medizinische Behandlung auf und gewähren einen Zuschuss für Unterkunft und Verpflegung. Weil die Preise in Polen erheblich günstiger als in Deutschland sind, fällt der zu zahlende Eigenanteil niedriger aus. In jedem Fall empfiehlt sich eine vorherige Rücksprache mit der Krankenkasse zwecks Bestätigung der Kostenübernahme.

Polnische Kurorte erkennt man am Zusatz »Zdrój«, was so viel bedeutet wie »Bad«. Die meisten sind so schön gelegen, dass man hier auch ohne Atem-, Herz- und Kreislaufbeschwerden seinen Urlaub verbringen möchte. Ein wahrer Gesundbrunnen ist das **Glatzer Bergland** (Kotlina Kłodzka), in dem die meisten Quellen Polens sprudeln (Verband der Glatzer Kurorte: www.powiat.klodzko.pl). »Schatzkästlein« nannte Kaiserin Maria Theresia dieses Gebiet, das sie nach 800 Jahren böhmisch-habsburgischer Herrschaft an Preußen verlor. Wer die Region besucht, gibt ihr recht: Der weite Kessel, der keilartig nach Tschechien hineinragt, wird ringsum von bewaldeten Gebirgszügen umschlossen. Sie sind so unterschiedlich, dass man ihnen verschiedene Namen gab: Adler- und Eulengebirge, Schneegebirge und das als National-

park geschützte Heuscheuer Gebirge. Von allen Hängen erstrecken sich bunt gescheckte Felder ins Tal, im Kesselgrund liegen verstreut Dörfer mit Gehöften und zwiebeltürmigen Barockkirchen.

Es gibt im Glatzer Bergland vier schöne, ehemals deutsche Kurorte, die sich auf die neue Klientel eingestellt haben. Am bekanntesten ist **Kudowa Zdrój** (Bad Kudowa), ehemals »Deutschlands erstes Herzbad«, das mit seinen restaurierten Villen nostalgischen Charme verströmt. In der Kurhalle kann man sich kohlensäurehaltige Mineralwässer zu Gemüte führen, die ehemals »Prinzensprudel« hießen. Noch heute verschaffen sie Linderung bei Herz- und Lungenkrankheiten, Anämie und Fettleibigkeit (Info: ul. Zdrojowa 44, 57-350 Kudowa Zdrój; Tel./Fax 0 74/8 66 13 87; www.kudowa.pl). Frauen- und Gastroleiden werden im 9 km entfernten **Duszniki Zdrój** (Bad Reinerz) behandelt (Info: Rynek 9; 57-340 Duszniki Zdrój; Tel. 0 74/8 66 80 03, Tel./Fax 8 66 94 13; www.duszniki.pl). Noch weiter östlich liegt in einer waldreichen Schlucht **Polanica Zdrój** (Bad Altheide). Nach der »Jahrhundertflut« 1997 wurden Häuser und Promenaden schmuck restauriert (Info: ul. Zdrojowa 13; Tel./Fax 0 74/8 68 24 44; www.polanica.pl). Am Ostrand des Kessels, am Fuß des waldreichen Schneegebirges, kauert **Ładek Zdrój** (Bad Landeck, Info: www.ladek.pl).

Das beste tourististische Angebot im Südosten bietet **Krynica**, das malerisch am Rand der Sandezer Beskiden liegt. Dort sprudelt das »Zuber«, das mit 21 Gramm Mineralien pro Liter Europas »schwerstes« Wasser ist (Info: ul. Pułaskiego 4, 33-380 Krynica; Tel. 0 18/4 71 56 54, Fax 4 71 55 13; www.krynica.pl). Größter und bekanntester Kurort an der Ostsee ist Kołobrzeg, aber auch in Międzyzdroje und Świnoujście, Ustka und Sopot werden die natürlichen Ressourcen, Solequellen und jodreiche Meeresluft genutzt. Auf Kurreisen nach Polen hat sich der Veranstalter »Reiseland Polen« spezialisiert (Bootsweg 4, 16303 Schwedt; Tel. 0 33 32/2 67 00 40, Fax 2 67 00 44; www.reiseland-polen.de).

*Wellness-Urlaub ist auch in Polen kein Fremdwort: 52 Orte sind offiziell als Heilbäder anerkannt. Und aus diesen bunten Schnabeltassen schmeckt das Heilwasser besonders gut ...*

# Familientipps – Hits für Kids

## Begegnungen der ungewöhnlichen Art, Ausflüge in die Unterwelt und auf die Gipfel der Berge.

*Zu den schönsten Urlaubsvergnügen für Familien zählt das Paddeln auf der Krutynia, das aufgrund der geringen Fließgeschwindigkeit auch für Kinder geeignet ist.*

Miniclubs und Kinderanimation? Fehlanzeige! In Polen gibt es noch keine Tourismusindustrie, die sich auf die vermeintlichen Sonderbedürfnisse von Kindern eingestellt hat. Und das ist gut so: Die Kleinen werden nicht als fremde Wesen wahrgenommen, sondern sind ganz selbstverständlich überall mit dabei – beim Badeausflug, beim Sonntagsspaziergang und der Prozession.

»Ferien auf dem Bauernhof« kommen bei Kindern immer gut an. Dort gibt es ein buntes Gemisch von Katzen, Hühnern und Gänsen, im aufgetürmten Heu kann man wild herumtoben. Mit dem Pferdefuhrwerk fährt man über die lange Allee zum nächsten Dorf oder dreht ein paar Runden um den Hof. Das Polnische Fremdenverkehrsamt gibt auf Wunsch Hinweise zu bewährten Häusern, im Internet sind Adressen für Landurlaub nach Regionen sortiert aufgelistet (→ Übernachten, S. 15).

## Urlaub am Wasser

Insgesamt 500 km feinsandiger Strand – Spaß und Erholung sind an der Ostseeküste garantiert. Im Sommer werden vielerorts Hüpfburgen, Trampoline und Rutschen aufgestellt. Von früh bis spät drehen Eis- und Zuckerwatteverkäufer die Runde, der kleine Hunger wird in den Imbissbuden gestillt. In den Ferienorten der Ostsee und der masurischen Seenplatte werden **Schiffs- und Bootsausflüge** angeboten. Technikbegeisterten Kindern gefällt die Fahrt auf dem Oberländischen Kanal, bei der Schiffe scheinbar mühelos übers Land gezogen werden. Viele finden es freilich schöner, selbst zum Paddel oder Ruder zu greifen: Überall, wo Wasser ist, werden preiswert Boote verliehen; für Anfänger am geeignetsten ist die Kanutour auf der Krutynia (→ Routen und Touren, S. 146).

Großen Spaß macht auch ein Trip in die **Polnische Sahara**, die Dünen des Slowinzischen Nationalparks. Beste und längste »Rutschbahn« ist die knapp 50 m hohe Łącka-Düne, über die man hinabwedeln oder -purzeln kann. Am leichtesten ist sie über Łeba zu erreichen (→ Routen und Touren, S. 142).

Das Wandern selbst löst bei Kindern nicht immer Begeisterungsstürme aus, doch eine **Fahrt im Sessellift** zu den hochgelegenen Gipfeln zählt zu den nachhaltigsten Urlaubserlebnissen. Seilbahnen gibt es im Riesengebirge in Szklarska Poręba und in Karpacz, in der Hohen Tatra in Zakopane. In den weiter östlich gelegenen Pieniny startet man zur zweistündigen, durch einen Canyon führenden **Floßfahrt auf dem Dunajec** (→ MERIAN-Tipp, S. 134). In den Waldkarpaten ganz im Osten können Reitanfänger auf kleinen, geduldigen Huzulenpferden **Ausritte** unternehmen. Im Gestüt von Wołosate bei Ustrzyki Górne stehen die Pferde auch für **Fahrten mit der Kutsche** bereit. Eine Spezialität aller Bergregionen sind die winterlichen **Pferdeschlittenfahrten**.

Fast jede polnische Großstadt (und manch kleine auch) hat mittlerweile ihren **Aquapark** mit künstlichen Wellen und Wasserfällen. Fast 100 m lang ist z. B. die Riesenwasserrutsche im Kurort Kudowa Zdrój. Nahebei befinden sich oft **Freizeitparks** mit Go-Kart-Bahnen, Skate-Arenen und Kletterwänden. Einige wenige **Puppen- und Marionettentheater** haben sich aus sozialistischer Zeit in die Gegenwart gerettet, das beste befindet sich in Breslau. Interessante, große **Zoos** gibt es in Warschau, Danzig, Breslau, Krakau und Posen. In vielen Städten wird auch ein **Abstieg in die Unterwelt** angeboten. Besonders aufregend ist Wieliczka bei Krakau, wo man ein 800-jähriges Salzbergwerk durchläuft. Dabei passiert man Wände aus glitzernden Salzkristallen, düstere Stollen und schwarze Seen.

# Unterwegs in Polen

*Im ganzen Land vermitteln Schlösser und Paläste einen Eindruck davon, wie feudal die polnischen Magnaten einst lebten. Die Familie Radziwiłł hielt Hof im Barockschloss Nieborów bei Warschau, das heute Besuchern offen steht.*

Von hanseatischer Backsteingotik bis zum habsburgischen Barock, vom polnischen »Amazonas« bis zur »Sahara«: viele Kontraste in einem großen Land!

# Ostseeküste

## Zwischen Stettiner und Frischem Haff: eine 500 km lange Kette nicht enden wollender Sandstrände.

*Bis zu 50 Meter hohe Wanderdünen erstrecken sich im Slowinzischen Nationalpark. Sie wandern jedes Jahr ein Stück weiter landeinwärts und begraben die Kiefernwälder nach und nach unter einer wüstenähnlichen Landschaft.*

Pomorze« (Land am Meer) heißt der abwechslungsreiche, sich von Stettin ostwärts ziehende Küstenstreifen. Auf die Insel Wolin mit ihren bis zu 100 m hohen Steilklippen folgen die puderweißen Strände von Kołobrzeg. Daran schließt sich eine breite, von Kiefernwald gesäumte Sandküste an, deren »südliches Licht« Maler wie Georg Grosz und Max Pechstein faszinierte. Landschaftlicher Höhepunkt sind die Wanderdünen des Slowinzischen Nationalparks, die jedes Jahr ein paar Meter landeinwärts ziehen.

## Szczecin/Stettin

⇢ S. 174, B 2

416 000 Einwohner
Stadtplan → S. 45

Stettin liegt am Westufer der Oder, gut 60 km von der Ostsee entfernt. Nördlich der Stadt mündet der Fluss ins Stettiner Haff und greift mit drei Armen – vorbei an den Inseln Usedom und Wollin – ins offene Meer. Mit dem vorgelagerten Świnoujście (Swinemünde) ist Stettin der nach Gdynia wichtigste Handelshafen Polens. Die Stadt wirkt auf den ersten Blick sachlich und geschäftig, wird von breiten, sternförmig auf den Grunwaldzki-Platz zulaufenden Alleen geprägt. Beliebter Treffpunkt sind tagsüber die Hakenterrassen (Wały Chrobrego) an der Oderpromenade, wo auch Ausflugsschiffe und Yachten vor Anker liegen. Abends verlagert sich die Szene in die »neue Altstadt«: In die pastellfarbenen Giebelhäuser rings ums Altstädtische Rathaus zogen Cafés, Bluesbars und Restaurants ein.

Stettin ist die »Pforte zum Baltischen Meer«, seine Geschichte ist seit dem Beitritt zur Hanse im 13. Jh. vom Handel geprägt. Herzöge der Greifendynastie regierten Pommern bis 1637, danach fiel Stettin an Schweden, ab 1720 (mit siebenjähriger Unterbrechung während der Napoleonischen Kriege) an Preußen. Es avancierte zur flächenmäßig drittgrößten Stadt des Deutschen Reiches, war »Berlins Tor zur Welt« und seit 1870 mit der Hauptstadt durch einen Kanal verbunden. Im Zweiten Weltkrieg durch Bombardements der Alliierten in Schutt und Asche gelegt, kam Stettin 1945 zu Polen. Anders als in Danzig oder Warschau hielt man sich nicht mit originalgetreuem Wiederaufbau der Stadt auf, sondern setzte auf rasche Industrialisierung. Heute ist Stettins einst große Werft in der Krise, man hofft jedoch innerhalb der EU bald eine wichtige Rolle als Handelshafen zu spielen.

### Hotels/andere Unterkünfte

**Radisson** ⇢ S. 45, b 1

Zehnstöckiges Vier-Sterne-Hotel nördlich des alten Stadtkerns. Die Zimmer sind gemütlich und haben alle Annehmlichkeiten, die der komfortgewohnte Gast erwartet (Sat-TV, Minibar, Bademantel, Slipper, deutsche Tageszeitung). Im Untergeschoss befindet sich ein Hallenbad mit Sauna, im obersten Geschoss eine Café-Bar mit Blick über die Dächer Stettins. Das Frühstücksbüfett ist opulent. Ein Shuttle-Bus bringt Gäste nach Berlin.

**pl. Rodła 10; Tel. 0 91/3 59 55 95, Fax 3 59 45 94; www.radisson.com; 379 Zimmer & Apartments ●●●● CREDIT**

**Campanile** ⇢ S. 45, b 2

Mittelklassehotel der französischen Kette gegenüber der Johanniskathedrale. Modern-funktionale Zimmer mit Internet-Anschluss und Sat-TV, dank Wasserkocher kann man sich Tee und Kaffee zubereiten.

**ul. Wyszyńskiego 30; Tel. 0 91/4 81 77 00, Fax 4 81 77 01; www.envergure.fr; 85 Zimmer ●●● MASTER VISA**

**Victoria** ⇢ S. 45, b 3

Eine preiswerte Alternative in einem Gründerzeithaus zwischen Bahnhof und Altstadt: Der deutsche Besitzer setzt auf familiäres Ambiente und freundlichen Service, alle Zimmer mit Sat-TV.

**pl. Stefana Batorego 2; Tel. 0 91/4 34 38 55, Fax 4 33 73 68; 42 Zimmer ●● MASTER VISA**

### Spaziergang

Startpunkt ist das **Schloss der pommerschen Herzöge**, das sich auf einem Hügel an der Westseite der Oder erhebt. Vom Glockenturm im Nordflügel genießt man einen herrlichen Ausblick auf Hafen und Stadt. Über die Kuśnierska südlich des Schlosses stößt man auf die Panieńska, die in die rekonstruierte Altstadt führt: Auf mittelalterlichem Grundriss entstanden Giebelhäuser, die ein stimmungsvolles Ensemble bilden; mittendrin steht das **Altstädtische Rathaus** (Stary Ratusz). Hier lohnt ein Abstecher hinauf zum **Loitzenhof** (Dom Loitzów), den sich die gleichnamige Bankiersfamilie im Stil der Renaissance errichten ließ. Eine der wichtigsten Verkehrsadern der Stadt ist die Wyszyński-Allee mit der markanten **Jakobskathedrale**. Am **Hafentor** (Brama Portowa), das den Weg zum Zwycięstwa-Platz eröffnet, biegt man rechts in die Niepodległości-Allee ein. Nach zehn Minuten ist der Platz Żołnierza Polskiego erreicht, der sich als breite Allee zur Oder verlängert. Vorbei am **Nationalmuseum**, dem **Tor der preußischen Huldigung** und der gotischen **Peter-und-Paul-Kirche** gelangt man zur **Hakenterrasse** (Wały Chrobrego): Hoch über der Oder reihen sich gründerzeitliche Prachtbauten, darunter das **Schifffahrtsmuseum**. Über eine kolossale Freitreppe steigt man zum Fluss hinab.

**Dauer: 1,5 Stunden**

### Sehenswertes

#### Jakobskathedrale/Kościół Św. Jakuba

→ S. 45, b 2

Größte Kirche Pommerns, entstanden im 14. und 15. Jh.; sehenswert die Marienkapelle mit elegantem Kreuzgewölbe und die Sakramentskapelle mit gotischem Flügelaltar.

**ul. Wyszyńskiego 19; tgl. 9–15 Uhr (nur im Sommer)**

#### Schloss/Zamek Książat Pomorskich

→ S. 45, c 2

Mitte des 14. Jh. erbaut, 1577 im Stil der italienischen Renaissance umge-

*Die Altstadt von Stettin wurde erst zur Jahrtausendwende wieder aufgebaut. In die schmucken Giebelhäuser zogen Weinbars, Cafés und Restaurants ein.*

staltet. Rings um zwei rechteckige Innenhöfe gruppieren sich mehrere Gebäudeflügel mit Kulturzentrum und Musiktheater, Ausstellungsräumen und Café. Tickets zum Turmaufstieg erhält man im angeschlossenen Info-Büro.

**ul. Korsarzy s/n; tgl. 10–17 Uhr**

**Tor der Preußischen Huldigung/ Brama Hołdu Pruskiego** → S. 45, b 2

Reich dekoriertes Barocktor, das Assoziationen mit einem Triumphbogen weckt. Es wurde von König Friedrich Wilhelm I. ab 1725 erbaut und erinnert daran, dass Preußen die Stadt damals für den geradezu lächerlichen Preis von 2 Millionen Talern von Schweden erwarb.

## Museen

**Nationalmuseum/ Muzeum Narodowe** → S. 45, b 2

Kunstwerke des Mittelalters, archäologische Fundstücke und pommersches Kunsthandwerk. Gegenüber (Nr. 1) befindet sich eine Dependance mit moderner polnischer Kunst.

**ul. Staromłyńska 27; Di 10–18, Mi und Fr 9–15.30, Do 10–15.30, Sa–So 10–16 Uhr**

**Schifffahrtsmuseum/ Muzeum Morskie** → S. 45, c 2

Neben Dokumenten zur Geschichte der polnischen Seefahrt ist auch eine Sammlung westafrikanischer Kult- und Kunstobjekte zu sehen.

**ul. Wały Chrobrego 3; Di 10–18, Mi und Fr 9–15.30, Do 10–15.30, Sa–So 10–16 Uhr**

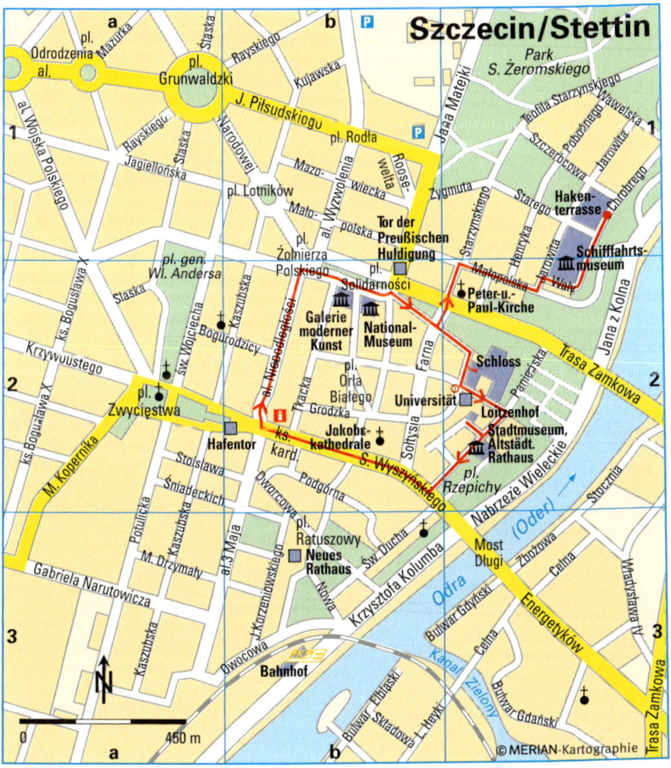

**Stadtmuseum/Muzeum Miasta Szczecina** ⇢ S. 45, c 2

Im gotischen Backsteinrathaus (15. Jh.) wird anhand von Karten, Fotografien und Modellen die Geschichte der Stadt rekonstruiert.

**ul. Mściwoja 8; Di–So 10–18 Uhr**

## Essen und Trinken

**Chief** ⇢ S. 45, a 1

Eines der besten Fischlokale Polens mit dunkler Holztäfelung, schummrigen Aquarien und von der Wand starrenden Fischmäulern. Andrzej Boroń, der Besitzer, empfiehlt besonders die einheimischen Spezialitäten: als Vorspeise Krebs aus dem Stettiner Haff, der fangfrisch auf den Tisch kommt, oder – als gute Alternative – pikante Fischsuppe, serviert im Kupferkessel auf Stövchen. Vom Stettiner Zander heißt es, er sei aufgrund des geringen Salzgehalts im Haff der zarteste der Welt; auf Wunsch kommt er gekocht, gedünstet, gebraten oder sautiert auf den Tisch.

**pl. Grunwaldzki/ul. Rayskiego 16; Tel. 0 91/4 88 14 17; www.chief.com.pl ●●**

MASTER VISA

**Karczma polska pod kogutem** ⇢ S. 45, b 1

»Nicht bayrisch, nicht kreolisch, sondern schmackhaft polnisch«: So wirbt man im rustikalen »Gasthof zum Hahn« für pflaumengefülltes Eisbein (»golonka«). Gut schmeckt auch das Wildschwein aus dem Białowieża-Urwald, das man mit »żubrówka«-Wodka aus der gleichen Gegend hinunterspült.

**pl. Lotników 3; Tel. 0 91/4 34 68 73; www.karczmapodkogutem.pl ●●**

MASTER VISA

## Am Abend

Attraktiver abendlicher Treffpunkt ist das **Schloss** mit Opern- und Operettenbühne, Kellertheater und einer Café-Bar.

## Service

### Auskunft

**Informacja Turystyczna** ⇢ S. 45, b 2

**al. Niepodległości 1, 70-412 Szczecin; Tel. 0 91/4 34 04 40, Fax 4 33 84 20; www.szczecin.pl; Mo–Fr 9.30–17, im Sommer auch Sa 10–14 Uhr; Kartenverkauf im Schloss (ul. Korsarzy 34)**

*Das nostalgische Misdroy, einst begehrtes Urlaubsziel der polnischen Hautevolee, ist Polens beliebtestes Seebad. Davon profitieren auch die Fischer, die hier Tag für Tag aufs Meer hinausfahren.*

## Ziele in der Umgebung

### Kamiem Pomorski/ Cammin

S. 174, B 2

Die Kleinstadt am Camminer Haff war lange Zeit das geistliche Zentrum der Region. Ab 1176 war sie Bischofssitz, woran noch heute eine gewaltige Kathedrale erinnert. Ihr Prunkstück ist die 1669 erbaute Barockorgel, von deren fantastischem Klang man sich beim Sommerfestival überzeugen kann. Unweit des Doms befindet sich der Bischofspalast, hübsch restauriert wurde auch das gotische Rathaus auf dem Marktplatz.

### Międzyzdroje/Misdroy

S. 174, B 2

Eines der beliebtesten Seebäder Polens, mit einem breiten, weißen Sandstrand, der ostwärts in romantisches, bis zu 100 m hohes Steilufer übergeht. An der 4 km langen Promenade stehen restaurierte Pensionsvillen aus dem 19. Jh., eine Mole führt aufs Meer hinaus. Strand- und Aktivurlaub lassen sich hier bestens verbinden. Vor der Stadt liegt der wald- und seenreiche Wolliner Nationalpark (Woliński Park Narodowy), der durch Wanderwege erschlossen ist. Eine gute Karte bekommt man im Naturkundemuseum (ul. Niepodległości 3; Di–So 9–17 Uhr). Von hier kommt man in 30 Minuten auf grün markiertem Weg zu einem Wisentreservat.
**80 km nördlich von Szczecin**

#### Hotels/andere Unterkünfte

**Amber Baltic**

Keine Unterkunft liegt besser und bietet mehr Komfort: Das Vier-Sterne-Haus steht direkt am Strand und verfügt über gemütliche Zimmer, Indoor- und Outdoorpool, Sauna, Tennis, Surfboard- und Radverleih. Gäste erhalten Greenfee-Ermäßigung für den 11 km entfernten 18-Loch-Golfplatz in Kołczewo und werden mit Shuttle-Bus dorthin gebracht.
**Promenada Gwiazd 1; Tel. 0 91/ 3 28 08 00, Fax 3 28 10 22; www.hotel-amber-baltic.pl; 190 Zimmer & Suiten**
●●●● DINERS MASTER VISA

**MERIAN-Tipp**

**2 Am Fuß der Wolliner Klippen**

Startpunkt ist der Strand von Międzyzdroje. Geht man vorbei an den aufgebockten Fischerbooten, beginnt die Einsamkeit: Der Sandstreifen wird schmaler, vom Sturm entwurzelte, die Böschung hinabgestürzte Bäume legen sich quer. Nach sieben Kilometern schwenkt man landeinwärts und biegt vor dem Dorf Wisełka links ab. Vorbei am Leuchtturm mit herrlichem Küstenblick gelangt man zur Straße, an der rechts Kołczewo mit Polens erstem Golfplatz liegt. Von dort Busse zurück nach Międzyzdroje. S. 174, B 2

### Świnoujście/ Swinemünde

S. 174, B 2

Urlaubsort nahe der deutsch-polnischen Grenze und zugleich ein wichtiger Fähr- und Fischereihafen. Der Stadt- und Badebereich konzentriert sich auf die Insel Usedom, der Strand ist bis zu 70 m breit und mehrere Kilometer lang. Kurpark und Promenade schließen sich an, Jugendstilhäuser vermitteln einen Hauch von Nonchalance. Der Schriftsteller Theodor Fontane, der in dieser Stadt aufgewachsen ist, hat ihr in seinem Roman »Effi Briest« ein literarisches Denkmal gesetzt.

Der Bahnhof liegt auf der Insel Wollin, direkt am Anleger der Fähre. Daneben befinden sich der Umschlag- und Fischereihafen, Werften

*Ein traditionsreicher und renommierter Badeort ist auch Kołobrzeg. Das heutige Stadtbild ist allerdings vorwiegend modern geprägt, romantische Stimmung findet man eher auf der abendlichen Seebrücke.*

und Konservenfabriken. An der die beiden Inseln trennenden Flussmündung ragt der mit 68 m höchste Leuchtturm der polnischen Küste auf.
**94 km nördlich von Szczecin**

## Kołobrzeg/Kolberg

⇢ S. 174, C 2

50 000 Einwohner

Dank salzhaltiger Quellen, Moorwasser und Schlamm ist Kołobrzeg nicht nur ein Bade-, sondern auch ein Kurort. Von der Mündung der Parsęta zieht sich ein breiter, puderweißer Strand kilometerweit die Küste entlang. Daran schließen sich eine autofreie Promenade und ein dichter Parkgürtel an. Jenseits davon liegt der verkehrsberuhigte Kurbereich mit Hotels und Pensionen, Erholungsheimen und Sanatorien. Die Eisenbahnlinie trennt ihn von der mittelalterlichen Stadt, die nach der Wende in historisierendem Stil rekonstruiert wurde. Bereits im 8. Jh. wurde in Kolberg Salz gewonnen, um das Jahr 1000 entstand ein Bischofssitz. So einträglich war der Handel mit dem »weißen Gold«, dass die Stadt im Jahr 1284 der Hanse beitrat. Nach dem Dreißigjährigen Krieg wurde sie zu einer Festung ausgebaut, Kolberg erwarb den Ruf einer »unbesiegbaren« Stadt. Das musste auch Napoleon anerkennen, dem es 1806/07 nicht gelang es, sie einzunehmen. Im Jahr 1944 knüpften die Nationalsozialisten dann an den Mythos an und drehten den Durchhaltestreifen »Kolberg«. Ein Jahr später wurde die reale Festungsstadt, in der 90 000 deutsche Flüchtlinge zusammengepfercht waren, dann von polnischen und sowjetischen Streitkräften eingenommen.

### Hotels/andere Unterkünfte

**New Skanpol**

Ein komfortables Drei-Sterne-Hotel inmitten der Stadt und 600 m vom Meer entfernt, mit Wellness-Center und bester baltischer Küche im Restaurant Skandynawia.
**ul. Dworcowa 10; Tel. 0 91/3 52 82 11, Fax 3 52 44 78; www.newskanpol.pl; 164 Zimmer ●●● CREDIT**

**Pałac Budzistowo**
Neugotisches Schloss am Ufer der Parsęta inmitten eines großen Parks, gut 2 km von Kołobrzeg und vom Meer entfernt. Die Zimmer sind gemütlich, Radverleih ist im Preis enthalten. Restaurant mit guter Küche (leckere Carpaccio-Varianten), zum Dinner gibt es oft Geigenkonzerte.
**ul. Pałacowa 19, Budzistowo;**
**Tel. 0 91/3 54 72 12, Fax 3 54 66 45;**
**www.maxmedia.pl/PalacBudzistowo;**
**10 Zimmer ●● MASTER VISA**

**Spaziergang**
Der feinsandige Strand ist die Hauptattraktion von Kołobrzeg, darum beginnt der Spaziergang am wuchtigen **Leuchtturm** (Latarnia Morska). Von der Aussichtsplattform bietet sich ein weiter Blick über die Küste. Der 200 m östlich gelegene **Obelisk** erinnert an die »Vermählung Polens mit dem Meer«: Polnischen Truppen gelang es hier am 8. März 1945, den Zugang zur Ostsee zurückzugewinnen. Einen weiten Ausblick auf die Küste gewährt die **Seebrücke** (Molo), die man gegen ein geringes Entgelt betreten darf. Nach Querung des **Stadtparks** (Park Żeromskiego) biegt man links ein in die Flaniermeile (ul. Rodziewiczówny) mit Sanatorien und Hotels. Die Altstadt liegt 1 km südlich der Kurzone, erreichbar über die Straßen Reymonta, Dworcowa und Armii Krajowej. Von dieser zweigt links die Dubois ab. Der Backsteinbau im Haus Nr. 20 ist der **Pulverturm** (Baszta Prochowa), letzter verbliebener Teil der mittelalterlichen Stadtbefestigung. Über die Ratuszowa erreicht man den Stadtkern. Am neugotischen **Rathaus** biegt man in die Gierczak ein, wo sich das **Waffenmuseum** befindet. In südwestlicher Richtung gelangt man zum Fluss Parsęta, nach einem Stück am Flussufer geht es über die Katedralna ins Stadtzentrum zurück. Ein Besuch der **Marienkirche** beschließt den Spaziergang.
**Dauer: 2 Stunden**

## Sehenswertes

**Marienkirche/Kościół Mariacki**
Der riesige gotische Backsteinbau ist eine der wenigen fünfschiffigen Kirchen Europas. Im Innenraum finden sich einige Meisterstücke: so eine siebenarmige Stehleuchte, ein bronzenes Taufbecken aus dem 14. Jh. sowie ein geschnitzter Schiffskronleuchter aus dem 16. Jh.
**ul. Armii Krajowej s/n**

**Rathaus/Ratusz**
Nach Entwürfen Karl Friedrich Schinkels 1829 bis 1832 erbaut, präsentiert es sich eher als originelle Festung denn als Rathaus. Heute beherbergt das Rathaus eine Galerie für zeitgenössische Kunst.
**Galeria Sztuki Współczesnej, ul. Armii Krajowej 12; Di–So 10–17 Uhr, in der Saison länger**

## Museen

**Waffenmuseum/Muzeum Oręża Polskiego**
Hier wird fündig, wer sich für Militärgeschichte interessiert. Zu den Beutestücken der oft belagerten Festungsstadt zählen Waffen aus dem Dreißig- und dem Siebenjährigen Krieg, Kanonen des napoleonischen Feldzugs sowie Artilleriegeschütze von 1945. Eine Dependance des Museums befindet sich im Plüddemannhaus in der ul. Armii Krajowej 13 und enthält eine Reihe von Exponaten zur Stadtgeschichte, Messinstrumente und Kunsthandwerk.
**ul. Gierczak 5; Di–Sa 9–17 Uhr**

## Essen und Trinken

**Pod Winogronami**
»Unter den Weintrauben«: Das rustikale Lokal nahe dem Leuchtturm bietet ausgefallene Gerichte, z. B. mit Käse und Pilzen überbackenes Kotelett (»kotlet traperski«) und Rinderfilet in Pflaumensoße (»polędwica staropolska«).
**ul. Towarowa 16; Tel. 0 91/3 54 73 36;**
**www.winogrona.pl ●● MASTER VISA**

**Fiddler's Green**
Urgemütliche, in Grüntönen gehaltene Taverne. Wer keinen großen Hunger hat, greift zu Backkartoffeln oder Salat.
ul. Dubois 16-C; Tel. 0 91/3 54 60 73; www.fiddlersgreen.pl ●

### Am Abend

Den Abend beginnt man im **Musik-Café Adabar** im Rathaus, danach wechselt man ins benachbarte **Casablanka** mit bunt gemischtem Publikum und guter Musik. Ein klassischer Nachtclub ist das **Underground** im Hotel New Skanpol.

### Service

**Auskunft**
**Informacja Turystyczna**
ul. Dworcowa 1, 78-100 Kołobrzeg; Tel. 0 91/3 52 79 39; www.kolobrzeg.turystyka.pl; Mo–Fr 10–16 Uhr, in der Saison länger

## Ziele in der Umgebung

## Darłowo/Rügenwalde

→ S. 175, D 1

Einer der wenigen Orte Westpommerns, die im Zweiten Weltkrieg nicht zerstört wurden und deshalb ihren mittelalterlichen Charakter bewahren konnten. Das Zentrum der schachbrettartig angelegten Stadt ist der Marktplatz mit barockem Rathaus und Renaissancehäusern. Die benachbarte Marienkirche birgt den Sarkophag Eriks VII., Herzog von Pommern und 42 Jahre lang König von Dänemark, Norwegen und Schweden. Als »Einheitsstifter der Ostsee« und »letzter Wikinger des Baltikums« ging er in die Geschichtsannalen ein. Ein paar Gehminuten südlich steht das Schloss der pommerschen Herzöge, heute ein

*Die alte Handelsstadt Darłowo hat sich ihr historisches Erscheinungsbild bewahrt. In der mittelalterlichen Altstadt steht das Schloss der pommerschen Herzöge aus dem 14. Jahrhundert, in dem das Regionalmuseum untergebracht ist.*

Museum. Ausgestellt sind Dokumente der Hansezeit, Porträts pommerscher Herzöge, Sakral- und Volkskunst (Muzeum-Zamek Książat Pomorskich, ul. Zamkowa 4; Di–So 10–15.30 Uhr; Eintritt 2 €).

Der zur Stadt gehörende Hafen **Darłowko** (Rügenwaldermünde) liegt 3 km entfernt. Seit 1814, als der preußische Adel seine Qualitäten als Seebad entdeckte, lockt der breite Strand viele Urlauber an.

**80 km nordöstlich von Kołobrzeg**

## Koszalin/Köslin

→ S. 174, C 2

Die Sehenswürdigkeiten der einst blühenden Handelsstadt liegen zwischen Plattenbauten versteckt. Die im 14. Jh. erbaute Marienkirche ist heute Kathedrale des Bistums, aus der gleichen Zeit stammt die achteckige, mit Sterngewölben ausgestattete Gertrudenkapelle.

**44 km östlich von Kołobrzeg**

## Łeba/Leba

→ S. 175, E 1

Die ehemalige Fischersiedlung zählt heute zweifellos zu den schönsten Ferienorten an der Ostsee. Sie liegt sehr schön auf einer Landzunge zwischen zwei Seen, fernab von großen Städten; die Strände sind breit und feinsandig. Westlich von Leba schließt sich der Slowinzische Nationalpark an, eine faszinierende Wüsten- und Seenlandschaft.

**175 km nordöstlich von Kołobrzeg**

### Hotels/andere Unterkünfte

**Neptun**

Beste Wahl vor Ort: ein neugotischer Palast über dem Strand, die meisten Zimmer mit Meerblick. Pool und Tennisplatz.

**ul. Sosnowa 1; Tel. 0 59/8 66 23 31, Fax 8 66 23 57; www.neptun.leba.pl; 22 Zimmer ●●●● MASTER VISA**

### Service

**Auskunft**

**Informacja Turystyczna**

**ul. 11-go Listopada 5-A, 84-360 Łeba; Tel. 0 59/8 66 26 00, Tel./Fax 8 66 25 65; www.leba-kurort.pl**

## Słowiński Park Narodowy/Slowinzischer Nationalpark

→ S. 175, D 1

Der Slowinzische Nationalpark, von der UNESCO zum Welt-Biosphärenreservat erklärt, ist eine der ungewöhnlichsten Landschaften Polens. 1 Der Nationalpark liegt zwischen den Ortschaften Łeba und Rowy und umschließt vier salzige Seen, einstige Buchten, die durch Sandverwehung vom offenen Meer abgetrennt wurden. Größte Attraktion sind die bis zu 50 m hohen »weißen Berge«: Wanderdünen, die mit einer Geschwindigkeit von 10 m pro Jahr landeinwärts ziehen.

Eine Wanderung durch den Park gehört auf alle Fälle zu den Höhepunkten eines Aufenthaltes in Nordpolen (→ Routen und Touren, S. 142). Der Besucher durchstreift die bizarre Dünenlandschaft und fühlt sich in eine Wüste versetzt: Sandhügel aus feinstem, flirrendem Sand reihen sich aneinander; wie eine Fata Morgana ragen aus Talsenken tote Baumstümpfe hervor. Von vorantreibenden Sandmassen wurden sie verschüttet, durch die Wanderung der Dünen wieder freigelegt.

Am Westufer des Łebsko-Sees liegt die sehenswerte Fischersiedlung **Kluki** (Klucken), in deren Freilichtmuseum die traditionelle Bau- und Lebensweise der Slowinzen vorgestellt wird (Skansen Słowiński; Di–So 10–15 Uhr, in der Saison länger). Die Slowinzer waren mit den Kaschuben verwandt, arbeiteten als Fischer und Bauern und lebten in strohgedeckten Katen.

**155 km nordöstlich von Kołobrzeg**

## Słupsk/Stolp → S. 175, D 1

Bevor man in die Küstenorte Ustka oder Łeba abbiegt, legt man in dem hübschen Stolp gern einen Zwischenstopp ein. Die über 100 000 Einwohner zählende Stadt liegt 18 km vom Meer entfernt. Das historische Zentrum mit Greifenschloss, Dominikanerkirche und Alter Mühle ist schmuck restauriert worden. Das Schlossmuseum spiegelt die Geschichte der Region und zeigt eine interessante Sammlung expressiver Porträts von Stanisław Ignacy Witkiewicz, einem der vielseitigsten polnischen Künstler des frühen 20. Jh. (Muzeum Pomorza Środkowego, ul. Dominikańska 5; Di–So 10–16 Uhr). Kunstgalerien entdeckt man in der benachbarten Schlossmühle (Młyn Zamkowy) und in der »Hexenbastei« (Baszta Czarownic). Noch im 17. Jh. hielt man hier Frauen gefangen, die man der »schwarzen Magie« bezichtigte. 1701 wurden die Scheiterhaufen schließlich ein letztes Mal entzündet.

**114 km nordöstlich von Kołobrzeg**

*Das Freilichtmuseum in Kluki am Westufer des Leba-Sees gibt einen anschaulichen Einblick in die traditionelle Lebensweise der Slowinzen, die früher in dieser Region beheimatet waren.*

### Essen und Trinken

**Zamkowa**
Gegenüber vom Schloss gelegenes Hotelrestaurant mit guten slowinzischen Gerichten. Spezialität des Hauses ist Ente mit Äpfeln. Oft gibt es Folklore live.
**ul. Dominikańska 4; Tel. 0 59/8 42 04 79**
●● MASTER VISA

## Trzebiatów/Treptow

→ S. 174, B/C 2

Die einst wohlhabende, an drei Seiten von der Rega umflossene Hansestadt blieb im Krieg nahezu unversehrt und konnte daher ihr mittelalterliches Stadtbild bewahren. Vom 90 m aufragenden Turm der gotischen Marienkirche bietet sich ein herrlicher Ausblick, nahebei der schön restaurierte Marktplatz mit barockem Rathaus und Bürgerhäusern.

Der zugehörige Küstenort **Mrzeżyno** (Treptower Deep) liegt 10 km entfernt. Der Maler Lyonel Feininger war von ihm so angetan, dass er dort in zwölf aufeinander folgenden Jahren seinen Urlaub verbrachte. An den breiten, von Kiefernwald gesäumten Strand schließt sich eine Sumpf- und Moorlandschaft an.
**28 km südwestlich von Kołobrzeg**

## Ustka/Stolpmünde

→ S. 175, D 1

Auch hier wunderbare, von Kiefernwäldern gesäumte feinsandige Strände! Vom Leuchtturm (Laternia Morska, tgl. 9–13 und 15–19 Uhr) verschafft man sich einen Überblick über die 17 000 Einwohner zählende, ideal an der Flussmündung gelegene Stadt. Man sieht das »Kapitänsviertel« mit Häusern im Stil der Gründerzeit, links die alten Fischerkaten, rechts den Hafen mit Motorbooten, Segel- und Ausflugsschiffen.
**132 km nordöstlich von Kołobrzeg**

*Ein attraktiver Ferienort an der polnischen Ostseeküste ist Swinemünde, das sich über die beiden Inseln Usedom und Wollin erstreckt. Ungewöhnlich ist der Leuchtturm von Swinemünde mit seinem alten Mühlrad.*

### Hotels/andere Unterkünfte

**Villa Red**
Die ehemalige Bismarck-Residenz von 1886 liegt in Strandnähe inmitten von viel Grün und bietet gemütliche Zimmer mit Sat-TV und Internet-Zugang. Das Frühstück nimmt man auf der Dachterrasse mit Meerblick ein, die übrigen Mahlzeiten im Kaminsaal. Herr Marcus Gendera ist sehr um das Wohl der Gäste bemüht; es gibt Sauna, Solarium und Whirlpool.
**ul. Żeromskiego 1; Tel. 0 59/8 14 80 00, Fax 8 14 80 01; www.villa-red.pl; 17 Zimmer** ●● MASTER VISA

# Danziger Bucht

## Das meisterhaft rekonstruierte Danzig präsentiert sich heute als »Königin der Ostsee«.

*Danzig von oben: Blick von der Marienkirche auf die historische Altstadt, die nach ihrer Zerstörung im Zweiten Weltkrieg vorbildlich restauriert wurde und bedeutende Baudenkmäler aufweist.*

Die Danziger Bucht erstreckt sich von der Halbinsel Hel bis zur Frischen Nehrung. In ihrem westlichen Teil liegt Danzig, das mit dem Seebad Sopot und dem Hafenort Gdynia zur Dreistadt (Trójmiasto) verschmolzen ist. Im Hinterland der Bucht finden sich die anmutigen Hügel und Seen der Kaschubei sowie die Weichselmarschen, deren fruchtbares Schwemmland schon früh vom Deutschen Orden kolonisiert wurde.

## Gdańsk/Danzig

⇢ S. 175, F 1

457 000 Einwohner
Stadtplan → S. 58/59

Danzig ist eine geschichtsträchtige, über tausend Jahre alte Stadt. Mit dem Eintritt in die Europäische Union ist der deutsche Nachbar im Bewusstsein der Bürger näher gerückt, und es wird offen über lang tabuisierte Fragen gesprochen, so über die Wurzeln deutscher Kultur im heutigen Danzig. Man erinnert sich ans ausgehende Mittelalter, als überraschende Bündnisse geschmiedet wurden. 1454 hatte sich die vorwiegend deutsche Bevölkerung von der Herrschaft der Ordensritter befreit und der polnischen Krone unterstellt. In den folgenden mehr als 300 Jahren war Danzig ein weitgehend unabhängiger Stadtstaat im Königreich Polen, verfügte über eine eigene Rechtsprechung und erhielt das Monopol für den Seehandel. Künstler und Architekten aus westeuropäischen Ländern trugen zur Verschönerung Danzigs bei, machten es zur prachtvollsten Stadt im Ostseeraum. Bedeutende Persönlichkeiten jener Zeit waren der Astronom Jan Hevelius und der Philosoph Arthur Schopenhauer, der Physiker Daniel Gabriel Fahrenheit und der Grafiker Daniel Chodowiecki.

Die heutigen Danziger gelten als weltoffen und selbstbewusst, sind stolz auf den nach 1945 vollbrachten Wiederaufbau ihrer Stadt. Der im Zweiten Weltkrieg zerstörte mittelalterliche Stadtkern liegt am linken Ufer der Mottlau, die sozialistische Regierung ließ ihn nach alten Stichen und Plänen minutiös rekonstruieren. Der in Danzig aufgewachsene Schriftsteller Günter Grass spricht von einem historischen Glücksfall: »Wenn Danzig nach der Zerstörung zu einem kapitalistischen System gehört hätte, wäre es nie aufgebaut worden.«

Heutige Besucher der Stadt ziehen – wie einst die polnischen Könige – über den Langen Markt zum Hohen Tor und bewundern die reich verzierten Patrizierhäuser aus Danzigs Blütezeit. Sie promenieren am Ufer der Mottlau und fahren mit dem Schiff zur Westerplatte, wo am 1. September 1939 der Zweite Weltkrieg begann. Eine Ausstellung auf der ehemaligen Lenin-Werft erinnert an die Anfänge der unabhängigen Gewerkschaft Solidarność, mit deren Streiks im Jahr 1980 die kommunistische Herrschaft unterhöhlt wurde. Heute freilich sind viele Werftarbeiter nicht mehr gut auf den damals eingeleiteten Systemwandel zu sprechen – denn ausgerechnet sie wurden die ersten Opfer der Transformation. Die Werft wurde geschlossen, die Arbeiter wurden auf die Straße gesetzt. Nun sollen die Werfthallen nach Londoner Vorbild umgebaut und in eine Stadt der »Yuppies« verwandelt werden.

**Festmonat August**
Spannend ist der Aufenthalt während des Dominikanermarkts, des größten, seit 1260 von Kirchenglocken eingeläuteten Danziger Fests. Es findet alljährlich in der ersten Augusthälfte statt und zieht hunderttausende von Besuchern in seinen Bann. Die einen begeistern sich an Antiquitäten, die anderen an Tanz- und Musikveranstaltungen, Straßenparaden und Feuerwerk. Meist wird zur gleichen Zeit auch das Internationale Shakespeare-Festival veranstal-

tet, zu dem Gruppen aus mehreren europäischen Staaten, den USA und Südostasien eingeladen werden.

### Hotels/andere Unterkünfte

**Holiday Inn** S. 58/59 b 2/3
Elegantes Vier-Sterne-Hotel in zentraler Lage gegenüber dem Hauptbahnhof mit großer Marmorhalle und ruhigen, geräumigen Zimmern. Im Untergeschoss befinden sich Fitnessraum, Sauna und türkisches Bad. Für Geschäftsleute gewiss die beste Adresse vor Ort.
**ul. Podwale Grodzkie 9; Tel. 0 58/ 3 00 60 00, Fax 3 00 60 03, www.gdansk.globalhotels.pl; 143 Zimmer, 19 Suiten ●●●● CREDIT**

**Podewils** S. 58/59 e 4
Nobles Rokokopalais am Yachthafen gegenüber vom Krantor. Alle Zimmer mit Marmorbad und Jacuzzi-Wanne, Sat-TV und Internet-Zugang, einige auch mit Blick auf den Fluss. Im hauseigenen Restaurant polnische Gerichte à la Nouvelle Cuisine, leicht und fantasievoll.
**ul. Szafarnia 2-3; Tel. 0 58/3 00 95 60, Fax 3 00 95 70; www.podewils-hotel.pl; 10 Zimmer ●●●● CREDIT**

**Mercure Hevelius** S. 58/59 c 2
18-stöckiges, nach dem berühmten Danziger Astronom benanntes Komforthotel unweit der Altstadt. Ein Tipp: Je höher man wohnt, desto schöner der Ausblick auf die Kirchen und Giebeldächer des historischen Danzig.
**ul. Heweliusza 22; Tel. 0 58/3 21 00 00, Fax 3 21 00 20; www.orbis.pl; 281 Zimmer, 6 Suiten ●●● CREDIT**

**Privatunterkünfte** S. 58/59 b 3
Preiswerte Privatzimmer und Apartments, auch in der Altstadt, vermittelt eine Agentur gegenüber vom Bahnhof.
**Biuro Zakwaterowanie Grand Turist, ul. Podwale Grodzkie 8; Tel. 0 58/3 01 26 34, Fax 3 01 63 01; www.gt.com.pl ●●**

### Spaziergang

Kultureller Mittelpunkt Danzigs ist die **Rechtstadt** (Główne Miasto), wo einst reiche Patrizier, deutsche Ordensritter und polnische Könige residierten. Der Rundgang beginnt am **Hohen Tor** (Brama Wyżynna), durch das in der Vergangenheit polnische Monarchen Einzug hielten. Das **Goldene Tor** (Złota Brama) verschafft Zutritt zum Königsweg, Prachtstraße Danzigs mit reich geschmückten Bürgerhäusern. Eines davon, das **Uphagenhaus** (Dom Uphagena), ist auch innen originalgetreu rekonstruiert und verschafft einen guten Einblick in die feudale Wohnkultur einstiger Großkaufleute. Die **Langgasse** (ul. Długa) mündet am **Rechtstädtischen Rathaus** in den **Langen Markt** (Długi Targ), Danzigs schönstem Platz mit **Artushof** und **Neptunbrunnen**. Am palaisähnlichen **Grünen Tor** (Zielona Brama) endet der Königsweg. Hier hält man sich links und spaziert am Ufer der Mottlau entlang. Von der Promenade fahren Ausflugsschiffe zur Westerplatte, nach Sopot und zur Halbinsel Hel. Vorbei am **Frauentor** (Brama Mariacka) kommt man zum Wahrzeichen der Stadt, dem im 14. Jh. erbauten **Krantor** (Żuraw). Früher wurden hier Schiffe beladen, heute hat im Backsteinbau das **Meeresmuseum** seinen Sitz. Von der Szeroka biegt man links in die Przędzalnicza ein, die sich in die Mokra verlängert, anschließend rechts in die **Frauengasse** (ul. Mariacka), die im Westen von der **Marienkirche** abgeschlossen wird.
**Dauer: 1 Stunde**

### Sehenswertes

**Altstadt/Stare Miasto** S. 58/59, b 2-c 3
Die »Altstadt« schließt sich nordwärts an die prachtvolle Rechtstadt an, doch nur wenige Bauten der Vorkriegszeit wurden restauriert. Das Altstädtische Rathaus (Ratusz Staromiejski) wird heute als Baltisches Kul-

turzentrum genutzt. Die Große Mühle (Wielki Młyn) birgt eine Einkaufspassage, in der Kleinen Mühle (Mały Młyn) befindet sich eine Weinstube. Die Brigittenkirche (Kościół Św. Brygidy) war ab 1980 die Pfarrkirche der Solidarność und Zentrum des antikommunistischen Widerstands.

**Artushof/Dwór Artusa**

S. 58/59, c 5

In dem um 1480 erbauten Prachtbau in der Nordwestecke des Langen Markts trafen sich reiche Danziger Kaufleute. In der Halle tragen vier Säulen elegante Sterngewölbe, von denen Modellschiffe hängen. Glanzstücke des Saals sind ein 12 m hoher Kachelofen sowie ein Hochrelief mit einer Darstellung des »Hl. Georg mit dem Drachen«.

**Długi Targ 44; Di–Sa 10–16, So 11–16 Uhr**

**Denkmal der gefallenen Werftarbeiter/Pomnik Poległych Stoczniowców**

S. 58/59, b 1

Am Tor zur Danziger Werft erinnern drei monumentale Kreuze an die 1970 bei einer Demonstration erschossenen Arbeiter. Auf dem Werftgelände dokumentiert die Ausstellung »Wege zur Freiheit« die Geschichte der Gewerkschaft Solidarność. Ihre 21 gepinselten Forderungen wurden von der UNESCO in die Liste des Weltdokumentenerbes aufgenommen.

**pl. Solidarności Robotniczej/ul. Doki 1; Di–So 10–16 Uhr**

**Frauengasse/ulica Mariacka**

S. 58/59, d 4-d 5

Stimmungsvolle Gasse, in der einst wohlhabende Kaufleute residierten, heute Flaniermeile mit Juwelierläden, Kunstgalerien und Cafés. Vor den schmalen Giebelhäusern die typischen »Beischläge«: Dem Wohnhaus ist auf der unteren, über Freitreppen erreichbaren Ebene eine Terrasse mit verzierter Brüstung vorgelagert.

**Goldenes Haus/Złota Kamienica**

S. 58/59, c 5

Das 1618 erbaute Haus rechts neben dem Artushof besticht mit einer prunkvollen Fassade: Vergoldete Reliefs mit Szenen aus der Mythologie.

**Długi Targ 41**

*Am prächtigen Langen Markt (Długi Targ) zeigt sich Danzig von seiner repräsentativsten Seite: Stolze Bürgerhäuser säumen den länglichen Platz, allen voran das im Jahr 1618 erbaute Goldene Haus.*

Gdańsk/
Danzig
Stare
Miasto
(Altstadt)
Osiek
Zamczysko
Ołowianka
Motława
Kanał Raduni
Westerplatte
0
300 m
Hauptbhf.
Ausstellung
"Wege zur Freiheit"
Denkmal der
gefallenen
Werftarbeiter
Polnische
Post
Schwanen-
bastei
St.-
Brigitten-
Kirche
St.-Katharinen-
Kirche
Große
Mühle
Altstädtisches
Rathaus
St.-Josef-
Kirche
St.-
Elisabeth-
Kirche
Wały Piastowskie
Podwale Grodzkie
Błędnik
Jana Z Kolna
Łagiewniki
Wałowa
Stara Stocznia
Więcierze
Krosienka
Stare Domki
Rybaki Dolne
Górne
Rycerska
Czopowa
Grodzka
Dylinki
Sieroca
Tartaczna
Panieńska
Igielnicka
Mniszki
Stolarska
Browarna
Heweliusza
Rajska
Korzenna
Podbielańska
Bielańska
Elżbietańska
Karmelicka
Bednarska
Na Piaskach
Młyńska
Wielkie Młyny
Podmłyńska
Kupiecka
Lisia Grobla
Podstoczna
Targ Rybny
Wartka
3 Maja
a
b
c
d
e
1
2
3

Główne Miasto
(Rechtstadt)
Spichrze
(Speicherinsel)
Stare Przedmieście
(Alte Vorstadt)
Nowa Motława
Stara Motława
Kanał Na Stępce
Kan. Raduni
Yacht-hafen
M. Seredyńskiego
Długie Ogrody
Łąkowa
Szafarnia
Motławska
Szopy
Szwarny
Ułańska
Podwale Przedmiejskie
Stągiewna
Chmielna
Spichrzowa
Żytnia
Pszenna
Owsiana
Wspornikowa
Jaglana
Lange Brücke
Hl.-Geist-Tor
Grünes Tor
Kuhtor
Speicher
Krantor
Meeres-museum
Johannistor
Johannes-kirche
Marien-kirche
Rechtstädtisches Rathaus
Artushof
Goldenes Haus
Engl. Haus
Długi Targ
Uphagen-Haus
Goldenes Tor
Großes Zeughaus
Theater Wybrzeże
Hohes Tor
Bernstein-museum
Wały Jagiellońskie
Okopowa
Al. Armii Krajowej
Targ Węglowy
Targ Sienny
Targ Rakowy
Nowe Ogrody
Hucisko
Długa
Mariacka
Piwna
Ogarna
Za Murami
Lastadia
Toruńska
St. Petri und Paul
St. Trinitatis
National-museum
Na Stoku
Flughafen
©MERIAN-Kartographie

**Hohes Tor/Brama Wyżynna**
→ S. 58/59, b 4
Haupteingangstor zur Rechtstadt mit Stockturm und Folterkammer (Wieża Więzienna i Katownia). Das **Goldene Tor** (Złota Brama) schließt sich an, ein Triumphbogen mit Allegorien von Tugend und Tüchtigkeit.
**Wały Jagiellońskie/Targ Węglowy**

**Langer Markt/Długi Targ**
→ S. 58/59, b 5-d 5
Repräsentatives Herzstück der Stadt mit Neptunbrunnen, Artushof und weiteren prächtigen Patrizierhäusern. Der Meeresgott Neptun ist Symbol der alten Seemacht Danzig, am Brunnen (1633) trifft sich vor allem die Jugend der Stadt.

**Marienkirche/Kościół Mariacki**
→ S. 58/59, c 4
Sieben gotische Portale führen in eine der größten Backsteinkirchen der Welt (1343–1502) mit Raum für mehr als 20 000 Besucher. Wie keine andere Danziger Kirche vermittelt sie den Eindruck von Weite, besticht durch reiche Netz- und Kristallgewölbe. 30 riesige, streng gegliederte Fenster lassen viel Licht in den Innenraum. Mittelalterliche Meisterwerke sind die Schöne Madonna in der Annakapelle und das Kruzifix in der Kapelle der Elftausend Jungfrauen.
**Podkramarska 5; Mo–Sa 8–17, So 13–17 Uhr**

**Oliwa/Oliva** → S. 58/59, nördl. a 1
Villenvorort mit Stadtpark (Park Oliwski) und frühgotischer Kathedrale. Ihre Rokoko-Orgel besteht aus 7876 Pfeifen, deren Register während des sommerlichen Internationalen Musikfestivals gezogen werden. Sehenswert ist auch der Bischofspalast (Pałac Opacki) mit einer Ausstellung moderner Kunst (Di–So 10–16 Uhr); im benachbarten Abteispeicher (Spichlerz Opacki) bekommt man einen Einblick in die Kultur der Kaschuben (Di–So 10–16 Uhr, Straßenbahn 6/12).

**Rechtstädtisches Rathaus/Ratusz Głównego Miasta** → S. 58/59, b 3
Die prachtvollen Räume des Rechtstädtischen Rathauses beschwören die Glanzzeit der Stadt herauf. Faszinierend ist der Rote Saal (Sala Czerwona) mit kostbaren Friesen und einem Kamin, die Deckenmalereien bilden das Leben der Kaufleute ab. Eine Fotoausstellung dokumentiert die Zerstörung und den Aufbau Danzigs. Vom Turm des Rathauses genießt man einen weiten Blick über die Stadt.
**ul. Długa 47; Di–Sa 10–16, So 11–16 Uhr**

**Uphagenhaus/Dom Uphagena**
→ S. 58/59, b 5
Spätbarockes Patrizierhaus eines flämischen Kaufmanns mit originalgetreuer Inneneinrichtung.
**ul. Długa 12, Di–Sa 10–16, So 11–16 Uhr**

**Westerplatte** → S. 58/59, nördl. b 1
Mit der Bombardierung der Westerplatte am 1. September 1939 begann der Zweite Weltkrieg, Danzig wurde noch am selben Tag ans Deutsche Reich angegliedert. In seinem Roman »Die Blechtrommel« schildert der in Danzig geborene Günter Grass aus der Perspektive eines Kindes den Angriff der Deutschen. Im Sommer steuern Schiffe der Danziger Reederei (Żegluga Gdańska) mehrmals täglich die Westerplatte an, wobei vielen Gästen der Weg interessanter zu sein scheint als das Ziel.

**Wrzeszcz/Langfuhr** → S. 58/59, a 1
In diesem quirligen Stadtteil nordwestlich der Altstadt gibt es die meisten Geschäfte der Stadt, und hier lebt auch die Mehrzahl der Danziger Studenten. Ein Rundgang auf den Spuren des Nobelpreisträgers Günter Grass führt aus dem Trubel heraus und macht mit der kleinbürgerlichen Idylle der 1930er-Jahre vertraut. Sein Geburtshaus befindet sich in der kopfsteingepflasterten ul. Lelewela 13; an einem kleinen Platz nur wenige Schritte entfernt (pl. Wybickiego) ent-

deckt man ein Denkmal für »Oskar den Trommler«, die Hauptfigur des bekanntesten in Danzig spielenden Grass-Romans, der »Blechtrommel«. (Straßenbahn 6/12)

### Museen

**Bernsteinmuseum/ Muzeum Bursztyna** → S. 58/59, b 4
Große Bernsteinsammlung im Stockturm nahe dem Hohen Tor am Beginn des Königswegs. Glanzstück der Kollektion ist ein 2,5 kg schwerer Stein, in den eine ausdrucksstarke Frauenfigur eingemeißelt ist.
**Katownia, Wały Jagiellońskie; Eröffnung voraussichtlich Herbst 2005**

**Meeresmuseum/Centralne Muzeum Morskie** → S. 58/59, e 4
Dokumente zur Geschichte der Seefahrt, Schiffsmodelle und Kanonen sowie bizarre Gegenstände, die von Tauchern aus der Ostsee gefischt wurden: All dies findet man im Krantor, einem Relikt mittelalterlicher Industriekultur. Alle 15 Min. schippert die Museumsfähre zur gegenüberliegenden Bleihofinsel, wo sich die Sammlung in drei Speichern fortsetzt. Der Eintrittspreis schließt die Überfahrt ein.
**ul. Szeroka 67/68 und Wyspa Ołowianka; Di–So 10–17 Uhr, Gesamtticket 2,5 €**

**Nationalmuseum/ Muzeum Narodowe** → S. 58/59, b 6
Im ehemaligen Franziskanerkloster ist eine der interessantesten Kunstsammlungen Polens untergebracht: Gemälde und Skulpturen, darunter Werke von Hans Memling (»Das Jüngste Gericht«), Breughel dem Jüngeren und Antonis van Dyck; Holzschnitzkunst, Goldschmiedearbeiten und Tapisserien.
**ul. Toruńska 1; Di–Fr 9–16, Sa–So 10–16 Uhr; Eintritt 2 €**

### Essen und Trinken

**Pod Łososiem** → S. 58/59, d 4
Im behaglichen Renaissance-Interieur mit Messingkandelabern und üppigen Wandmalereien wird vornehmlich Fisch serviert. Gut schmecken der Zander-Lachs-Zopf auf Spinat oder die mit Gemüse und Garnele gefüllte Forelle.
**ul. Szeroka 54; Tel. 0 58/3 01 76 52 ●●●●**
CREDIT

*Architektonisch erinnert die Frauengasse an die Vergangenheit Danzigs als wohlhabende Handelsstadt. Dabei ist sie ganz modern mit ihren Straßencafés und Künstlerateliers.*

**Kamienica Goldwasser**
→ S. 58/59, d 4
Liebevoll eingerichtetes Restaurant an der Uferpromenade: Je nach Stimmung sitzt man in einer schummrigen Nische, auf der Galerie oder auf der Terrasse mit Blick auf vorbeifahrende Schiffe. Herr Dockerill sorgt dafür, dass Krebs und Lachs, Hecht und Dorsch stets frisch und appetitlich zubereitet sind. Zum krönenden Abschluss gibt es einen Likör mit 22-karätigen Rauchgoldflittern, das berühmte, in Danzig vor 400 Jahren erfundene »Goldwasser«.
**ul. Długie Pobrzeże 22; Tel. 0 58/3 01 12 44 ●●● CREDIT**

**Tawerna** → S. 58/59, d 5
Traditionsreiches Restaurant in der Altstadt mit vielen alten Schiffsmodellen. Zum maritimen Ambiente passt frischer Fisch, von der Ostsee kommen Zander, Aal, Dorsch und Lachs. Lecker schmecken auch die Roggenmehlsuppe in ausgehöhltem Brotlaib, die Ente auf Altdanziger Art und der Wildschweinbraten.
**ul. Powróżnicza 19/20; Tel. 0 58/3 01 41 14 ●●● CREDIT**

### Einkaufen

Geschäfte mit Bernstein- und Silberschmuck findet man vor allem in den Straßen Długa und Mariacka (C 5 und D 4/5) sowie an der Flusspromenade. Schön museal ist die **Galerie Teresa Wydra** (ul. Mariacka 49).

**Gdański Bówka** → S. 58/59, d 5
Der Danziger Bowke zwischen Krantor und Grünem Tor bietet eine Fülle von Schiffsmodellen, Senatsleuchtern, alten Radierungen, Muscheln und ausgestopften Meerestieren.
**Długie Podbrzeże 11**

**Hala Targowa** → S. 58/59, c 2/3
Backsteinerne Markthalle mit Obst und Gemüse, Fisch und Fleisch, Haushaltswaren und Kleidung.
**pl. Dominikański 1**

### Am Abend

**Filharmonia Bałtycka**
Konzerte der Baltischen Philharmonie finden auf der Bleihofinsel statt (ul. Ołowianka 1; www.filharmonia.gda.pl), das Stadttheater befindet sich am Eingang zur Rechtstadt (Targ Węglowy 1). Um Oper & Ballett zu erleben, fährt man nach Wrzeszcz (al. Zwycięstwa 15; www.operabaltycka.pl).

### Service

**Auskunft**
**Informacja Turystyczna PTTK**
**ul. Długa 45, 80-827 Gdańsk; Tel. 0 58/3 01 91 51; www.gdansk.gda.pl; Mo–Fr 9–17 Uhr, in der Saison länger**

**Ausflugsschiffe und Fähren**
Schiffe der Danziger Reederei (Żegluga Gdańska) starten im Sommer von der Anlegestelle am Mottlau-Kai nahe dem Grünen Tor zu Ausflugsfahrten nach Sopot und Gdynia, zur Westerplatte und zur Halbinsel Hel. Tickets bekommt man an der Anlegestelle.
**Długie Pobrzeże s/n; www.zegluga.pl**

## Ziele in der Umgebung

## Elbląg/Elbing → S. 175, F 2

Deutsche Ordensritter unterwarfen die in der Siedlung Truso ansässigen Pruzzen und erkoren den am Frischen Haff gelegenen Ort zur neuen Hafenstadt Elbing. An die Präsenz des Ordens erinnert die machtvolle Nikolaikirche von 1237, die mit ihrem fast 100 m hohen Turm den Rynek beherrscht. Neben dem Alten Markttor am Nordrand der restaurierten Rechtstadt erhebt sich die Dominikanerkirche (heute Kunstgalerie), Dokumente zur Stadtgeschichte findet man im Elbinger Museum (Muzeum Elbląskie, Bulwar Zygmunta Augusta 11; Di–So 10–16 Uhr). An der Anlegestelle am Bulwar Zygmunta Augusta starten Tragflächenboote nach Krynica Morska und Frombork oder weiter bis Kaliningrad. Die Mehrzahl der Touristen entscheidet sich für die Reise auf dem 1860 eröffneten **Oberländischen Kanal** (Kanal Elbląski), der bis Ostróda einen Niveauunterschied von knapp 100 m bewältigt. Fünfmal wird das Schiff auf einen fahrbaren Untersatz gehievt und auf einer »geneigten Ebene« unter Ausnutzung von Wasserkraft zum nächsten Flussabschnitt befördert. Die Tour startet morgens um 7.30 Uhr (Mai–Sept.), gegen 12 Uhr trifft man in Buczyniec ein, wo man aussteigen und ein Museum besuchen kann, das die Funktionsweise des Kanals veranschaulicht. Wer will, kann von hier mit dem Bus nach Elbląg zurückfahren. Die übrigen Gäste bleiben an Bord und treffen schließlich gegen 19 Uhr in Ostróda ein. Tickets für sämtliche Touren bekommt man bei der Reederei Żegluga Gdańska (ul. Bulwar Augusta 1; Tel. 0 55/ 2 32 73 19, Fax 2 32 60 87; www.zegluga.pl).

**65 km südöstlich von Gdańsk**

#### HOTELS/ANDERE UNTERKÜNFTE

**Antonieff**
Hübsches reetgedecktes Hotel am Nordrand der Altstadt, alle Zimmer mit Sat-TV, eines mit Terrasse. Gutes Preis-Leistungs-Verhältnis.
**ul. Grabary 5; Tel. 0 55/2 32 75 55, Fax 2 32 74 27; www.antonieff.com.pl; 6 Zimmer ●● CREDIT**

## Frombork/Frauenburg

→ S. 176, A 1

Genau 30 Jahre lang war der kleine Ort am Frischen Haff Wirkungsstätte des berühmten Astronomen Nikolaus Kopernikus (1473–1543). Er vertrat die ketzerische Idee, nicht die Erde, sondern die Sonne sei das Zentrum des Universums, und revolutionierte so das mittelalterliche Weltbild. Kopernikus lebte auf dem befestigten Domhügel, der von der monumentalen **Backsteinkathedrale** beherrscht wird. Im **Bischofspalast** wurde ihm ein Museum gewidmet, der **Koperni-**

*Seit den 1920er-Jahren hat sich das einstige Fischerdorf Gdynia zu einem großen Güterhafen entwickelt. Seefahrt mit all ihren Facetten ist das Hauptthema der Stadt in der Danziger Bucht.*

**kusturm** beherbergt ein Planetarium (Mo–Sa 9–16 Uhr). Vom **Glockenturm** genießt man – wie einst Kopernikus – einen weiten Blick auf das Frische Haff. In der Ferne erkennt man das auf der Nehrung gelegene Krynica Morska, zu dem Schiffe der Weißen Flotte übersetzen.

**98 km östlich von Gdańsk**

## Gdynia/Gdingen

→ S. 175, F 1

Das einstige kaschubische Fischerdorf stieg nach 1920 innhalb weniger Jahre zum wichtigsten Hafen der neu gegründeten polnischen Republik auf. Nach den Zerstörungen im Zweiten Weltkrieg ging es bald wieder aufwärts, Gdynia wurde eine dynamische Stadt mit modernen Werften, breiten Straßen und Promenaden. Auf dem Skwer Kościuszki geht es zur Südmole hinab, wo sich auch alle Sehenswürdigkeiten der Stadt befinden: das ehemalige Segelschulschiff »Dar Pomorza« (Bulwar Nadmorski; Di–So 10–16 Uhr), das Ozeanographische Museum mit dem größten Meeresaquarium Polens (Muzeum Oceanograficzne, al. Zjednoczenia 1; Di–So 10–16 Uhr; Eintritt 2 €) und das Denkmal am Ende der Mole, das an Joseph Conrad alias Jozef Konrad Korzeniowski, den bekannten englischen Schriftsteller polnischer Herkunft, erinnert.

**21 km nördlich von Gdańsk**

## Kadyny/Cadinen

→ S. 176, A 1

Im kleinen, von Wäldern eingerahmten Dorf am Frischen Haff besaß einst Kaiser Wilhelm II. ein hübsches Jagdpalais. Nach der Wende wurde es in ein Hotel umgewandelt, das in der Sommersaison gemütliche Unterkunft bietet.

**90 km östlich von Gdańsk**

### Hotels/andere Unterkünfte

**Country Club Kadyny**

In den Wirtschaftsgebäuden des ehemaligen kaiserlichen Jagdpalais betreibt der Engländer Dan Vowles ein nobles Vier-Sterne-Hotel. An die Stelle der früher hier gezüchteten Trakehner sind die ebenfalls als Reitpferde beliebten »Großpolen« getreten; ans Gestüt ist eine Reitschule angeschlossen.

**82-340 Tolkmicko; Tel. 0 55/2 31 61 20, Fax 2 31 62 00; www.kadyny.com.pl; 40 Zimmer ●●● CREDIT**

## Kaszuby/Kaschubei

→ S. 175, D 2–E 1

Eine Landschaft reich an Hügeln und kleinen Seen, aber arm an Rohstoffen und guten Böden: Das ist die Kaschubei, aufgrund ihres malerischen Charakters auch **Kaschubische Schweiz** genannt. Sie erstreckt sich von Bytów im Westen bis vor die Tore Danzigs im Osten und von der Küste im Norden zu den Kiefernwäldern der Tucheler Heide im Süden. Die Gesamtzahl der noch lebenden Kaschuben wird auf weniger als 200 000 geschätzt. Sie sind Angehörige eines traditionsbewussten westslawischen Stammes mit eigener Sprache: In Wortschatz und Grammatik weicht sie stark vom Polnischen ab und ist aufgrund langer deutscher Herrschaft mit deutschen Worten durchsetzt.

Die Kaschubei empfiehlt sich für Radfahrer und Wanderer. Vor allem das Gebiet südwestlich von **Kartuzy** (Karthaus) ist dünn besiedelt. Von Kartuzy führt ein 22 km langer Radweg an sechs Seen vorbei nach **Kościerzyna**, Wanderer wählen den rot markierten Weg via Gołubie und Olpuch nach **Wdzydze**. Das Freilichtmuseum wartet mit alten kaschubischen Holzhäusern und einer Windmühle auf (Kaszubski Park Etnograficzny; Di–So 9–16 Uhr).

**Kartuzy 34 km westlich von Gdańsk**

### Hotels/andere Unterkünfte

**Zamek Krokowa**
Nahe der Küste wohnt man komfortabel im restaurierten Schloss von Krokowa, das auch als deutsch-polnisches Kulturzentrum genutzt wird. Die Zimmer sind mit Stilmöbeln eingerichtet, wer etwas weniger ausgeben möchte, wählt die einfacheren Räume im benachbarten Gästehaus. Im Restaurant werden altpolnische Spezialitäten serviert, besonders lecker schmeckt Wisentbraten in Thymiansoße. Wer will, kann in Krokowa auch reiten: Auf Wunsch werden vom nahen Gestüt Pferde ausgeliehen.
**ul. Zamkowa 1, Krokowa;**
**Tel. 0 58/7 74 21 11, Fax 7 74 21 10;**
**www.centrum.home.pl; 37 Zimmer**
●●/●●● MASTER VISA ♿

## Malbork/Marienburg

⋯› S. 175, F 2

Die Marienburg war von 1309 bis 1457 das Machtzentrum des Deutschen Ordens. Bis heute thront die Festungsanlage am Ufer der Nogat, gesichert durch hochklappbare Hängebrücken, tiefe Gräben und Wälle. Die Anlage besteht aus einer Vorburg mit Kapelle und Zeughaus, einer Mittelburg mit angrenzendem Hochmeisterpalast sowie dem Prunkstück der Anlage, der Hochburg mit großartigem, durch Kreuzrippengewölbe verziertem Speisesaal. Die vorbildlich restaurierte Anlage wurde von der UNESCO ins Weltkulturerbe aufgenommen und kann individuell oder im Rahmen einer Führung besichtigt werden (ul. Starościńska 1; www.zamek.malbork.pl; Di–So 9–17 Uhr). Die labyrinthisch anmutenden Flure und Säle bergen wertvolle Innenarchitektur, mittelalterliche Waffen, eine riesige Bernsteinkollektion sowie kostbare Gemälde. Nicht entgehen lassen sollte man sich auch das Licht-und-Klang-Spektakel, das an warmen Sommerabenden im Innenhof zur Aufführung kommt. Im Juli und August finden außerdem Burgfestspiele statt: Ritterturniere in historischen Kostümen.
**54 km südöstlich von Gdańsk**

### Hotels/andere Unterkünfte

**Zamek**
Stilvolles Hotel in einem Wirtschaftsgebäude am Fuß der Deutschordensburg. Das Restaurant im Rittersaal ist auf altpolnische Küche spezialisiert, gut schmecken die Suppen.
**ul. Starościńska 14, 82-200 Malbork;**
**Tel. 0 55/2 72 84 00, Tel./Fax 2 72 33 67;**
**42 Zimmer** ●● MASTER VISA ♿ 🐕

## Mierzeja Helska/ Halbinsel Hel

⋯› S. 175, F 1

**Władysławowo** (Großendorf) ist das Eingangstor zur sensenförmigen, 34 km in die Danziger Bucht ragenden Landzunge. Fast die gesamte Halbinsel steht heute unter Naturschutz. Zur Meerseite hin präsentiert sie sich als Badeparadies mit feinsandigem Dünenstrand, an den sich ein breiter Gürtel von Kiefernwald anschließt. An der Südseite bildeten sich im Schutz des Putziger Wiek einige Orte heraus, die sich immer mehr dem Tourismus

**MERIAN-Tipp**

**3 Surfen auf der Halbinsel Hel**

Das Mekka der Surfer: Während an der dem Putziger Wiek zugewandten Flachwasserseite vor allem Anfänger sowie Speed- und Freestyle-Surfer auf ihre Kosten kommen, findet man auf der offenen, dem Nord- und Nordwestwind ausgesetzten Meeresseite beste Wellenbedingungen für Könner. Ein Dutzend Surfschulen bieten ihre Dienste an, u. a. ABC Windsurfing, Camp Małe Morze; Tel./Fax 0 58/6 21 78 46; www.abcwindsurfing.pl.
⋯› S. 175, F 1

# Der Deutsche Orden im Pruzzenland

## Bis heute blicken viele Polen mit Argwohn auf die »Gotteskrieger« mit dem Schwarzen Kreuz.

Am 15. Juli eines jeden Jahres treten im ermländischen Grunwald 10 000 Freizeitritter in Aktion: die einen hoch zu Ross, die anderen zu Fuß. Das polnische Staatsfernsehen berichtet über das Ereignis und erinnert daran, dass an jenem Tag im Jahre 1410 das vereinte polnische-litauische Heer den Deutschen Rittern eine vernichtende Niederlage zufügte. Im Kommentar heißt es meist: Der »deutsche Drang nach Osten« sei damit gebremst und für Polen die »goldene Zeit« eingeläutet worden.

Jedes polnische Kind kennt die Schlacht: Nationaldichter Sienkiewicz hat ihr die besten Seiten seiner »Kreuzritter« gewidmet, mehrfach wurde der Roman verfilmt. Weniger bekannt ist, wie die Ritter ins Land kamen, müsste man dann doch eingestehen, dass es ein Pole war, der sie gerufen hatte: 1226 bat Herzog Konrad von Masowien, einer der Teilfürsten im damals zersplitterten Land, den Hochmeister des Deutschen Ordens, ihm bei der Unterwerfung der heidnischen Pruzzen behilflich zu sein. Als Gegenleistung versprach er ihm das Kulmer Land nördlich von Toruń. Dieser ließ sich nicht zweimal bitten, verlangte aber zusätzlich das zu unterwerfende heidnische, nach christlicher Auffassung also herrenlose Land. Auch ließ er sich den zukünftigen Besitz vom Papst und vom

*Die Marienburg in der gleichnamigen Stadt (Malbork) zählt zu den bedeutendsten Sehenswürdigkeiten Polens. Seit seinem Wiederaufbau nach 1945 ist das ehemalige Kastell, dessen Ursprung auf die Deutschen Ordensritter zurückgeht, wieder die größte Burg des Landes.*

deutschen Kaiser absegnen. Der Deutsche Orden bestand aus Geistlichen, die sich ihre Sporen bei den Kreuzzügen im Heiligen Land verdient hatten. Dafür waren sie vom Papst zu Rittern, einer Elitetruppe im Krieg gegen die Ungläubigen, geschlagen worden. Ab 1230 wurde die Unterwerfung der Pruzzen in Angriff genommen. An strategisch wichtigen Punkten wurden Festungen errichtet, so in Thorn (Toruń), Kulm (Chełmo), Marienwerder (Kwidzyń) und Elbing (Elbląg). Hinter der Frontlinie, die sich immer weiter gen Osten verschob, trieb der Hochmeister den Aufbau eines eigenen zentralistisch-theokratischen Staats voran. Aus deutschen Landen angeworbene Kaufleute, Handwerker und Bauern kolonisierten das »befriedete« Land, 1309 wurde Marienburg (Malbork) offiziell Hauptstadt. Doch der Orden gab sich nicht mit der Unterwerfung des »Preußenlandes« zufrieden: Er eroberte Livland (1328), Estland (1346), Gotland (1398) und die pommersche Neumark (1402) und rückte so zu einer Großmacht im Baltikum auf.

Die Furcht vor dem neuen starken Nachbarn schweißte die polnischen Teilfürstentümer zusammen, 1386 vereinten sich das neu gegründete Königreich Polen und das noch heidnische Nachbarland Litauen (1386). Gemeinsam machten sie Front gegen den Ordensstaat und brachten ihm 1410 eine verheerende Niederlage bei: In der größten Schlacht des Mittelalters fielen 40 000 Ordensritter, doch gelang es dem polnisch-litauischen Heer nicht, auch die Marienburg zu erobern.

Es waren die eigenen Untertanen, die dem Orden die entscheidende Niederlage beibrachten. Die Kaufleute der Hansestädte waren es leid, für die hohen Kriegs- und Steuerlasten der Ritter aufzukommen, und schlossen sich 1454 zum Preußischen Bund zusammen. Mit Unterstützung des polnischen Königs, der ihnen wichtige Handelsprivilegien gewährte, sagten sie ihren Herren den Krieg an. Im »Thorner Frieden« 1466 musste sich der Hochmeister mit einem Rumpfstaat nach Königsberg zurückziehen. 1525 leistete er dem polnischen König den Treueeid und wurde sein Vasall, der Orden wurde in ein weltliches Herzogtum umgewandelt. Von Napoleon wurde es aufgelöst, doch den Orden gibt es noch heute – er untersteht dem Vatikan und ist im Bereich der Altenpflege aktiv.

*Das zwischen Danzig und Gdynia gelegene Sopot ist heute wieder ein mondänes Ostseebad.*

öffnen. Ein gutes Hotel gibt es in **Jurata**, einfache Unterkünfte auch in Chałupy und Jastarnia. Schönster Ausflugsort ist das an der Südspitze gelegene **Hel** (Hela), erreichbar mit dem Auto via Jurata oder auch mit der Fähre ab Gdańsk, Sopot und Gdynia. Am Hafen riecht es nach Aalräuchereien, urige Restaurants bieten Fischspezialitäten an.

**Władysławowo: 54 km nördlich von Gdańsk**

### Hotels/andere Unterkünfte

**Bryza**

Komforthotel inmitten von Dünen mit Indoor- und Outdorpool, Wellness-Angeboten von Algen- über Thalassotherapie bis zu Kardio-Fitness. Außerdem Tennis und Radverleih.

**ul. Świętopełka 1, 84-150 Jurata; Tel. 0 58/6 75 51 00, Fax 6 75 52 00; www.bryza.pl; 64 Zimmer und Apartments ●●●/●●●● CREDIT**

### Essen und Trinken

**Maszoperia**

Kate aus dem 19. Jh. mit Fisch in allen Varianten, z. B. Hering mit Pellkartoffeln, frisch geräucherter Aal und in Bierteig gebratener Dorsch.

**ul. Wiejska 110, Hel; Tel. 0 58/6 75 02 97 ●● MASTER VISA**

## Mierzeja Wiślana/ Frische Nehrung

→ S. 175, F 1

Eine 70 km ins Meer greifende, maximal 2 km breite Landzunge scheidet das Haff von der Ostsee. An ihrem Eingang liegt **Sztutowo** (Stutthof), das erste von den Nationalsozialisten außerhalb des Deutschen Reichs errichtete Konzentrationslager. Das Museum erinnert daran, dass hier 85 000 Menschen ermordet wurden; auch Dokumentarfilme werden gezeigt (Muzeum Stutthof, ul. Muzealna 6; Mai–Sept. tgl. 8–18, Okt.–April 8–15 Uhr).

Die Nehrung, die gleich hinter Sztutowo beginnt, wird auch »Bernsteinküste« genannt: Nach einem schweren Sturm kann man am Ufer auch heute noch viele kleine Bernsteinstücke entdecken, versteinertes Harz von Nadelbäumen aus dem Tertiär. An der Nordseite erstrecken sich kilometerlange Strände, die Südufer sind teilweise versumpft. Wichtigster Ferienort ist **Krynica Morska** (Kahlberg) mit mehreren Campingplätzen und Erholungsheimen. Im Sommer starten vom Hafen Schiffsausflüge nach Frombork, Tolkmicko und Elbląg.

**40 km östlich von Gdańsk**

## Sopot/Zoppot

→ S. 175, F 1

Das Seebad Sopot war einmal die »Perle der Ostsee«: Seine Blütezeit fiel in die 1920er-Jahre, als das Grand Hotel öffnete und sich die Highsociety im Casino traf. Heute sucht die Stadt an verflossenen Ruhm anzuknüpfen und präsentiert sich in elegantem Gewand. Die ul. Bohaterów Monte Cassino, die vom Bahnhof zum Strand hinabführt, ist von Cafés, Bars und Lokalen gesäumt, gegen Zahlung einer kleinen Gebühr flaniert man auf der 512 m langen, um die Mitte des

19. Jh. gebauten Mole. Die Wasserqualität hat sich in den vergangenen Jahren erheblich verbessert. Das kulturelle Angebot konzentriert sich auf Musicals, Shows und Rockkonzerte, die in der Waldoper, einem 1909 erbauten Freilichttheater, aufgeführt werden. Im August findet ein Internationales Schlager- und Chansonfestival statt (Opera Leśna, ul. Moniuszki 12).

**12 km nördlich von Gdańsk**

### Hotels/andere Unterkünfte

**Rezydent**

Komforthotel der Kette Polish Prestige in einer restaurierten, hundertjährigen Nobelvilla zwischen Bahnhof und Flaniermeile. Alle Zimmer mit Sat-TV und Internet-Zugang, Begrüßung mit frischen Blumen und Früchten. Im luxuriösen Bad stehen »szlafroki« (ausgesprochen »Schlafroki«, d. h. Bademäntel) bereit. Mit Jacuzzi, Sauna, Aromatherapie, Massagen und gutem Restaurant.

**pl. Konstytucji 3 Maja 3; Tel. 0 58/5 55 58 00, Fax 5 55 58 01; www.HotelRezydent.com.pl; 65 Zimmer ●●●● CREDIT**

**Grand Hotel**

Traditionsreiches, 1926 im Art-déco-Stil erbautes Strandhotel. Mit Gartencafé, Spielcasino und Night Club, neuerdings auch mit einem Zentrum für »biologische Regeneration«.

**ul. Powstańców Warszawy 12–14; Tel. 0 58/5 51 00 41, Fax 5 51 61 24; www.orbis.pl, 112 Zimmer ●●● CREDIT**

### Essen und Trinken

**Zhong Hua**

Seit vielen Jahren etabliertes Lokal in einem schmucken Strandhotel. Geboten wird klassische chinesische und japanische Küche, im Sommer öffnet eine Terrasse mit Meerblick. Gute Weinauswahl!

**ul. Wojska Polskiego 1; Tel. 0 58/5 50 20 19 ●●● CREDIT**

**Galeria Kiński**

Die Holzvilla, in der Filmschauspieler Klaus Kinski das Licht der Welt erblickte, ist heute ein Kultort: Sein Konterfei schmückt Wände und Polster, in die Bar sind Zitate aus seiner Autobiografie gemeißelt.

**ul. Kościuszki 10 ●**

*Herrlich weite Sandstrände, teils unter Naturschutz, bietet die Halbinsel Hel.*

# Masuren

## Land der glasklaren Seen, der dunklen Wälder und kopfsteingepflasterten Alleen – das ist Masuren.

*Die alte Bischofsstadt Olsztyn im Westen der masurischen Seenplatte ist das wirtschaftliche und touristische Zentrum der Region. Besonders sehenswert ist ihr Umland.*

Naturliebhaber zieht es in Polens Nordosten: Das Gebiet um die Großen Masurischen Seen ist das Ziel von Radlern, Seglern und Kanuten. Im Westen liegt das historische Ermland mit alten Ordensburgen, Schlössern und Kirchen, im Osten die »grüne Lunge Polens« mit mehreren Nationalparks, den Biebrza-Sümpfen und dem Urwald von Białowieża. Dorthin, wo deutsche Nostalgietouristen bisher selten fuhren, da das Gebiet jenseits der alten »Reichsgrenzen« liegt, führt eine in diesem Buch vorgestellte Autotour (→ Routen und Touren, S. 144).

## Olsztyn/Allenstein

172 000 Einwohner → S. 176, A 6
Stadtplan → S. 73

Die Provinzhauptstadt wirkt auf den ersten Blick nicht sonderlich attraktiv. Man muss erst einen dichten Gürtel von Plattenbauten durchqueren, bevor der historische Kern erreicht ist. Hier endlich verebbt der Straßenlärm, und man genießt das romantische Flair einer sorgsam restaurierten Altstadt. Auf dem Marktplatz mit seinen Laubenhäusern und pastellfarbenen Barockgiebeln sammelt sich ein buntes Völkchen von Künstlern und Studenten, das den vorbeiströmenden Touristen als willkommenes Fotomotiv dient. Hohes Tor, Ordensburg und Jakobskathedrale laden zu einem Rundgang ein.

Wie in allen Provinzhauptstädten ist auch in Olsztyn das kulturelle Angebot reich. Neben der Philharmonie gibt es mehrere Museen und eine Vielzahl von Galerien.

### Hotels/andere Unterkünfte

**Galery 69**

Am Seeufer in Dorotowo, 10 km südlich von Olsztyn, wurde ein kleines Designhotel eingerichtet: Alle Räume sind mit hellem Holz gestaltet, minimalistisch und formschön. Angeschlossen ist ein gutes Restaurant, vom eigenen Badesteg springt man ins Wasser oder leiht sich ein Boot. Von der Straße Olsztyn–Warszawa in Richtung Dorotowo abbiegen, der Parkplatz ist bewacht.

**Dorotowo 38, Stawiguda; Tel. 0 89/5 13 64 80, Fax 5 13 64 81; www.studio69.pl; 10 Zimmer ●●● CREDIT**

**Villa Pallas** → S. 73, östl. c 2

Renovierte Art-Nouveau-Villa östlich der Altstadt, die schöneren Zimmer befinden sich im älteren Trakt. Mit Sauna, Fitness und Konferenzsaal.

**ul. Żołnierska 4; Tel./Fax 0 89/5 35 01 15; www.villapallas.pl, 30 Zimmer ●●● CREDIT**

**Polsko-Niemieckie Centrum Młodzieży** → S. 73, a 1

Das »Deutsch-Polnische Jugendzentrum«, oft auch als »Hotel Centrum« geführt, befindet sich in einem Bürgerhaus nahe der Ordensburg. Kein studentisches Hostel, wie man erwarten könnte, sondern ein Hotel mit allem Komfort, selbst Garage und bewachter Parkplatz sind vorhanden.

**ul. Okopowa 25; Tel. 0 89/5 34 07 80, Fax 5 27 69 33; www.pncm.olsztyn.pl; 35 Zimmer ●● MASTER VISA**

**Warmiński** → S. 73, östl. c 2

Mittelklassehotel östlich der Altstadt, alle Zimmer mit Internet-Zugang. Das angeschlossene Restaurant wird für die gute polnische Küche gelobt.

**ul. Kołobrzeska 1 (Ecke Kościuszki); Tel. 0 89/5 22 14 00, Fax 5 33 67 63; www.hotel-warminski.com.pl; 132 Zimmer, 5 Apartments ●● CREDIT**

### Spaziergang

Der hier vorgeschlagene Weg beschränkt sich auf die Altstadt, wo Olsztyn am schönsten ist. Er beginnt am **Hohen Tor** (Brama Wysoka), einem gotischen Backsteinbau aus dem 14. Jh., der früher Teil der umfassenden Stadtbefestigung war. An seiner Südseite führt die Staromiejska zum **Marktplatz** mit Altem Rat-

*Mehrere Jahre lebte der Astronom und Mathematiker Nikolaus Kopernikus als Verwalter in der Burg von Allenstein. Heute zieht die romantisch gelegene Burg Besucher aus aller Welt an.*

haus, Laubenhäusern und Straßencafés. Zur Linken, nur zwei Querstraßen entfernt, erhebt sich die **Jakobskathedrale**. Nachdem man ihr einen Besuch abgestattet hat, geht man die Piastowska hinab und kommt an einem restaurierten Speicher vorbei. Über die Mieszka-Passage biegt man links in die Prosta ein und passiert einen weiteren alten Fachwerkspeicher (ul. Kołłątaja 14).

Vor dem Fluss hält man sich rechts und läuft am Ostufer der Łyna durch den Schlosspark. Zur Rechten sieht man Reste der alten Stadtmauer, vor uns erhebt sich machtvoll die **Ordensburg**, in deren Schutz Mitte des 14. Jh. die Stadt gegründet wurde. Wer Lust hat, besucht das **Museum von Ermland und Masuren** und seine Dependance am Fischmarkt (Targ Rybny) und kehrt anschließend zum Ausgangspunkt des Spaziergangs zurück.

**Dauer: 1 Stunde (ohne Museumsbesuch)**

## Sehenswertes

### Altes Rathaus/Stary Ratusz

⇢ S. 73, b 2

1624 wurde das Rathaus erbaut, 1945 brannte es schließlich nieder. Nach dem Krieg wurde es in nahezu gleicher Gestalt wiedererrichtet, ebenso die Giebelhäuser am Markt, die teilweise auf das 14. Jh. zurückgehen.

### Jakobskathedrale/Kościół Farny Św. Jakuba

⇢ S. 73, b 2

Ende des 14. Jh. als spätgotische Hallenkirche erbaut, Turm und Altäre entstanden 200 Jahre später (Renaissancetriptychon 1553). In den Jahren 1866 bis 1868 wurde die Kirche neugotisch restauriert, ihre Innenausstattung wirkt, abgesehen vom feingliedrigen Netzgewölbe, vergleichsweise karg.

### Ordensburg/Zespół zamkowy

⇢ S. 73, a 1

Ehemalige Burg des ermländischen Domkapitels (14. Jh.), heute Heimstätte des Masurischen Museums. Fünf Jahre arbeitete Kopernikus hier als Verwalter. Bis zum heutigen Tag danken es ihm die Polen, dass er am 16. November 1520 den polnischen König in einem Brief um militärische Unterstützung gegen den Deutschen Orden bat. Von der Turmspitze der Ordensburg eröffnet sich ein weiter Blick über die Stadt, im Burgcafé kann man sich vom anstrengenden Aufstieg erholen.

## Museen

### Astronomisches Observatorium/Obserwatorium Astronomiczne

⇢ S. 73, östl. c 2

Eingerichtet in einem Wasserturm aus dem Jahr 1897, etwa 1 km östlich des Stadtzentrums. Tagsüber kann hier die Sonne, in den Abendstunden der Sternenhimmel beobachtet werden.

**ul. Żołnierksa 13; Mo–Sa 10–13, Di–Fr 21–22 Uhr**

**Museum von Ermland und Masuren/ Muzeum Warmii i Mazur**
→ S. 73, a 1
Umfangreiche Sammlung bedeutender Kunstwerke der Region, dazu Ausstellungen zu Kopernikus, handschriftliche Dokumente und Messinstrumente des Naturwissenschaftlers. Im Obergeschoss der Ordensburg werden masurische Flora und Fauna illustriert.
ul. Zamkowa 2; Di–So 10–16 Uhr

**Museum des polnischen Pressehauses/Dom Gazety Olsztyńskiej**
→ S. 73, a 3
Im Gebäude des ehemaligen Fischmarkts sind verschiedene Exponate zur Stadtgeschichte und zum deutsch-polnischen Verhältnis ausgestellt.
Targ Rybny 1; Di–So 9–16 Uhr

**Planetarium/Planetarium Lotów Kosmicznych**
→ S. 73, östl. c 1
Auch Kindern könnte es gefallen, die Erde mal »von oben« zu erleben. Eine umfangreiche Ausstellung spiegelt die Entwicklung der Astronomie seit den Tagen des Kopernikus.
al. Piłsudskiego 38; www.planetarium.olsztyn.pl; Di–So 10–16 Uhr

### Essen und Trinken

**Nowoczesna**
→ S. 73, östl. c 2
Das Restaurant im Hotel Warmiński bietet sehr gute polnische Küche. Besonders empfehlenswerte Spezialitä-

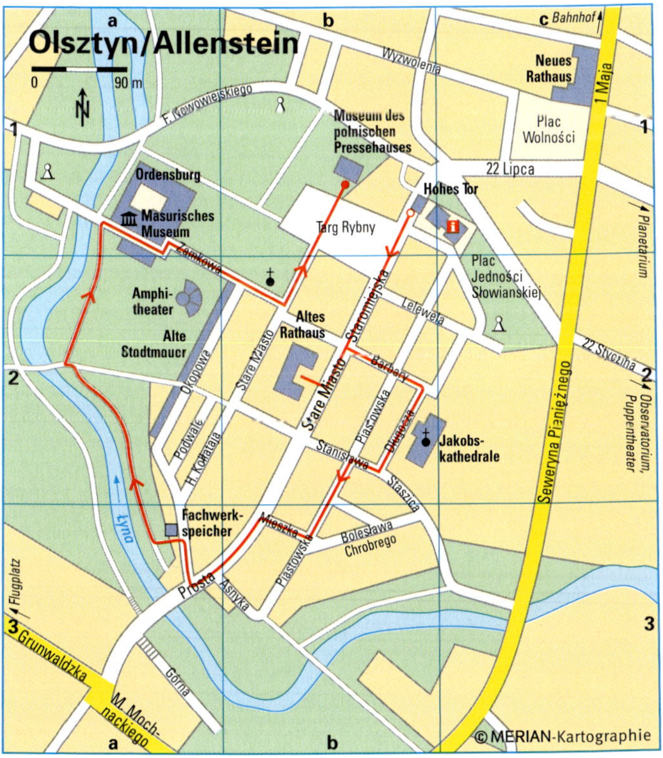

ten sind Wachtel in Zitronensuppe, Salat mit Maräne und Himbeer-Crêpes.
**ul. Kołobrzeska 1 (Ecke Kościuszki); Tel. 0 89/5 33 46 72 ●● CREDIT**

**Café Staromiejska** → S. 73, b 2
Straßencafé am Altstädtischen Markt mit leckeren Pfannkuchen (»naleśniki«). Gut schmeckt auch Ente »auf königliche Art«, d. h. mit Äpfeln gefüllt (»kaczka po królewsku«).
**ul. Stare Miasto 4/6; Tel. 0 89/5 27 58 83 ● MASTER VISA**

**Pożegnanie z Afryką** → S. 73, a 2
Herrliche Düfte und drei Dutzend verschiedene Kaffeesorten aus aller Welt, die in kleinen Keramikkannen auf Stövchen serviert werden.
**ul. Podwale 2 ●**

### Einkaufen
Zeitgenössische Kunst gibt es relativ preiswert in den Galerien der Altstadt, z. B. am Rynek und in den Straßen Barbary und Rodziewiczówny. Dort findet man auch Boutiquen und Kunsthandwerksläden.

### Am Abend
Man trifft sich in den Cafés der Altstadt, im Café Staromiejska erklingt regelmäßig Livemusik. Im Sommer gibt es rund um die Ordensburg Blues- und Jazz-Abende, samstags auch eine Disko. Das Ensemble »Pro Musica Antiqua« bietet in und vor der Burg Konzerte mit klassischer Musik. Wer außerhalb der Ferienzeit kommt, besucht die Konzerte in der Philharmonie (Filharmonia, ul. Kościuszki 39).

### Service
**Auskunft**
**Informacja Turystyczna PTTK**
Das Reisebüro am Hohen Tor macht Angebote für organisierte Touren auf der Krutynia-Route.
**ul. Staromiejska 1, 10-950 Olsztyn; Tel./Fax 0 89/5 35 35 65; www.um.olsztyn.pl**

# Ziele in der Umgebung

## Giżycko/Lötzen
→ S. 176, C 6

Polens »Sommerhauptstadt« liegt auf der Landzunge zwischen Niegocin- und Kisajno-See und hat eine gute touristische Infrastruktur. Segler, Kajakfahrer und Windsurfer kommen hier voll auf ihre Kosten, und wenn die Seen im Winter zugefroren sind, rücken Schlittschuhläufer und Eissegler nach. Vom zentral gelegenen Hafen am Niegocin-See starten Ausflugsschiffe der Weißen Flotte: nordwärts nach Węgorzewo, südwärts nach Mikołajki und Ruciane-Nida. Sehenswert ist die nach Kriegsminister von Boyen benannte Festung (1844–47): mit ihren vielen Wällen und Gräben, Mauern und Verliesen ein beeindruckendes Bauwerk. Umgeben wird sie von einer über 2300 m langen Ziegelsteinmauer. Auf der Freilichtbühne des Amphitheaters finden im Sommer Kulturveranstaltungen statt.
**103 km nordöstlich von Olsztyn**

### Hotels/andere Unterkünfte
**Europa**
Modernes Komforthotel am Kisajno See, die meisten Zimmer mit Seeblick und Balkon. Im Restaurant setzt man auf Altbewährtes: polnische Hausmannskost wie bei Großmutter, schmackhaft und reichlich. Man kann Paddel-, Ruder- und Tretboote ausleihen, das hauseigene Ausflugsschiff schippert die Gäste über den See. Außerdem steht eine Flotte von 70 Rädern bereit.
**al. Wojska Polskiego 37; Tel. 0 87/4 29 30 01, Fax 4 29 25 54; www.hoteleuropa.mazury.info.pl; 62 Zimmer ●● CREDIT**

**Wodnik**
Typische Architektur der 1970er-Jahre, doch muss das den nicht stören,

*Giżycko ist ein idealer Standort, um die masurische Seenplatte kennen zu lernen. Hier ein Bild, wie man es auch in dieser Stadt nur noch selten sieht.*

der drinnen wohnt. Das Hotel liegt zentral, der Service ist gut, und alle Zimmer sind sauber-funktional. Das Büfettfrühstück lässt keine Wünsche offen, außerdem gibt es einen Radverleih.

ul. 3 Maja 2; Tel. 087/4283872, Fax 4283958; www.cmazur.elknet.pl; 65 Zimmer ●● CREDIT

### Essen und Trinken

**Jantar**

Ein paar Schritte vom Hauptplatz entfernt ein nettes Lokal und mittendrin ein Baum, der für eine Prise Ländlichkeit sorgt. Auch die Küche gibt sich masurisch: Aus Waldpilzen zaubert die Köchin leckere Soßen, die sie zu Fisch- und Fleischgerichten serviert.

ul. Warszawska 10; Tel. 087/4285415 ●● MASTER VISA

### Service

**Auskunft**

**Informacja Turystyczna**

ul. Warszawska 7, 11-500 Giżycko; Tel. 087/4285265, Tel./Fax 4285760; www.gizycko.um.gov.pl; Mo–Fr 8–15.30 Uhr, in der Saison 8–18 Uhr

## Kętrzyn/Rastenburg

S. 176, B 6

Eine Industriestadt inmitten anmutiger Landschaft gelegen. Deutsche Ordensritter legten hier auf der Reise von Marienburg nach Königsberg eine »Rast« ein, dieser Fügung verdankt die Stadt ihren Namen. In der vom Orden errichteten Burg (1360) ist heute ein Heimatmuseum für regionale Kunst und Geschichte untergebracht (Di–So 10–16 Uhr). 10 km östlich, unweit der Ortschaft Gierłoż (Görlitz), besuchen täglich tausende von Besuchern eine Landschaft zersprengter Bunker. Hier, inmitten ausgedehnter Wälder und Sümpfe, befand sich die **Wolfsschanze**, die Schaltzentrale des Dritten Reichs vom 20. Juni 1941 bis 20. November 1944. Ein rot markierter Weg lenkt die Besucher durch ein düsteres Gelände mit 70 Betonobjekten, »von außen einer altägyptischen Grabstelle ähnlich« (Albert Speer). Als der Krieg nicht mehr zu gewinnen war, suchte sich hier eine Gruppe von Offizieren unter Leitung des Generals Claus von

Stauffenberg ihres Führers zu entledigen. Eine Tafel erinnert an das erfolglose Attentat (20. Juli 1944). Fünf Monate später zog sich Hitler vor der näher rückenden Roten Armee nach Berlin zurück. Bevor am 24. Januar 1945 die letzten deutschen Einheiten die Wolfsschanze verließen, wurde sie gesprengt (Wilczy Szaniec; tgl. 9–18 Uhr, Rundgang ab 1 Std.).

**84 km nordöstlich von Olsztyn**

## Lidzbark Warmiński/ Heilsberg

···> S. 176, A 6

In den Jahren 1350 bis 1772 residierten die ermländischen Bischöfe im festungsähnlichen Backsteinschloss von Heilsberg, dem neben der Marienburg besterhaltenen Baudenkmal des deutschen Ordensstaates. Ein quadratischer Innenhof ist von einem zweigeschossigen Kreuzgang gesäumt und wird von vier Wehrtürmen flankiert. Die Burg ist als Museum geöffnet (pl. Zamkowy 1; Di–So 10–16, in den Sommerferien 9–17 Uhr). Es wird daran erinnert, dass Nikolaus Kopernikus hier von 1503 bis 1510 als Leibarzt seines Onkels, des Bischofs Watzenrode, tätig war. Außerdem können mittelalterliche Kunstgegenstände besichtigt werden. Die Ikonen stammen aus Gemeinden der Altgläubigen in Moskau, über das Kloster Wojnowo gelangten sie in die hiesige Festung.

**46 km nördlich Olsztyn**

## Mazurski Park Krajobrazowy/Masurischer Landschaftspark

···> S. 176, C 6

Das Naturschutzgebiet liegt südlich von Mikołajki und ist 55 000 ha groß. Die Verwaltung hat ihren Sitz in **Krutyń** (Krutinnen), im angeschlossenen Naturkundemuseum (Muzeum Przyrodnicze; Mo–Fr 8–15 Uhr) bekommt man Faltblätter zu den angelegten Naturlehrpfaden. Krutyń ist ein Ferienort mit hübschen Holzhäusern und ein malerischer Zwischenstopp für Kanuten. An mehreren Anlegestellen warten Gondolieri auf ihre Kunden, um sie auf dem glasklaren

*Romantische Alleen wie diese sind typisch für Masuren: Für Wanderer sind sie ausgesprochen reizvoll, für Autofahrer hingegen nicht ungefährlich.*

Fluss zum Mokre-See zu staken. Wer selber paddeln oder rudern möchte, kann Boote bei Frau Nosek mieten (→ Pension Habenda, S. 77) und sich per Kleinbus am gewünschten Zielort abholen lassen. Ein zweiter guter Ausgangspunkt für die Erkundung des Parks ist das am Bełdany-See gelegene **Iznota** (Isnothen). Das vom Warschauer Arzt Cezary Kubacki erbaute Anwesen huldigt dem baltischen Stamm der Galinder, der im 14. Jh. vom Deutschen Orden »befriedet« wurde. Große, in Baumstämme gehauene Krieger säumen die zur Holzfestung führende Piste, wo Herr Kubacki alias Fürst Izegus II. seine Gäste begrüßt.

Im Landschaftspark und seiner näheren Umgebung kommen Tierfreunde auf ihre Kosten. In **Kadzidłowo** (Einsiedeln) wurde ein privater Tierpark eingerichtet, in dem man Tarpanpferde und Elche, Biber und Fischotter bestaunen kann (tgl. 10–18 Uhr). Am Kuc-See bei **Kosewo** (Rechenberg) lädt eine Hirschfarm mit kleinem Museum zum Besuch ein (Di–So 10–17 Uhr). Der **Łuknajno-See** mit seiner in Europa einmaligen Wildschwankolonie wurde von der UNESCO zum Biosphärenreservat erklärt; das Betreten ist zwar untersagt, doch kann man die Tiere von mehreren am Westufer gelegenen Hochsitzen beobachten. Im Forsthaus Piersławek bei **Piecki** (Peitschendorf) wurde 1897 der Dichter Ernst Wiechert geboren. Das Haus, in dem er bis 1930 lebte, ist als Museum zugänglich. Erinnert wird an das Leben des »Gegners des Faschismus und ehemaligen Häftlings von Buchenwald«, so eine Inschrift rechts vom Eingang. Ernst Wiecherts letzter, im Jahr 1947 erschienener umfangreicher Roman »Die Jerominkinder« ist ein Lobgesang auf den masurischen Menschen und die Johannisburger Heide (Mo–Sa 9–17, außerhalb der Saison 10–14 Uhr).

**Ca. 90 km östlich von Olsztyn**

### Hotels/andere Unterkünfte

**Galindia Mazurski Eden**

Das Hotel, eine von den Urbewohnern inspirierte Festung aus Holz und Stein, liegt am Bełdany-See und ist von Wald umgeben. Fahrräder, Boote, Surfbretter und Angelutensilien können ausgeliehen werden, im Restaurant stärkt man sich mit regionaler und vegetarischer Kost. Die Ferienanlage (nebst gut ausgestattetem Campingplatz) ist über die nach Ukta führende Straße erreichbar, hinter Bobrówko links abzweigen!

**Iznota-Bartlewo 1; Tel. 0 90/50 82 35, Tel./Fax 0 87/4 23 14 16; www.galindia.com.pl; 45 Zimmer ●●●**

MASTER VISA

**Habenda**

Die von der deutschstämmigen Brigitta Nosek geleitete Pension kann man wärmstens empfehlen. Freundliche Zimmer mit Bad, dazu ein großer Aufenthaltsraum mit Kamin, in dem man frühstückt und zu Abend isst. Fahrräder und Boote sind ausleihbar, der Parkplatz ist bewacht.

**Krutyń 42, Tel./Fax 0 89/7 42 12 18; www.habenda.com; 25 Zimmer ●●**

## Mikołajki/Nikolaiken

→ S. 176, B 6

In touristischen Werbebroschüren wird Mikołajki gern mit der Lagunenstadt Venedig verglichen: Wie diese ist es von Wasser umgeben. Zwei »masurische Meere« schließen die Stadt ein: der Mikołajskie-See im Süden und der Tałty-See im Norden, die durch einen Kanal miteinander verbunden sind. Im Sommer scheint die Stadt mehr Boote als Autos zu haben, von der attraktiven Uferpromenade schaut man aufs Mastengewirr. Mikołajki ist das größte expandierende Ferienzentrum Masurens. Bevor nach der Wende die erste Hotelanlage entstand, ging es hier ruhig und beschaulich zu, heute sollte man den

Ort, um sich seiner zu erfreuen, in der Nebensaison besuchen. Die Gegend rund um den Marktplatz (heute: pl. Wolności, »Freiheitsplatz«) wurde erneuert, die Zahl der Unterkünfte wächst stetig. Von der Anlegestelle an der Fußgängerbrücke starten Ausflugsschiffe nach Giżycko und Ruciane Nida. Ruderer, Kanuten und Segler stoßen südwärts über den Bełdany-See zum Nidzkie-See vor; nordwärts führt die Reise über den Niegocin- und Mamry-See bis Węgorzewo.

**84 km östlich von Olsztyn**

#### Hotels/andere Unterkünfte

**Amax**

Kleines Komforthotel am Westufer des Mikołajskie-Sees mit Blick auf die knapp 2 km entfernte Stadt. Die anglophilen Besitzer haben es im William-Morris-Stil eingerichtet, die Räume haben dicke Teppiche, alte Stiche und Stofftapeten. Familien quartieren sich gern in einem der sechs angegliederten Bungalows ein, wo sie über eine eigene Küche verfügen. Auch sie haben Zugang zu Hallenbad und Sauna, Fahrräder können ausgeliehen werden.

**al. Spacerowa 7; Tel. 087/4 21 90 00, Fax 4 21 90 14; www.hotel-amax.pl; 24 Zimmer ●●● CREDIT**

**Gołębiewski**

Luxuriöses, aber architektonisch etwas fantasieloses Vier-Sterne-Hotel am Südrand des Tałty-Sees. Ausgestattet mit drei Restaurants und einer Ladenpassage, Nightclub und Disko, einem »Tropikana-Badeparadies«, Reitstall, Tennis und Squash, auch eine eigene Bootsanlegestelle ist vorhanden. Vom Hotel aus werden Kutschfahrten und Hubschrauberrundflüge, im Winter auch Eissegeln organisiert. Kinder vergnügen sich im Miniklub.

**ul. Mrągowska 34; Tel. 087/4 29 07 00, Fax 4 29 07 44; www.golebiewski.pl; 590 Zimmer ●●● CREDIT**

#### Essen und Trinken

**Król Sielaw**

Das rustikale Lokal liegt mitten im Ort und ist seit Jahren eine verlässliche Adresse für Fischgerichte aller Art, zur Jagdzeit wird auch Wild serviert. Oberhalb des Lokals werden preiswerte Zimmer vermietet.

**ul. Kajki 5; Tel. 087/4 21 63 23 ●●**

## Morąg/Mohrungen

S. 176, A 6

In der 1327 von Ordensrittern gegründeten Stadt wurde der deutsche Schriftsteller und Philosoph Johann Gottfried Herder geboren (1744–1803). Seine Büste findet sich auf einem Sockel neben der Pfarrkirche, am Geburtshaus in der nach ihm benannten Straße gedenkt man seiner mit einer Bronzetafel. Das Herder-Museum (ul. Dąbrowskiego 54; Di–So 10–17 Uhr) wurde im Renaissanceschloss der Familie Dohn eingerichtet, dessen einstiger Besitzer dem aus bescheidenen Verhältnissen stammenden Herder das Studium der Philosophie und Theologie in Königsberg ermöglicht hatte.

**47 km nordwestlich Olsztyn**

#### Hotels/andere Unterkünfte

**Młyn Klekotki**

Die »klappernde Mühle« aus dem 17. Jh., in der vor einigen Jahrzehnten noch Korn gemahlen wurde, liegt 15 km nördlich der Stadt und beherbergt heute ein stilvolles Hotel. Helle Leinenstoffe, Korbgeflechte und Holzmöbel schaffen ein behagliches Ambiente. Der ehemalige Pferdestall wurde in ein Restaurant verwandelt, in dem Wildbret und Fisch aus dem Mühlteich serviert werden, dazu gibt es frisches Brot aus dem hauseigenen Backofen. Das Frühstück wird im Wintergarten serviert.

**Godkowo; Tel. 055/2 49 77 00, Fax 2 49 72 08; www.hotelmlynklekotki.pl; 32 Zimmer ●●● CREDIT**

## Mrągowo/Sensburg

S. 176, B 6

Die 20 000 Einwohner zählende Stadt liegt landschaftlich sehr reizvoll zwischen dem Czos- und dem Juno-See und ist ein guter Ausgangspunkt für Touren in die Umgebung. Empfehlenswert ist auch ein Bummel durch die Altstadt, viele Häuser der Jahrhundertwende sind denkmalgeschützt und säumen kopfsteingepflasterte Straßen. Das 1824 in Seenähe erbaute Rathaus beherbergt heute ein Regionalmuseum, in einem Seitentrakt wird des Dichters Ernst Wiechert gedacht (ul. Ratuszowa 5; Mo–Fr 10–16 Uhr). Höhepunkt des städtischen Kulturlebens ist das Picnic Country Festival, zu dem alljährlich im Juli Fans aus ganz Polen eintreffen, darunter viele »Cowboys« und Harley-Davidson-Freaks. Die besten Konzerte finden im Amphitheater am Czos-See statt.

**62 km östlich von Olsztyn**

### Hotels/andere Unterkünfte

**Mercure Mrongovia**

Mächtiges Komforthotel auf einem Hügel am Czos-See mit großem Sportangebot (Tennis, Squash, Reiten und Fahrradverleih) und Wellness-Programm.

**ul. Giżycka 6; Tel. 089/7 41 32 21, Fax 7 41 32 20; www.mrongovia.pl; 215 Zimmer ●●● CREDIT**

### Essen und Trinken

**Stara Chata**

In der »alten Hütte« gibt es typisch Masurisches, Pilzgerichte und Forelle vom Grill.

**ul. Warszawska 9-B; Tel. 089/7 41 45 02 ●●**

## Olsztynek/Hohenstein

S. 176, A 6

Die alte Ordensstadt wartet im Sommer mit einem interessanten **Freilichtmuseum** auf (Skansen, ul. Sportowa 21;, Mai–Aug. Di–Fr 9–17, Sa–So 9–18 Uhr, April/Sept. Di–So 9–15 Uhr). Strohgedeckte Holzhäuser, Kirchen und Mühlen erinnern an die Welt vor der Industrialisierung. Viele dieser Bauwerke wurden 1938 aus Königsberg hierhergebracht, sind typische Beispiele der Regionalarchitektur.

**30 km südlich Olsztyn**

*Die hübsche Kleinstadt Mikołajki kann gleich mit zwei Seen aufwarten: mit dem Mikołajskie-See im Süden und dem Taty-See im Norden.*

## Reszel/Rössel ⇢ S. 176, B 6

Die Burg der Ermländischen Bischöfe wurde in der 2. Hälfte des 14. Jh. erbaut, in ihrem Schutz entwickelte sich ein wohlhabendes Städtchen. Reszel war ein wichtiger Stützpunkt auf der Handelsroute von der Bernsteinküste ins Binnenland, später auch religiöses Zentrum. Hoch aufragende Türme bestimmen die Stadtsilhouette, in der Burg ist eine Galerie moderner Kunst eingerichtet (Di–So 10–17 Uhr).
**65 km nordöstlich von Olsztyn**

## Sorkwity/Sorquitten

⇢ S. 176, B 6

Das Dorf ist Startpunkt der beliebten Krutynia-Kanuroute (→ Routen und Touren, S. 146), im Juli und August Treffpunkt von Wassersportlern aus aller Welt. Nahe der Bootsstation am Lampackie-See befindet sich das neugotische Schloss Sorkwity, heute ein Hotel.
**50 km östlich von Olsztyn**

### Hotels/Andere Unterkünfte

**Zamek**
Das im Tudor-Stil errichtete Backsteinschloss mit seinen Zinnen und Türmen wirkt von außen etwas extravagant: Die Zimmer sind eher solide, einige haben herrlichen Seeblick.
**ul. Zamkowa 15; Tel. 0 89/7 42 81 89, Fax 7 42 82 51; www.palacsorkwity.pl; 12 Zimmer ●●**

## Święta Lipka/Heiligelinde ⇢ S. 176, B 6

Eine Legende rankt sich um den berühmten Wallfahrtsort am Dejnowa-See. Als die wundertätige Maria einem zum Tode Verurteilten in seiner Zelle erschien, war er von ihrem Anblick so gebannt, dass er ihr Ebenbild in ein Stück Holz schnitzte. Die

*Wegen des sumpfigen Untergrundes musste die barocke Wallfahrtskirche Święta Lipka in langwieriger Arbeit auf Eichenpfählen erbaut werden.*

Richter wiederum waren von der Schönheit des Werkes so gerührt, dass sie beschlossen, den Gefangenen auf freien Fuß zu setzen. Dieser befestigte das Bild an einer mächtigen Linde, die fortan das Ziel inbrünstiger Wallfahrten wurde. Noch heute pilgern tausende frommer Katholiken alljährlich hierher. In den Jahren 1687 bis 1694 entstand an besagter Stelle »Heiligelinde«, die berühmte Klosteranlage der Jesuiten. Auf einer breiten Waldlichtung ragt hell und verspielt die schönste Barockkirche Nordpolens auf. Wie die Fassade so der Innenraum: vergoldete Balustraden und Pfeiler, ein 19 m hoher, schwerelos wirkender Altar mit dem verehrten »Bild der Schmerzensmutter« und eine Orgel mit beweglichen Figuren.
**71 km nordöstlich von Olsztyn**

## Szczytno/Ortelsburg

→ S. 176, B 6

Vor einigen Jahren schien eine goldene Zeit für Szczytno anzubrechen: Der ehemalige Militärflughafen Szymany (10 km südl.) öffnete sich für den zivilen Luftverkehr, und viele Masuren-Urlauber genossen es, ohne langwierige Anreise mit Auto, Bus oder Zug direkt »im Grünen« zu landen. Inzwischen ist der Flughafen wieder geschlossen, und Szczytno droht in Dauerschlaf zu versinken. Doch die von kleinen Seen und dichten Wäldern umschlossene Stadt verfügt über mehrere kleine Hotels und ist ein guter Ausgangspunkt für die Erkundung West-Masurens. Das Rathaus beherbergt ein **Masurisches Museum**, in dem archäologische Funde, aber auch alte Bauernmöbel, Keramik und Korbwaren ausgestellt sind (Muzeum Mazurskie, ul. Sienkiewicza 1;, Di–So 10–16 Uhr).

**48 km südöstlich von Olsztyn**

### Hotels/andere Unterkünfte

**Krystyna**

Am See gelegenes Zwei-Sterne-Hotel im Fachwerkstil. Die Küche ist die beste vor Ort, der Parkplatz ist bewacht, und für alle, die kein eigenes Rad dabei haben, gibt es einen Verleih.

**ul. Żwirki i Wigury 10; Tel./Fax 0 89/6 24 21 69; www.hotelkrystyna.pl; 40 Zimmer ●●● CREDIT**

## Węgorzewo/Angerburg

→ S. 176, C 5

Nördlichster Anlaufpunkt der Weißen Flotte, nur 20 km von der russischen Grenze entfernt. Das Museum der Volkskultur (Muzeum Kultury Ludowej, ul. Portowa 1; tgl. 10–15 Uhr), die evangelische Kirche und einige Burgruinen zählen zu den wenigen Sehenswürdigkeiten der Stadt.

**130 km nordöstlich von Olsztyn**

### Hotels/andere Unterkünfte

**Villa Mamry**

Hübsche Villa auf einer weit in den Święcajty-See ragenden Halbinsel. Vom Frühstücksraum blickt man auf die große Wasserfläche. Die Zimmer sind geräumig und hell, familiäres Ambiente.

**Dziaduszyn 5, Pozezdrze; Tel. 0 87/ 4 27 14 48; 10 Zimmer ●● MASTER VISA**

## Wigierski Park Narodowy/Wigry-Nationalpark

→ S. 177, D 5

Herzstück des Parks ist der Wigry-See, einer von 25 miteinander verbundenen Seen. In seiner Mitte schwimmen mehrere Inseln, in die Ufer sind kleine Buchten gekerbt. Der See wird von der Czarna Hańcza durchflossen, dem nach der Krutynia beliebtesten Paddelfluss Polens. Das am Nordufer thronende Barockkloster verleiht ihm besonderen Reiz. Bis 1755 gehörte es den Kamaldulensern, die einen extrem asketischen Lebensstil pflegten. Sie lebten in völliger Einsamkeit.

**94 km östlich von Giżycko**

### MERIAN-Tipp

#### 4 Einkehr im Kloster von Wigry

Mönche gibt es heute nicht mehr in Wigry, doch darf man in ihren ehemaligen Klausen übernachten – und wem das zu asketisch ist, wechselt über ins Hauptgebäude, wo er wahrlich königlich schläft. Das Restaurant wartet mit schönen regionalen Spezialitäten auf, der hauseigene Bootsverleih ist ab Mitte Mai geöffnet.

Hotel Wigry, Klasztor Kamedułów, 16-410 Wigry; Tel. 0 87/5 63 70 70, Fax 563 70 19; www.wigry.org; 15 Zimmer ●● MASTER VISA

→ S. 177, D 6

# Mittlerer Westen

## Tiefland zwischen Warthe und Weichsel, »Polens Wiege« mit historischen Städten und Schlössern.

*Der Marktplatz der Messestadt Posen ist mit seinem Renaissance-Rathaus und den bunten Bürgerhäusern einer der schönsten im Land.*

Großpolen (Wielkapolska) heißt das Land zwischen Warthe und Weichsel. Der Name irritiert, denn groß ist es nur im Sinne von »alt«: Im Jahr 966 trat hier der Fürst der Polanen Mieszko I. zum Christentum über, worauf sein Land in den erlauchten Verbund christlicher Staaten aufgenommen wurde. Die Pfalzen Posen und Gnesen, in denen der Fürst Hof hielt, waren seine ersten Hauptstädte. Vom waldreichen Großpolnischen Nationalpark abgesehen ist die Landschaft in dieser Region wenig spektakulär – da fahren viele lieber gleich weiter ins mittelalterliche Toruń oder nach Łódź, einst frühkapitalistische Boomtown, heute das »polnische Hollywood«.

## Poznań/Posen → S. 175, D 4

580 000 Einwohner
Stadtplan → S. 85

»Poznać« heißt »sich kennen lernen«. Laut Legende trafen sich just hier die slawischen Brüder Rus, Czech und Lech nach langer Odyssee und waren darüber so glücklich, dass sie eine Stadt gründeten. Mittlerweile ist Posen mehr als tausend Jahre alt und präsentiert sich als wohlhabende, offen-dynamische Stadt. Sie ist ganz dem Westen zugewandt, auf den vielen hier abgehaltenen Messen findet ein fruchtbarer Austausch von Waren und Ideen statt. Bei ausländischen Geschäftsleuten gelten die Posener als »die Schwaben Polens«: Sie sind pünktlich, arbeiten effizient und diszipliniert. Und auch Urlauber können von derlei vermeintlich deutschen Qualitäten profitieren: Die Straßen rund um den Marktplatz sind herausgeputzt, Museen, Paläste und Barockkirchen sehr gepflegt. Dabei sind die Posener keine Kinder von Traurigkeit, sondern wollen das Leben vielmehr lieber in vollen Zügen genießen: Wenn die Museen und Galerien schließen, kann man in eine lange Nacht abtauchen.

### Hotels/andere Unterkünfte

**Brovaria** → S. 85, c 2

Im Jahr 2004 eröffnetes Hotel in bester und zentraler Lage auf dem Marktplatz: Die Zimmer sind im Fin-de-Siècle-Stil elegant eingerichtet, die meisten mit Ausblick auf malerische Bürgerhäuser.

**Stary Rynek 74; Tel. 0 61/8 58 68 68, Fax 8 58 68 69; www.brovaria.pl ●●● MASTER VISA**

**Park** → S. 85, östl. c 2

Wenn's eine Unterkunft im Grünen sein soll: ein Komforthotel der Kette Best Eastern Plaza, 2,5 km östlich der Altstadt am lang gestreckten Malta-See gelegen.

**ul. Majakowskiego 77; Tel. 0 61/8 74 11 00, Fax 8 74 12 00; www.hotel-park.com.pl; 98 Zimmer ●●● CREDIT**

**Royal** → S. 85, a 2

Wenige Gehminuten westlich der Altstadt: ein kleines, feines Mittelklassehotel, das mit verspielten Holz- und Schmiedeeisenmöbeln eingerichtet ist. Hier wird man als Gast, nicht als Nummer wahrgenommen, der Service ist sehr persönlich.

**ul. Św. Marcin 71; Tel. 0 61/8 58 23 00, Fax 8 53 78 84; www.hotel-royal.com.pl; 27 Zimmer ●●● MASTER VISA**

### Spaziergang

Ein guter Startpunkt für einen Spaziergang in Posen ist die **Touristeninformation** am Wolności-Platz, mit seinen gründerzeitlichen Bürgerpalästen ein attraktives Entree zur Altstadt. Blickfang ist die Raczyński-Bibliothek, die mit ihrer Säulenreihe wie eine Miniaturausgabe des Louvre anmutet. Ihr gegenüber steht das wuchtige **Nationalmuseum**, an ihm vorbei geleitet die Paderewskiego abwärts. Nach wenigen Schritten biegt man links in die Franciszkańska ein, die an der barocken **Franziskanerkirche** und dem ehemaligen **Fürstenschloss** vorbeiführt. Wenig später ist

*Immer mittags öffnet sich am Rathausturm in Posen ein Türchen: Heraus kommen zwei Ziegen, die zwölfmal mit den Hörnern aneinander stoßen.*

der **Marktplatz** erreicht, mit seinen pastellfarbenen Barockhäusern und dem Renaissance-Rathaus zählt er zu den schönsten Polens. Zwölf Gassen streben vom Marktplatz weg; am interessantesten ist die Świętosławska, an deren Ende die kupferrote **Pfarrkirche** aufragt. Über die Chwaliszewo gelangt man zur **Dominsel**, die als »Wiege« Posens und auch Polens gilt: Hier gründete Fürst Mieszko I. im Jahr 966 ein Missionsbistum. Auf den Fundamenten der alten Kirche erhebt sich die heutige **Kathedrale**, die von patriotischen Polen als nationaler Schrein verehrt wird.

**Dauer: 1,5 Stunden**

## Sehenswertes

**Franziskanerkirche/ Kościół Franciszkanów** ⇢ S. 85, c 2

Die üppig barocke Kirche (1674–1728) beherbergt im linken Seitenschiff das Marienbildnis »Unsere Liebe Frau von Posen«, dem fromme Katholiken Wundertaten nachsagen.

**Kathedrale/Katedra** ⇢ S. 85, d 1

Der Grundstein zur Kirche wurde 966 gelegt, doch ist der heutige Bau das Resultat eines 1000-jährigen Schaffensprozesses: Am ältesten ist die romanische **Krypta**, aus der Gotik stammen die Gewölbe, aus dem Barock die beiden Kuppeltürme. Schmuckstück der Kirche ist die neoromanische **Goldene Kapelle**, eine repräsentative Grablege für Mieszko I. und Bolesław I., die ersten beiden Herrscher des Landes. Die Kirchenschätze, darunter realistisch gestaltete Sargporträts aus dem 17. Jh., sind im benachbarten **Erzdiözesanmuseum** ausgestellt (ul. Posadzego 2; Mo–Sa 10–15 Uhr).

**Pfarrkirche Maria Magdalena/ Kościół Farny Św. Marii Magdaleny** ⇢ S. 85, c 2

Die ehemalige Jesuitenkirche (1651–1732) beeindruckt durch gigantische Säulen, die ein gewaltiges Gewölbe tragen. Groß proportioniert ist auch die Barockorgel, von deren Klang man sich samstags zur Mittagszeit überzeugen kann.

**Rathaus/Ratusz** ⇢ S. 85, c 2

In der Mitte des Marktplatzes erhebt sich Polens schönstes, 1550 vollendetes Renaissance-Rathaus: Mit seinen dreigeschossigen, bunt bemalten Arkaden, der Attika und dem hoch aufschießenden Glockenturm erscheint es wie ein Bauwerk aus dem Märchenbuch. Jeden Mittag Punkt 12 Uhr treten aus der Rathausuhr zwei (mechanische) Ziegenböcklein und stoßen zwölfmal mit den Hörnern gegeneinander. Interessant ist auch die Skulptur der **Bambergerin** hinter dem Rathaus. Schwer trägt sie an der Last zweier Wassereimer und sieht dennoch anmutig aus.

## Museen

### Archäologisches Museum/Muzeum Archeologiczne ⟶ S. 85, c 2

Das Museum im Górka-Palais an der Südostecke des Marktes zeigt 180 000 Funde aus der Frühgeschichte der Region.

**ul. Wodna 27; www.muzarp.poznan.pl; Di–Fr 10–16, Sa 10–18, So 10–15 Uhr**

### Ethnografisches Museum/Muzeum Etnograficzne ⟶ S. 85, d 3

In einem imposanten Gründerzeitbau werden Kunst und Kunsthandwerk aus Großpolen gezeigt. Eine Dauer-

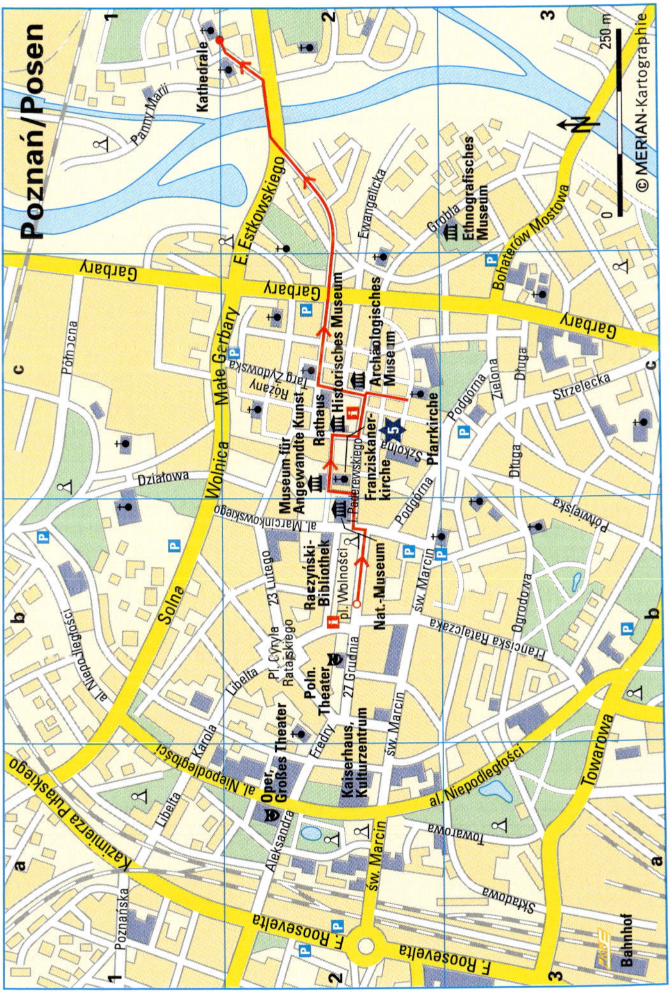

## MERIAN-Tipp

### 5 »Proletaryat« in Posen

Die Sozialismus-Nostalgie hat auch Posen erreicht. Wenige Schritte vom Markt liegt die derzeit beliebteste Bar mit klassisch »kommunistischem« Interieur: Büsten von Marx & Engels, Plakaten im knalligen Pop-Art-Stil. Der Barman erinnert an Lenin, für Stimmung sorgen die Internationale und andere revolutionäre Songs

ul. Wrocławska 9; tgl. 12–01 Uhr

→ S. 85, c 2

ausstellung ist den Bambergern gewidmet, die zu Beginn des 18. Jh. in die durch Krieg und Seuche entvölkerte Stadt kamen.

**ul. Grobla 25/ul. Mostowa 7; Di–So 10–15 Uhr**

### Historisches Museum/Wielkopolskie Muzeum Historyczne

→ S. 85, c 2

So schön wie das Äußere ist auch das Innere des Rathauses: Über eine Freitreppe gelangt man in die luftige Eingangshalle und ein Dutzend weiterer Säle, in denen vor dem Besucher die 1000-jährige Stadtgeschichte ausgebreitet wird.

**Stary Rynek 1; Mo–Di 10–16, Mi 12–18, Fr 10–16, So 10–15 Uhr**

### Museum für Angewandte Kunst/ Muzeum Sztuk Użytkowyc

→ S. 85, c 2

Im rekonstruierten Fürstenschloss aus dem 13. Jh. werden Kult- und Gebrauchsgegenstände vom Mittelalter bis zur Gegenwart gezeigt.

**ul. Franciszkańska/Góra Przemysła 1; Di–Fr 10–16, Sa 10–17, So 10–15 Uhr**

### Nationalmuseum/ Muzeum Narodowe

→ S. 85, b 2

Eine der besten Sammlungen polnischer Kunst, untergebracht in einem Neorenaissancebau aus preußischer Zeit. Eindrucksvoll sind vor allem die Werke der Bewegung »Neues Polen« aus der Zeit von 1900 bis 1920, darunter expressive Porträts und symbolistische Landschaften. Außerdem sehenswerte Ausstellung zur Stadtgeschichte.

**pl. Wolności/al. Marcinkowskiego 9; www.mnp.art.pl; Di 10–18, Mi–So 10–16 Uhr; Eintritt 2,50 €**

## Essen und Trinken

### Bażanciarnia

→ S. 85, c 2

In der »Fasanerie« am Markt fühlt man sich wie im Salon eines Landadeligen. Serviert wird Polnisch-Exotisches, das Schlemmermahl könnte wie folgt aussehen: Aal auf Gurkenscheiben, beträufelt mit Pfefferhonigsoße, dann Rehfilet oder marinierte Lammkoteletts, zuletzt heiße Erdbeeren mit Zabaione-Soße.

**Stary Rynek 94; Tel. 0 61/8 55 33 58; www.bazanciarnia.pl ●●● CREDIT**

### Bamberka

→ S. 85, c 2

Die »Bambergerin« will kulinarisch an die einstigen Immigranten erinnern: Hausgemachte Weißwurst auf Sauerkraut, dazu ein Krug Bier gilt in Polen als »echt bayrisch«.

**Stary Rynek 2; Tel. 0 61/8 52 99 17 ●● MASTER VISA**

### Stara Ratuszowa

→ S. 85, c 2

Im »alten Rathauskeller« an der Südseite des Marktplatzes stärkt man sich mit Posener Klassikern, z. B. Ente mit Kartoffelklößchen (»kaczka z pyzami«).

**Stary Rynek 55; Tel. 0 61/8 51 53 18; www.ratuszowa.pl ●● MASTER VISA**

## Am Abend

Die Monatszeitschrift »iks«, erhältlich bei der Touristeninformation, informiert u. a. über Veranstaltungen im Kulturzentrum (Dawny Zamek Cesarksi, ul. św. Marcin 80/82) in der Oper (Teatr Wielki, ul. Fredry 9) und im Polnischen Theater (Teatr Polski, ul. 27 Grudnia 8/10).

SERVICE

**Auskunft**

**Informacja Turystyczna**

ul. Ratajczaka 44; Tel. 0 61/94 31 und 8 51 96 45, Fax 0 61/8 56 04 54; www.cim.poznan.pl, www.city.poznan.pl; Mo–Fr 10–19, Sa 10–17 Uhr

## Ziele in der Umgebung

### Biskupin

S. 175, E 3

Die 2700 Jahre alte Inselsiedlung gilt europaweit als wichtigste Fundstätte der Eisenzeit: Über 100 kleine, aneinander gebaute Häuser sind von einem mächtigen, aus Eichenpfählen errichteten Wall eingefasst, der die Bewohner vor feindlichen Angriffen und den Fluten des Sees schützte. Alle Gassen sind sorgfältig mit Kiefern- und Eichenbalken ausgelegt, die gefundenen Gebrauchsgegenstände lassen auf ein hoch entwickeltes Handwerk schließen (Park Archeologiczny; www.biskupin.pl; Mai–Sept. 9–17, Okt.–April 9–15 Uhr).

**80 Kilometer nordöstlich Posen**

### Gniezno/Gnesen

S. 175, E 4

Geistliches Zentrum des Landes und Sitz von Polens Primas. Hauptsehenswürdigkeit ist die **Kathedrale** (Katedra), deren Grundstein um 970 gelegt wurde. Sie birgt den Reliquienschrein des Nationalheiligen Adalbert (poln. Wojciech), der 977 von hier aufbrach, um die baltischen Pruzzen zu missionieren. 18 Bronzereliefs am Südportal, die als Höhepunkt europäisch-romanischer Kunst gelten, schildern seine dramatische Lebensgeschichte: vom Aufstieg zum Prager Bischof bis zur Enthauptung durch die »wilden Heiden« (Katedra, Mo–Sa 10–17, So 13–17 Uhr).

**48 km nordöstlich von Posen**

### Kórnik

S. 175, D 4

Im 19. Jh. ließ sich ein polnischer Adeliger vom Architekten Karl Friedrich Schinkel ein exzentrisches Schloss erbauen: Es steht auf einer kleinen In-

*Eine ungewöhnliche Bar mit nostalgischem Sozialismus-Flair ist das »Proletaryat« in Posen, das nur wenige Schritte vom Marktplatz entfernt liegt.*

sel, mit seinen minarettartigen Türmen scheint es von maurischer Architektur inspiriert. Die Säle sind mit Stilmöbeln und Gemälden europäischer Meister eingerichtet (Zamek Kórnik, ul. Zamkowa 5; www.bkpn.poznan.pl; Di–So 9–17 Uhr).

**14 km südöstlich von Posen**

## Licheń

S. 175, E 4

In Polens geografischer Mitte wurde zu Jesus' 2000. Geburtstag Europas größte Kirche eingeweiht. Schon von fern sieht man ihren 128 m hohen Turm. Wenn die 15 000 kg schwere Glocke läutet, bebt die Erde ringsum. Der gigantische Kuppelbau bietet 20 000 Menschen Platz, der Vorhof nimmt weitere 250 000 Gläubige auf. Fast zwei Millionen Pilger kommen jedes Jahr, um die von Johannes Paul II. gekrönte »Gnadenmadonna« zu sehen. Für den Papst wurde eine 9 m hohe Bronzestatue aufgestellt. Ironischerweise stammt sie von Marian Konieczny, dem »Michelangelo des Sozialistischen Realismus«.

**115 km östlich von Posen**

## Rogalin

S. 175, D 4

»Klein-Versailles« wurde das neoklassizistische Schloss genannt, das sich Graf Raczyński 1770 erbauen ließ. Wie beim französischen Vorbild umschließt es hufeisenförmig einen Vorhof; der sich hinter dem Schloss erstreckende Garten ist streng symmetrisch angelegt. In einem Pavillon werden Gemälde ausgestellt, die die Raczyńskis im Lauf der Zeit zusammengetragen haben (Zamek Raczyński; Di–So 10–16 Uhr).

**12 km südlich von Posen**

## Wielkopolski Park Narodowy/Großpolnischer Nationalpark

S. 175, E 3

Vor den Toren Posens bietet diese hügelige Wald- und Seenlandschaft eine Abwechslung zum Stadtleben. Vom Dorf Puszczykowo starten markierte Wanderwege.

**10 km südlich von Posen**

*Das Palais Rogalin wurde im 18. Jahrhundert für die Adelsfamilie Raczyński erbaut.*

*An die Vergangenheit von Łódź als bedeutender Textilstadt erinnern die Industriellenpaläste und Backsteinfabriken entlang der Piotrkowska.*

## Łódź/Lodsch

825 000 Einwohner
Stadtplan → S. 91

Regisseur Andrzej Wajda, Absolvent der berühmten Filmhochschule von Łódź, hat seiner Stadt ein filmisches Denkmal gesetzt: »Gelobtes Land« heißt der Klassiker, in dem er ihren Aufstieg von einem unbedeutenden Provinznest zur größten Textilmetropole Europas nachzeichnet. Łódź war das »polnische Manchester« – Tag und Nacht wurde gesponnen und gewebt, gewalkt und gefärbt. Weil das Geschäft so gut lief, ließen sich die Textilbarone Wohnpaläste unmittelbar neben ihren Fabriken errichten. Für sie war Łódź tatsächlich ein »gelobtes Land«, nicht aber für das Heer der Arbeiter, denen das Leben nichts war als Mühsal und Pein. Das frühkapitalistische Łódź ist in der Architektur noch heute gegenwärtig: Längs der über 4 km langen, schnurgeraden Piotrkowska reihen sich Industriellenpaläste und Backsteinfabriken aneinander, Letztere erinnern mit ihren zinnenbewehrten Fassaden an Ordensburgen. Mit dem Niedergang der Textilbranche wurden viele Bauten zweckentfremdet und dienen nun als Galerien und Filmstudios, Mega-Diskos und Bars. In Łódź ist das ganze Jahr über einiges los, besonders viel aber im September, wenn auf der Piotrkowska die größte Rave-Parade Polens stattfindet. Filmfans und mit ihnen renommierte Regisseure aus aller Welt reisen im November an, wenn »Camerimage« inszeniert wird, ein bedeutendes Festival des Autorenkinos.

### Hotels/andere Unterkünfte

**Grand Orbis** → S. 91, b 2
Komforthotel von 1888 auf der Flaniermeile Piotrkowksa. Die opulente Fin-de-Siècle-Architektur wird von Plüsch überlagert, die Zimmer sind Mittelklasse-Standard.

**ul. Piotrkowska 72; Tel. 0 42/6 33 99 20, Fax 6 33 78 76; www.orbis.pl; 169 Zimmer ●●● CREDIT**

**Savoy** → S. 91, b 2
Seine Berühmtheit verdankt das Hotel dem gleichnamigen Roman von Joseph Roth, in dem er darüber schrieb: »Europäischer als alle ande-

ren Gasthöfe des Ostens scheint mir das Hotel Savoy mit seinen sieben Etagen, seinem goldenen Wappen und einem livrierten Portier« (1924). Auch wenn das Haus an früheren Glanz nicht anknüpfen kann, bleibt es aufgrund seiner zentralen Lage eine gute Wahl.

**ul. Traugutta 6; Tel. 042/6329360, Fax 6329368; www.hotelspt.com.pl; 60 Zimmer ●●/●●● CREDIT**

### Spaziergang

Die Piotrkowska ist Polens längste Straße, sie zieht sich auf 4 km Länge durch die Stadt. Doch keine Bange: Mehr als 100 Fahrrad-Rikschas sind im Einsatz, mit denen sich die großen Entfernungen abkürzen lassen. Nahe dem Nordende der Piotrkowska befindet sich das **Poznański-Palais**, das über die Geschichte der Stadt informiert. Am **Rathaus** und **Ethnografischen Museum** vorbei gelangt man zur Flaniermeile, an der sich die Prachthäuser ehemaliger Textilbarone aneinander reihen. Lohnenswerte Abstecher führen zum **Museum moderner Kunst** und zur **Villa Kindermann**, in der wechselnde Ausstellungen gezeigt werden. Zurück auf der Piotrkowska passiert man das Hotel Grand (Nr. 72) und das vor seinem Geburtshaus (Nr. 78) postierte **Artur Rubinstein-Denkmal** – wer eine Münze ins Bronzeklavier wirft, kann den Interpretationen des Pianisten lauschen. In die Straße eingelassene Sterne erinnern an Regisseure wie Polański und Wajda, die ihr Handwerk in der Filmhochschule von Łódź erlernten. Skurrile Denkmäler ehren weitere berühmte Söhne der Stadt, so den Schriftsteller Julian Tuwim (Nr. 104) und den Literaturnobelpreisträger Władysław Reymont (Nr. 137). Vorbei an der **Rubinstein-Philharmonie** (Nr. 243) und der neugotischen **Kathedrale** kommt man zur **Weißen Fabrik**, heute ein Museum der Textilindustrie.

**Dauer: 1,5 Stunden**

### Sehenswertes

**Jüdischer Friedhof/ Cmentarz Żydowski**

Europas größter jüdischer Friedhof mit Mausoleen reicher Textilbarone und mehr als 200000 Grabsteinen. Das Denkmal neben dem Eingang erinnert an die in deutscher Besatzungszeit umgekommenen Juden.

**ul. Bracka 40; So–Fr 9–15 Uhr; Straßenbahn 1 und 6**

### Museen

**Ethnografisches und Archäologisches Museum/Muzeum Etnograficzne i Archeologiczne**

→ S. 91, b 1

Modelle von Ausgrabungsstätten, außerdem Kunsthandwerk und eine Münzsammlung.

**pl. Wolności 14; Di–Fr 10–16, Sa–So 10–15 Uhr**

**Museum der Stadtgeschichte/ Muzeum Historii Miasta Łodzi**

→ S. 91, a 1

In dem Palais befasst sich eine Ausstellung mit den drei großen Bevölkerungsgruppen, die das Leben der Stadt bis 1939 prägten (Polen, Deutsche und Juden); eine zweite huldigt Łódźer Berühmtheiten.

**ul. Ogrodowa 15; Di 10–16, Mi 14–18, Do–So 10–14 Uhr**

**Museum der Textilindustrie/ Centralne Muzeum Włokiennictwa**

→ S. 91, b 4

Die ehemalige »Weiße Fabrik« beherbergt eine große Sammlung ausgefallener Textilarbeiten.

**ul. Piotrowska 282; Di–Mi 9–17, Do 11–19, Fr 9–17, Sa–So 11–16 Uhr**

**Museum für Kinematographie/ Muzeum Kinomatografii**

→ S. 91, c 3

Im Scheibler-Palast werden wechselnde Ausstellungen zu »Hollyłódź« gezeigt.

**pl. Zwycięstwa 1; Di 11–18, Mi 9–16, Do 11–18, Fr–So 9–16 Uhr**

**Museum moderner Kunst/ Muzeum Sztuki** ⇢ S. 91, a 2
Polens erstes Avantgarde-Museum (1931), eine Gründung der »Gruppe revolutionärer Künstler«, zeigt Werke von Chagall, Arp, Léger und Picasso, außerdem interessante polnische Künstler wie Kasimir Malewitsch (1875–1935), den Erfinder des Konstruktivismus.
**ul. Więckowskiego 36; Di 10–17, Mi 11–17, Do 12–19, Fr 11–17, Sa–So 10–16 Uhr**

**Villa Kindermann/ Miejska Galeria Sztuki** ⇢ S. 91, a 2
Wechselnde Ausstellungen zeitgenössischer Kunst in einer prachtvollen Jugendstil-Villa.
**ul. Wólczańska 31; Di–Fr 12–17, Sa–So 12–16 Uhr**

**Pfaffendorf/Muzeum Sztuki Rezydencja Księży Mlyn** ⇢ S. 91, c 3
Die Lebenswelt eines Industriellen um 1900: Pomp und Prunk im Angesicht elender Arbeiterquartiere.

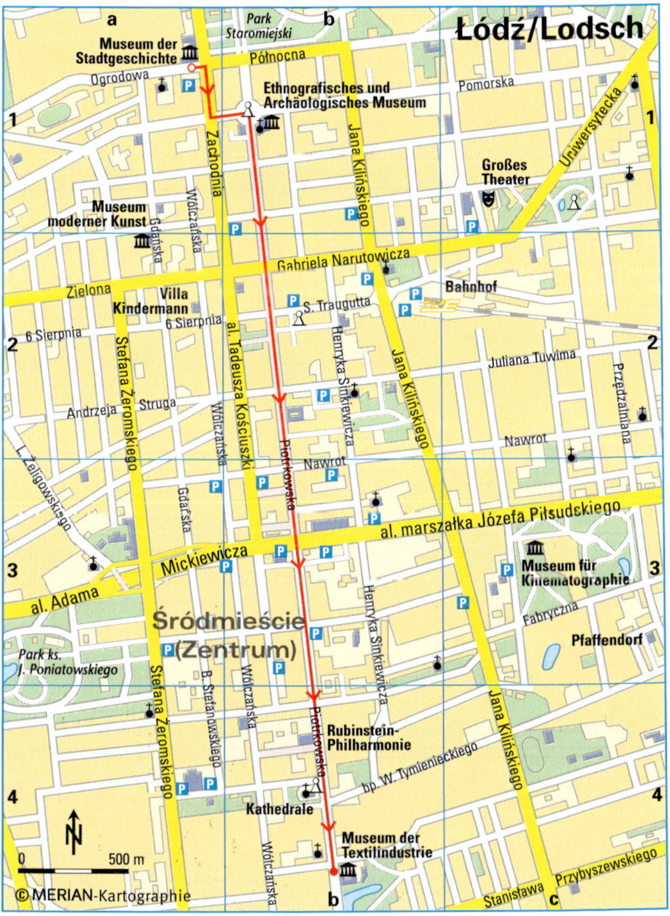

ul. Przędzalniana 70; Di 10–17, Mi 12–17, Do 12–19, Fr 12–17, Sa–So 10–16 Uhr

### Essen und Trinken

**Havana** S. 91, b 3

Beschwingte kubanische Rhythmen in einem Hinterhof der Piotrkowska: Zu den Spezialitäten der Küche zählt Hühnchen in Kokosnuss-Soße, am Wochenende Tanz zu Salsa und Merengue live.

ul. Piotrkowksa 55; Tel. 0 42/6 30 79 79; tgl. ab 12 Uhr ●● MASTER VISA

**Piotrkowska Klub 97** S. 91, b 2

Mehrere gemütliche Lokale unter einem Dach, je höher, desto edler. Köstlich schmeckt die Borschtsch-Suppe, die mit hausgemachtem Zwiebelkuchen serviert wird. Gleichfalls lecker ist das »exotische« Wildschwein-Carpaccio. Wer am Wochenende kommt, kann auf einem kleinen Dancefloor das Tanzbein schwingen.

ul. Piotrkowska 97; Tel. 0 42/6 30 65 73; tgl. ab 11 Uhr ●/●● MASTER VISA

### Am Abend

Eine Kultkneipe mit Party-Raum ist die **Fabryka** (ul. Piotrkowska 80), im schrillen Interieur von **Łódź Kaliska** lauscht man Techno, Independent und Jazz (Piotrkowska 102). Wer es seriöser liebt, besucht ein Konzert in der Rubinstein-Philharmonie (ul. Piotrkowska 243) oder eine Oper im »Großen Theater« (Teatr Wielki, pl. Dąbrowskiego).

## Toruń/Thorn S. 175, F 3

207 000 Einwohner

Dank ihrer intakten mittelalterlichen Architektur wurde die Altstadt von Toruń von der UNESCO zum Weltkulturerbe erklärt. Mit ihren ziegelroten Wehrmauern, Kirchen und Speichern hat sie sich das Aussehen jener Zeit bewahrt, als hier Nikolaus Kopernikus das Licht der Welt erblickte (1473). Heute trägt nicht nur die renommierte Universität seinen Namen, sondern auch die Pfefferkuchenfabrik, in der die berühmten Thorner Lebkuchen gebacken werden. Zu Ehren des Astronomen, der »die Sonne anhielt und die Erde in Bewegung brachte«, wurde auf dem Marktplatz ein Denkmal errichtet und

*Die Jugendstilvilla der Familie Kindermann liegt an der Piotrkowska in Łódź. Sie beherbergt heute ein Museum mit wechselnden Kunstausstellungen.*

*Das lebhafte Städtchen Toruń lohnt architektonisch wie atmosphärisch einen längeren Aufenthalt: Nach der Besichtigung der mittelalterlichen Altstadt verlockt die Fußgängerzone zum Bummeln.*

sein Geburtshaus in ein Museum verwandelt.

Den Mittelpunkt Toruńs bildet der Marktplatz mit einem Backsteinrathaus, dem Artushof und historischen Bürgerhäusern. 1233 wurde die Stadt von Rittern des Deutschen Ordens angelegt, ihre Glanzzeit aber erlebte sie im 16. Jh., als sie der polnischen Krone unterstand und vom Getreidehandel zwischen Polen und Westeuropa profitierte. Das Toruń, das man heute sieht, ist ein Abbild jener »goldenen« Zeit, als sich die Bürger solide Häuser und himmelstürmende Kirchen leisten konnten.

## Hotels/andere Unterkünfte

**Spichrz**

Komforthotel mit Balkendecken und schweren Holzmöbeln in einem 1719 am Brückentor erbauten Speicher (poln. »spichrz«). Von den meisten Zimmern genießt man Weichselblick. Angeschlossen ist ein gemütliches Gasthaus (Karczma).

**ul. Mostowa 1; Tel. 0 56/6 57 11 40, Fax 6 75 11 44; www.spichrz.pl; 19 Zimmer ●●● CREDIT**

**Gotyk**

Freundliches Hotel in einem gotischen Bürgerhaus aus dem 14. Jh., wenige Schritte vom Markt entfernt. Stofftapeten, Stilmöbel und Samtvorhänge sorgen für ein behaglich-bürgerliches Ambiente. Das Frühstücksbüfett wird im Biedermeier-Salon eingenommen.

**ul. Piekary 20; Tel. 0 56/6 58 40 00, Fax 6 58 40 01; www.hotel-gotyk.com.pl; 15 Zimmer ●● MASTER VISA**

## Spaziergang

Der klassische Einstieg in die Altstadt erfolgt über den plac Rapackiego, an dem sich die zentrale Bushaltestelle befindet. Durch ein Tor gelangt man in die Rosenstraße (ul. Różana), biegt links in die Piekary ein und passiert die mittelalterliche **Marienkirche**. Ein paar Schritte weiter öffnet sich der **Altstädtische Marktplatz**, der mit dem backsteinernen **Rathaus**, dem **Artushof** und dem **Kopernikus-Monument** den Mittelpunkt von Toruń bildet. Über die Fußgängerstraße Szeroka kommt man zum Rand der Altstadt, wo rechts die von Getreidespeichern gesäumte Podmurna (»Unter der Mauer«) abzweigt. Zur Linken stehen die Ruinen der **Deutschordensburg**, die im 13. Jh. an strategischer Stelle zwischen Weichsel, Alt- und Neustadt erbaut wurde. Über die Ciasna gelangt man zur großen **Kathedrale**, deren Turm die Stadtsilhouette bestimmt. Anschließend geht man in Richtung Weichsel hinab, biegt vor dem **Seglertor** rechts ein und spaziert im Schatten der alten Wehrmauern am **Schiefen Turm** vorbei zum Startpunkt der Tour.

**Dauer: 1 Stunde**

## Sehenswertes

### Altes Rathaus/Ratusz Staromiejski

Giebel und Zinnen schmücken das gotische Rathaus in der Mitte des Marktplatzes. Säle mit schönen Wandmalereien und Intarsienarbeiten bilden den Rahmen für ein Regionalmuseum, in dem Kunst vom Mittelalter bis zur Gegenwart ausgestellt wird. Lohnenswert ist auch der Aufstieg auf den Uhrturm, der einen spektakulären Blick auf die Stadt eröffnet.

**Rynek Staromiejski 1; Di–So 10–16 Uhr**

### Artushof/Dwór Artusa

Im prachtvollen Bau gegenüber dem Rathaus trafen sich reiche Bürger zu besonderem Anlass: Nach dreizehnjährigem Bürgerkrieg unterzeichneten sie hier 1466 den Thorner Friedensvertrag, der ihnen Unabhängigkeit vom Deutschen Orden brachte. Heute befinden sich im Artushof ein Café und ein Laden, in dem Thorner Lebkuchen verkauft werden.

**Rynek Staromiejski 6**

### Haus unterm Stern/Kamienica Pod Gwiazdą

Das wohl schönste Barockhaus am Markt beherbergt eine interessante Ausstellung fernöstlichen Kunsthandwerks. Einige Stücke datieren von 220 v. Chr.

**Rynek Staromiejski 35; Di–So 10–16 Uhr**

### Johannisdom/Katedra Św. Janów

Der 1260 begonnene Bau beeindruckt durch seine Größe, die durch den integrierten Turm noch betont wird. Prachtvoll ist der Heiligkreuzaltar im Hauptschiff, darüber prangt ein filigranes Rosettenfenster. Auch im Dom wird Kopernikus geehrt: Eine Tafel in der ersten Kapelle im rechten Seitenschiff erinnert an seine Taufe anno 1473. Der Aufstieg zur Turmspitze (So geschl.) wird mit einem schönen Blick auf die Weichsel belohnt.

**ul. Żeglarska**

### Marienkirche/Kościół NMP

Kaum weniger eindrucksvoll als der Dom ist die Mitte des 14. Jh. begonnene gotische Marienkirche. Chorgestühl und Triumphkreuz sind Meisterwerke mittelalterlicher Schnitzkunst, die große Orgel stammt aus der Zeit des Barock.

**ul. Panny Marii**

### Ordensburg/Zamek Krzyżacki

Romantische Ruinen über der Weichsel: Die im 13. Jh. erbaute Ritterburg wurde im dreizehnjährigen Bürgerkrieg zerstört – nichts mehr sollte die Thorner an die ehemaligen Herren erinnern. Heute finden in den Gemäuern Konzerte statt, im Sommer öffnet ein Café.

**ul. Przedzamcze; www.podaniolem.torun.com.pl; tgl. 9–19 Uhr**

## Museen

### Ethnografisches Museum/Muzeum Etnograficzne

Freilichtmuseum der schöneren Art mit pommerschen und kujawischen Gutshäusern inmitten eines Parks.

**ul. Wały Gen. Sikorskiego 19; Di–So 10–16 Uhr**

### Kopernikus-Museum/Muzeum Kopernika

Rekonstruiertes gotisches Haus, in dem Kopernikus (1473–1543) als Sohn eines Kaufmanns geboren wur-

de. Hier lebte er, bis er erst in Krakau, dann in Bologna und Padua studierte. Originalmöbel der Epoche, astronomische Instrumente, Kopernikus-Porträts und Erstausgaben seiner ketzerischen Schrift »Über die Bewegung der Himmelskörper« versetzen Besucher in die Lebenswelt des Wissenschaftlers. Nach dem Studium wirkte dieser als Arzt und Domherr in Olsztyn, Lidzbark Warmiński und Frombork. Im Museumsladen gibt es Kopernikus-T-Shirts und andere Souvenirs.
**ul. Kopernika 15/17; www.muzeum-torun.pl; Di–So 10–16 Uhr**

### Planetarium
Mehrmals täglich werden Filme über das Weltall gezeigt.
**ul. Franciszkańska 15; Mo geschl.**

## Essen und Trinken

### Zajazd Staropolski
Toruńs Klassiker: Im Lokal am Seglertor servieren Kellnerinnen in Tracht traditionelle Gerichte, u. a. Teigtaschen mit Pfifferlingen (»pierogi z kurkami«) und »schwarze Suppe« aus Ochsenblut (»czernina«), die besser schmeckt, als es der Name vermuten lässt.
**ul. Żeglarska 10/14; Tel. 0 56/6 22 60 60; www.gromada.pl; tgl. ab 11 Uhr ●●**
MASTER VISA

### Artus
Kleines ruhiges Café im verglasten Innenhof des Artushofs, erreichbar über einen mit Mosaiken geschmückten Gewölbesaal. Abends treten Theater- und Kabarettensembles auf.
**Rynek Staromiejski 6; tgl. 10–24 Uhr ●**

## Am Abend
Im »Keller zum Engel« unter dem Alten Rathaus gibt es Vernissagen, Jazz- und Blueskonzerte (Piwnica pod Aniołem, Rynek Staromiejski 1). Die jeweils aktuellen Veranstaltungstipps bekommt man in der Touristeninfo am Markt.

*Früher war Toruń von der Hanse und ihren Geschäften geprägt, heute bestimmt die über die Region hinaus beliebte Universität das Stadtleben.*

## Einkaufen
Spezialität der Stadt sind die **Thorner Kathrinchen**, Lebkuchen, (»katarzynki«), die traditionell am Tag der hl. Katharina (15. Dez.) gebacken wurden. Heute kauft man sie das ganze Jahr über im Firmenladen **Kopernik** im Artushof (Rynek Staromiejski 6) oder bei **Katarzynka** (ul. Żeglarska 25).

## Service

### Auskunft

### Informacja Turistyczna
**Rynek Staromiejski 25; Tel. 0 56/6 21 09 31, Fax 6 21 09 30; www.it.torun.pl; Mo 9–16, Di–Fr 9–18, Sa 9–16, So 9–13 Uhr**

# Zentral- und Ostpolen

## Zwischen Weichsel und weißrussischer Grenze: eine Reise in die polnische Vergangenheit.

*Das Königsschloss von Warschau ist eine perfekte Kopie: Nach seiner Zerstörung im Zweiten Weltkrieg wurde es in den 1970er Jahren originalgetreu wieder aufgebaut.*

Bisher stießen nur wenige Besucher ins Gebiet jenseits von Warschau vor. Das ist schade, denn gerade dort gibt es Ungewöhnliches zu entdecken: Von Lublins stimmungsvoller Altstadt über Kazimierz Dolny, das malerisch am Ufer der Weichsel thront, bis zur Renaissance-Perle Zamość sind fast alle Orte von jüdischer Kultur und Geschichte geprägt. Je weiter man gen Osten fährt, desto einsamer wird das Land: Dörfer inmitten von Obstplantagen, wilde Tarpanpferde im Nationalpark Roztocze und bucklige Hügel bis zum Bug.

## Warszawa/Warschau

→ S. 176, B 8

1,7 Millionen Einwohner
Stadtplan → Umschlagkarte hinten

»Auferstanden aus Ruinen«: Nach dem Zweiten Weltkrieg lag Polens Hauptstadt in Schutt und Asche, doch keine Mühe wurde gescheut, sie originalgetreu wieder aufzubauen. So schön ist das über der Weichsel thronende »historische« Zentrum geraten, dass es von der UNESCO zum Weltkulturerbe erklärt wurde. Ein Bummel durch die Gassen der Altstadt und über den Markt gehört zum Pflichtprogramm eines jeden Polen-Urlaubs. Sehenswert ist auch der alte »Königsweg«, der sich über Prachtboulevards 4 km bis zum Łazienki-Park erstreckt, wo man im Sommer jeden Sonntag herrliche Klavierkonzerte vor dem Chopin-Denkmal erleben kann.

Doch das ist nur die eine Seite der Hauptstadt. Ganz anders ist das moderne, vom kapitalistischen Rausch erfasste, im Umbruch befindliche Warschau. Hier werden in Windeseile postmoderne Hotels, Banken- und Versicherungspaläste hochgezogen; alle Hebel setzt man in Gang, damit das einst so graue Verwaltungszentrum in buntesten Farben erscheint. Schon gibt es eine Reihe glitzernder Einkaufstempel, in denen sich Neureiche mit all den westlichen Markenartikeln eindecken, die für ein »befreites Leben« stehen. Vom sozialen Aufstieg träumen auch die 220 000 an den Warschauer Hochschulen eingeschriebenen Studenten. Sie genießen es, in dieser Stadt der Widersprüche zu leben und den Puls der Zeit zu spüren – wenigstens ein paar Jahre lang ...

Warschau hat, wie es sich für eine aufstrebende Metropole gehört, ein umfangreiches Kulturprogramm. Es gibt hier mehr als 50 Museen und 30 Theater, ein fantastisches Opernhaus und eine beachtenswerte Philharmonie, dazu Jazzklubs der allerfeinsten Art! Das ganze Jahr über finden Festivals statt, die schönsten freilich im September und Oktober, wenn man zum Warschauer Herbst, zum Monteverdi-Festival und Jazz Jamboree einlädt.

### Hotels/andere Unterkünfte

**Bristol Le Méridien**

Das Grandhotel (1901) neben dem Palast des Staatspräsidenten ist bis ins kleinste Detail im Art-déco-Stil gestaltet. Nur die nüchterne Wellness-Etage im Untergeschoss passt nicht so recht ins Bild.

**ul. Krakowskie Przedmieście 42/44; Tel. 0 22/5 51 10 00, Fax 6 25 25 77; www.lemeridien-bristol.com; 206 Zimmer ●●●● CREDIT**

**Le Regina**

Fünf-Sterne-Hotel in einem ehemaligen Adelspalais in der »Neustadt« (Nowe Miasto). Mit kalkweißem Stein, Fackellampen und dunklen, formstrengen Möbeln erinnert es an ein Kloster. In den Zimmern, die sich rings um einen Brunnenhof gruppieren, setzen Fresken heitere Akzente. Mit Kamin-Lobby, französisch-polnischem Restaurant und einem kleinen, attraktiven Hallenbad.

**ul. Kościelna 12; Tel. 0 22/5 31 60 00, Fax 5 31 60 01; www.leregina.com; 61 Zimmer ●●●● CREDIT**

**Old Town Apartments**

Ein Vermittlungsbüro in der Altstadt bietet zentral gelegene Studios und Apartments verschiedener Preisklassen und Größen.

**Rynek Starego Miasto 12/14; Tel. 0 22/8 87 98 00, Fax 8 31 49 56; www.warsawShotel.com ●●/●●●● CREDIT**

**Westin**

20-stöckiges Nobelhotel im Geschäftsviertel. Warme Töne, Naturmaterialien und klare Formen sorgen für Entspannung. Nach einem rasend schnellen Trip im Panoramalift erreicht man die eleganten Zimmer mit extrabreiten Betten, Gänsedaunendecken für Allergiker und Luxusbad. Großes Lob verdient auch das Frühstücksbüfett mit Fusion-Küche und frisch gepressten Säften.

**al. Jana Pawła II 21; Tel. 0 22/4 50 80 00, Fax 4 50 81 11; www.westin.pl; 361 Zimmer ●●●/●●●● CREDIT**

**Nathan's Villa**

Ruhig, zentral gelegen und unschlagbar günstig: In einem stattlichen Hofhaus auf halber Strecke zwischen Zentralbahnhof und Łazienki-Park werden saubere Doppel- und Mehrbettzimmer vermietet. Im Preis sind Frühstück und Küchenbenutzung, Internet-Zugang und Waschservice inbegriffen. Freundliches Ambiente, viele jüngere Gäste!

**ul. Piękna 24/26; Tel. 0 22/6 22 29 46; www.nathansvilla.com; 7 Zimmer ●/●●**

**Rialto**

→ MERIAN-Tipp, S. 16

**Spaziergang**

Klassischer Einstieg in die verkehrsberuhigte **Altstadt** ist der Schlossplatz. In seiner Mitte thront auf einer 22 m hohen **Säule** Sigismund III. Wasa, der die Hauptstadt 1596 von Krakau nach Warschau verlegte. Im **Königsschloss** nebenan hat er residiert, die Gemächer können besichtigt werden. Vorbei an der **Kathedrale** geht es zum **Altstädtischen Marktplatz**, Warschaus »guter Stube«, gesäumt von bunten Bürgerhäusern. In seiner Mitte steht ein Brunnen mit einer Skulptur der Sirene – der Legende nach war sie es, die Warschau gegründet hat. Vor allem im Sommer herrscht auf dem Platz Hochbetrieb: Schuhputzer und Porträtmaler bieten ihre Dienste an, Straßenmusiker spielen auf, Cafés und Restaurants stellen Tische nach draußen.

Wer es ruhiger mag, folgt der Nowomiejska, die über das Stadttor Barbakane zur **Neustadt** führt. Von neu kann freilich keine Rede sein, stammt sie doch aus dem 15. Jh. und ist damit nur geringfügig »neuer« als die Altstadt! Auch sie hat einen eigenen Platz, den **Neustädtischen Markt**, der mit seinem alten Ziehbrunnen fast ländlich wirkt.

Über den begrünten Podwale-Weg, der auf den Fundamenten der abgetragenen Wehrmauern entstand, spaziert man zum Schlossplatz zurück. Der sich dort südwärts anschließende **Königsweg** heißt in seinem Anfangsteil Krakowskie Przedmieście und führt an Warschaus schönsten Kirchen und dem Präsidentenpalast vorbei. Am Hotel Bristol lohnt ein Abstecher zum Piłsudski Platz, wo am **Grab des Unbekannten Soldaten** jeden Tag um 12 Uhr eine feierliche Wachablösung stattfindet. An der Nordseite des Platzes steht die gläserne, vom **Großen Theater** überragte Norman-Foster-Rotunde, in der Südwestecke die pompöse **Zachęta-Galerie**. Zurück auf der Krakowskie Przedmieście passiert man die **Universität** und den **Chopin-Salon**, wenig später ändert der Königsweg seinen Namen und Charakter: Er heißt fortan Nowy Świat (Neue Welt) und ist einheitlich neoklassizistisch. Am Rondo de Gaulle endet er, links über die Jerusalemsallee geht es zum **Nationalmuseum**.

**Dauer: 2 Stunden**

SEHENSWERTES

### Denkmal des Warschauer Aufstands/Pomik Powstania Warszawskiego

→ Umschlagkarte hinten, c 2

Überlebensgroße, in Eisen gegossene Männer und Frauen entsteigen der Kanalisation und machen sich zum Angriff bereit. Das Denkmal erinnert an den Warschauer Aufstand von 1944, der 200 000 Bewohnern das Leben kostete.

**pl. Krasiński**

### Heiligkreuzkirche/Kościół św. Krzyża

→ Umschlagkarte hinten, e 3

Von Warschaus vielen Kirchen wird diese am meisten verehrt: Im ersten Pfeiler zur Linken ist eine Urne mit dem Herz Chopins eingemauert.

**ul. Krakowskie Przedmieście**

### Kathedrale/Katedra

→ Umschlagkarte hinten, d 2

In der gotischen, mit dem Schloss verbundenen Backsteinkirche beteten einst Polens Könige. Heute ist die Krypta ein Anlaufpunkt für patriotische Polen: Nebst vier masowischen Herzögen ruhen hier der Literaturnobelpreisträger Sienkiewicz, zwei Zwischenkriegspräsidenten und Primas Wyszyński.

**ul. Świętojańska**

### Königsschloss/Zamek Królewski

→ Umschlagkarte hinten, d 2

Im kupferroten frühbarocken Schloss residierten Polens Monarchen von 1596 bis zur letzten polnischen Teilung 1795. Hier tagten Sejm und Senat, Polens Adelsparlament. Die rekonstruierten Räume stellen königliche Pracht zur Schau, im Bacciarelli-Saal hängen die hyperrealistischen Ansichten Warschaus aus dem 18. Jh.

**pl. Zamkowy 4; www.zamek-krolewski.art.pl; in der Saison So–Mo 11–18, Di–Sa 10–18 Uhr, sonst kürzer**

### Kulturpalast/Pałac Kultury i Nauki

→ Umschlagkarte hinten, d 4

Ein 234 m hohes Geschenk Stalins ans »slawische Brudervolk« (1956). Die monumentale Fassade wird durch Zinnen und Türmchen im Zucker-

*Zum Gedenken an den Widerstand gegen die deutsche Besatzung im Zweiten Weltkrieg: das im Stil des Sozialistischen Realismus errichtete Denkmal ehrt die Helden des Warschauer Aufstandes.*

# Das jüdische Warschau

## 1939 war jeder dritte Warschauer ein Jude – nur wenige haben den Holocaust überlebt.

Die zierliche, in freundlichem Gelb gestrichene **Nożyk-Synagoge** ist von Mietshäusern umstellt. In einem Wachhäuschen sitzen zwei Polizisten rund um die Uhr. Manchmal steht einer von ihnen auf und dreht mit seinem Schäferhund eine Runde. Er hält beim Besitzer des Shalom-Ladens, der koschere Importlebensmittel verkauft, und erkundigt sich bei den Leuten von »Our Roots«, wann die nächste Busgruppe aus Israel kommt. Dann schlendert er hinüber zur ul. Twarda, wo es seit einigen Jahren wieder eine jüdische Grundschule gibt, ein großes stattliches Gebäude. Obligatorisch ist auch sein Stopp bei der Kassendame im Betonquader des **Jüdischen Theaters**. »Na, was spielt ihr heute? Fiddler on the Roof oder den Galizischen Troubadour?« Er quert den zugigen Platz und geht hinüber zur ul. Prózna, der einzigen Straße des jüdischen Viertels, die den Zweiten Weltkrieg überstand. Sie befand sich nämlich außerhalb des von den Deutschen abgesteckten Ghettos. 1939 lebten 375 000 Juden in Warschau, in keiner Stadt Europas gab es mehr. Die meisten von ihnen wohnten im jüdischen Viertel, das von der Jerusalemallee im Süden bis zur Festung Żoliborz im Norden, vom Sächsischen Garten im Westen bis zum jüdischen Friedhof im Osten reichte: ein Gebiet, größer als Alt- und Neustadt zusammen. Im Zweiten Weltkrieg pferchten die deutschen Besatzer die Warschauer Juden in ein enges Gebiet, in das auch Juden aus den umliegenden Städten ge-

*Die Menorah, der Leuchter des alten Jerusalemer Tempels, zählt zu den wichtigsten jüdischen Symbolen. Sie ist auch auf dem Landeswappen von Israel abgebildet.*

zwängt wurden. Auf einer Fläche von 5 qkm »lebten« zeitweise über 500 000 Menschen. Sie war von der Außenwelt abgeriegelt; wer zu fliehen wagte, wurde erschossen. Mit der »Endlösung der Judenfrage« 1942 setzten die Deportationen ein. Staatssekretär im Reichsverkehrsministerium Dr. Ganzenmüller berichtete: »Seit dem 22.7. fährt täglich ein Zug mit 5000 Juden von Warschau über Malkinia nach Treblinka.« Als im April 1943 die Deportation der letzten noch verbliebenen 60 000 Ghettobewohner startete, entschlossen sich einige zum Widerstand: »Es ging darum, sich nicht abschlachten zu lassen, wenn die Reihe an uns kam. Es ging nur darum, die Art des Sterbens zu wählen.« So Marek Edelman, einer der wenigen Überlebenden. Nach knapp einem Monat war der Aufstand niedergeschlagen, Kommandeur Stroop verfasste die Siegesmeldung: »Es gibt keinen jüdischen Wohnbezirk in Warschau mehr.«

Heute bekennen sich 1000 Warschauer zum jüdischen Glauben, außer der »Oase« rings um die Nożyk-Synagoge sind die Spuren ihrer Kultur weit verstreut. Das **Jüdische Historische Institut** zeigt Dokumente wie das aus dem Ghetto geschmuggelte »Ringelblum-Archiv«, das über Hunger, Krankheit und ständige Todesgefahr berichtet. Auf Fotos sieht man die einst vor dem Institut platzierte Synagoge – Nationalsozialisten haben sie am 16. Mai 1943 gesprengt. Vom Institut ist es nicht weit zum **Denkmal der Ghettohelden**, an dem Willy Brandt 1970 seinen berühmten Kniefall tat, was als Geste

*Seit 1948 erinnert das Denkmal der Helden des Warschauer Ghettos eindringlich an die Deportation und Ermordung der polnischen Juden im Zweiten Weltkrieg.*

der Entschuldigung für die von Deutschen verübten Verbrechen interpretiert wurde. Am Denkmal startet der **Weg des jüdischen Martyriums und Kampfes**: 16 Granitblöcke markieren die Strecke, über die hunderttausende Juden in den Tod getrieben wurden. Letzte Station ist der **Umschlagplatz** an der ul. Stawki: Der von Mauern umschlossene Platz öffnete sich nur an zwei Seiten: Ein Tor führte ins Ghetto, das andere zur Rampe, an der Güterzüge vorfuhren. Innerhalb eines Jahres wurden 300 000 Menschen »umgeschlagen«, also von Warschau ins Vernichtungslager Treblinka deportiert.

**MERIAN-Tipp**

### 6 Chopin Open Air

An einem sommerlichen Sonntag gibt es in Warschau keinen schöneren Ort. Zur Mittagszeit versammeln sich im Łazienki-Park hunderte von Musikliebhabern zu Füßen der großen Chopin-Skulptur. Sie kommen mit und ohne Picknickkorb, um den Mazurkas, Polonaisen und Nocturnes zu lauschen, die virtuose Pianisten gratis vortragen. Wer mehr über den Komponisten erfahren will, besucht das Chopin-Museum (ul. Okólnik 1) oder den Chopin-Salon (Krakowskie Przedmieście 5).

→ Umschlagkarte hinten, f 6

bäckerstil aufgelockert. Die 3000 aus Marmor und Granit errichteten Räume beherbergen Theater, Großkinos und Museen, ein Hallenbad von olympischen Ausmaßen und eine Veranstaltungshalle. Von der Aussichtsterrasse im 30. Stock bietet sich ein interessanter Blick auf die Stadt.

**pl. Defilad; www.pkin.pl**

### Łazienki-Park

→ Umschlagkarte hinten, e 5

Polens schönste Parkanlage, im 18. Jh. in königlichem Auftrag errichtet: Man taucht in eine romantische Landschaft ein und spaziert über verschlungene Wege die Böschung hinab. Waldstücke wechseln mit Lichtungen, symmetrisch gestaltete Gärten mit »wild« wuchernder Natur. Pfauen schlagen ihr Rad, handzahme Eichhörnchen wollen gefüttert werden. Man besucht das Lustschloss auf der Insel, die Alte und Neue Orangerie und lässt sich mit der Gondel zum antiken Theater hinüberschippern.

**al. Ujazdowskie/ul. Agrykola 1; www.lazienki-krolewskie.com; Park tgl. 9–19 Uhr, Museen Di–So 9.30–15 Uhr (Bus 116, 180, 519, 522)**

### Wilanów-Schloss/Pałac Wilanów

→ Umschlagkarte hinten, südl. e 6

Prächtiges Barockschloss, um 1680 für König Jan III. Sobieski erbaut. Mit opulent eingerichteten Sälen, darunter einem »holländischen« und einem »verspiegelten« Kabinett, einer Porträt- und Freskengalerie. 10 km südlich der Altstadt gelegen.

**ul. Wiertnicza s/n; www.zamek-krolewski.art.pl; Mi–Mo 9.30–14.30, Park bis 18 Uhr; Eintritt 4,60 € (Bus 116, 180, 519, 522)**

## MUSEEN

### Historisches Museum/ Muzeum Historyczne

→ Umschlagkarte hinten, d 1

In 60 Räumen erschließt sich Warschaus Geschichte, eindrucksvoll sind die gezeigten historischen Filme: Mit deutscher Gründlichkeit dokumentierten Nazi-Kameraleute die Zerstörung der polnischen Hauptstadt, der sozialistische Wiederaufbau spiegelt die Hoffnung auf Neubeginn.

**Rynek Starego Miasta 28; Di und Do 11–18, Mi und Fr 10–15, Sa–So 10.30–16 Uhr**

### Nationalmuseum/ Muzeum Narodowe

→ Umschlagkarte hinten, e 4

Machtvoller Bau im Stil der Neuen Sachlichkeit mit mittelalterlichen Schnitzarbeiten, Werken europäischer und polnischer Meister. Das Highlight des Museums ist freilich afrikanische Kunst: Die frühchristlichen Fresken aus dem sudanesischen Farras, die polnische Archäologen 1961 bis 1964 bargen, sind einmalig in ihrer archaischen Ausdruckskraft.

**al. Jerozolimskie 3; www.mnw.art.pl; Di–Mi 10–16, Do 12–16, Fr 10–16, Sa–So 10–18 Uhr; Eintritt: 3,50 €**

## ESSEN UND TRINKEN

Sehen und gesehen werden heißt es in den Terrassencafés auf dem Altstädtischen und Neustädtischen Marktplatz. Treffpunkte der War-

*Der älteste Bau der Warschauer Universität, das Kazimierz-Palais, geht auf das 17. Jahrhundert zurück und diente ursprünglich als Sommerresidenz, später als Militärakademie. Die Universität wurde 1816 gegründet.*

schauer sind die weniger touristischen Cafés am Königsweg. An Gourmettempeln (bei entsprechend hohen Preisen) herrscht in der polnischen Hauptstadt kein Mangel.

**Belvedere**
Das Restaurant im Łazienki-Park macht seinem Namen alle Ehre. Durch die Glasfenster der 1860 erbauten Neuen Orangerie blickt man ins Grüne und beobachtet umherstolzierende Pfauen. Serviert wird internationale Haute Cuisine, gut schmecken v. a. die Vor- und Nachspeisen, z. B. Lachstartar auf Avocado und hausgemachte weiße Pralinentrüffel.
**Łazienki Królewskie; Tel. 0 22/8 41 22 50; www.belvedere.com.pl; tgl. ab 12 Uhr**
●●●● CREDIT

**U Barssa**
Wertvolle Gobelins, Fresken und Antiquitäten bilden den Rahmen für ein gepflegtes Dinner auf dem Altstädtischen Markt. Dem edlen Ambiente entspricht die Qualität der altpolnischen Küche: großzügige Portionen Lachs-Carpaccio, Ente à la Barss oder Lammkoteletts auf Ratatouille, originell serviert mit einem Ast überbackener Kirschtomaten.
**Rynek Starego Miasta 14; Tel. 0 22/6 35 24 76; www.ubarssa.com.pl**
●●● CREDIT

**FretaPorter**
Schönes Lokal am Neustädtischen Markt: Dass Frau Mariola mehrere Jahre im Ausland gelebt hat, merkt man am multikulturellen Menü: Es gibt nordafrikanischen Couscous, Schnecken provençale und griechische, mit Feta-Käse gefüllte Paprika. Für Behaglichkeit sorgen schummriges Licht und rot getönte Gemälde. Abends oft Piano-Musik live.
**ul. Freta 37; Tel. 0 22/6 35 37 54; www.fretaporter.pl; tgl. 12–23 Uhr** ●●
MASTER VISA

**Café Blikle**
Traditionsreiches Café, in dem sich durchgestylte Damen und Herren vom Einkaufsbummel erholen.
**ul. Nowy Świat 33; Mo–Fr 8–22, Sa 9–22, So 10–22 Uhr** ●●

**Wedel**
An Warschaus beste Confiserie ist eine Trinkstube (»pijalnia«) im Art-déco-Stil angeschlossen, serviert wird ausschließlich heiße Schokolade. Nur für Nichtraucher!
**ul. Szpitalna 8; Mo–Sa 10–22, So 12–17 Uhr** ●

**AM ABEND**
Die Touristeninformation hat das neueste Programm parat. Nicht versäumen sollte man einen Besuch im »Großen Theater« (pl. Teatralny 1) oder ein Klassikkonzert in der Natio-

nalphilharmonie (ul. Jasna). Beliebtester Jazzkeller ist Tygmont (ul. Mazowiecka 6/8), Livemusik beginnt meist um 21 Uhr, am Wochenende wird getanzt.

### Einkaufen

Im Umkreis des Kulturpalasts, v. a. in der al. Jana Pawła, öffneten mehrere Einkaufszentren mit Supermärkten und Boutiquen. Wer kleinere Läden bevorzugt, besucht die traditionelle Einkaufsmeile Nowy Świat mit westlichen Markenläden wie Boss, Kenzo, Lacoste. Das größte Angebot an internationaler Presse und Büchern findet man bei Empik (ul. Nowy Świat 15/17).

### Service

**Auskunft**

**Informacja Turystyczna CIT**

Informationsbüro am Eingang zum Schlossplatz. Weitere Info-Stellen befindet sich am Zentralbahnhof und Flughafen.

**ul. Krakowskie Przedmieście 89, 00-429 Warszawa; Tel. 0 22/94 31; www.warsawtour.pl; tgl. 9–18 Uhr, im Sommer länger**

## Ziele in der Umgebung

## Nieborów & Arkadia

→ S. 176, A 8

Das Barockschloss der Magnatenfamilie Radziwiłł in Nieborów ist für Besucher tgl. ab 10 Uhr geöffnet (Eintritt 2 €). Die prunkvollen Räume sind mit Kunst gespickt, der angrenzende Park präsentiert sich streng symmetrisch. Ganz anders der Landschaftspark Arkadia 5 km westlich, der nach griechischem Vorbild angelegt wurde: Romantische Wege führen zu einem als künstliche Ruine errichteten Aquädukt und Triumphbogen, zur Sibyllengrotte sowie zu einem am See platzierten Dianatempel mit der Aufschrift: »Hier fand ich nach jedem meiner Kämpfe Frieden.«

**ca. 85 km südwestlich von Warschau**

## Żelazowa Wola → S. 176, A 8

Das kleines Dorf verdankt seine Berühmtheit Fryderyk Chopin: 1810 erblickte er hier als Sohn einer polni-

*Der Landschaftspark Arkadia, unweit des Warschauer Königsschlosses, ist der wohl besterhaltene romantische Park in Europa. Besonders hübsch ist der kleine Tempel, der der römischen Jagdgöttin Diana geweiht ist.*

*Den Höhepunkt der Stadtbesichtigung von Lublin bildet die Kapelle der Heiligen Dreifaltigkeit in der Burg.*

schen Kleinadeligen und eines französischen Musiklehrers das Licht der Welt. Sein Geburtshaus wurde in ein bescheidenes Museum verwandelt, ihm zu Ehren werden sonntags Konzerte gegeben (Muzeum Chopina; Di–So 9.30–17.30 Uhr; Konzerte Mai–Sept. So 11 und 15 Uhr, Juli–Aug. auch Sa 11 Uhr; Eintritt 2,50 €).
**52 km westlich von Warschau**

## Lublin

S. 181, D 13

354 000 Einwohner
Stadtplan → S. 107

Die größte Stadt im Osten Polens galt einst als »jüdisches Oxford«. An die einstigen Bewohner, die 1939 immerhin ein Drittel der Bevölkerung ausmachten, erinnern heute nur noch eine von ehemals 38 Synagogen sowie ein Platz für die »Opfer des Ghettos«. Ein wichtiges Bildungszentrum aber ist die Stadt geblieben: Sie hat zwei konkurrierende Universitäten, eine katholische und eine weltliche, mehrere Theater und Kulturzentren. Die mittelalterliche Altstadt mitsamt einer mächtigen Burg thront malerisch auf einem Hügel, westlich davon erstreckt sich längs der teilweise verkehrsberuhigten Krakowskie Przedmieście die 200 Jahre jüngere Neustadt. Nur Alt- und Neustadt sind für Besucher interessant, die Vorstädte mit ihren Plattenbauten sind grau und trist. In Polens Geschichte hat Lublin mehrfach eine zentrale Rolle gespielt: 1569 wurde hier die »Lubliner Union« beschlossen, in der sich Polen und Litauen zum größten europäischen Staat vereinten; 1944 war Lublin die erste von deutscher Besatzung befreite Stadt. In der Burg tagte Polens erste Nachkriegsregierung, die den Umbau zum sozialistischen Staat einleitete.

### Hotels/andere Unterkünfte

**Grand Hotel Lublinianka**

S. 107, b 2

Nobelhotel in einem Palais von 1900 wenige Gehminuten westlich der Altstadt. Klassisches Interieur in Naturfarben, elegante Zimmer mit vielen Extras (Internet-Zugang, Marmorbad, Bodenheizung) sowie ein kleines Wellness-Zentrum.
**ul. Krakowskie Przedmieście 56; Tel. 0 81/4 46 61 00, Fax 4 46 62 00; www.lublinianka.com; 72 Zimmer ●●●●**
CREDIT

**Europa** S. 107, c 2
Bestes Preis-Leistungs-Verhältnis: Palast im Stil der Neorenaissance (1867), wenige Schritte vom Krakauer Tor entfernt. Die Zimmer sind gemütlich-komfortabel und haben Sat-TV, der Service ist freundlich.
**ul. Krakowskie Przedmieście 29; Tel. 0 81/5 35 03 03, Fax 5 35 03 04; www.hoteleuropa.pl; 76 Zimmer ●●●**
CREDIT

### Spaziergang

Am Ende der Krakowskie Przedmieście, die dort verkehrsberuhigt ist, erhebt sich das **Krakauer Tor** (Brama Krakowska). Es markiert die Schwelle zur Altstadt, die mit ihren kopfsteingepflasterten Gassen, kleinen Läden und Restaurants Besucher in die Vergangenheit Lublins entführt. Über die ul. Bramowa gelangt man zum **Marktplatz** (Rynek). In seiner Mitte steht das ehemalige **Krontribunal**, die Häuser ringsum im Stil der Lubliner Renaissance strahlen einen Hauch Fernen Ostens aus. Anschließend lässt man sich über die ul. Grodzka hinabtreiben, hinter dem **Grodzka-Tor** (Brama Grodzka) geht es dann bergauf zur **Burg** (Zamek). Für den Rückweg empfiehlt sich diese Variante: Hinter dem Grodzka-Tor biegt man links ein und stößt über den plac po Farze zur Dominikańska vor. Sie ist nach der **Dominikanerkirche** benannt, auf die wenig später die **Kathedrale** folgt. Über die ul. Królewska kehrt man zum Ausgangspunkt zurück.
**Dauer: 1,5 Stunden**

### Sehenswertes

**Dominikanerkirche/Kościół Dominikański** S. 107, c 2
Nach 1564 im Stil der Lubliner Renaissance errichtete Kirche mit elf Kapellen. Die schönste ist die vom rechten Seitenschiff abzweigende Firlej-Kapelle, in der sich die Stifter in liegender Pose darstellen ließen.
**ul. Dominkańska**

**Kathedrale/Katedra** S. 107, c 2
Ehemalige barocke Jesuitenkirche, 1818 zur Kathedrale erhoben. Über das Hauptschiff spannt sich ein illusionistisches Deckengemälde, das den »Triumph des Glaubens über die Ketzerei« preist.
**ul. Królewska**

**Synagoge/Synagoga** S. 107, c 2
Einzige erhaltene Synagoge der Stadt: ein Betraum im ersten Stock eines Mietshauses mit einer kleinen Ausstellung über das Leben und das Schicksal der Lubliner Juden.
**ul. Lubartowska 8; So 13–15 Uhr**

### Museen

**Burgmuseum/Muzeum Lublina** S. 107, d 1
Die ursprünglich mittelalterliche Burg birgt die **Dreifaltigkeitskapelle**, eines von Polens wichtigsten Kunstwerken: Auf einer Säule ruht ein weit gefächertes Kreuzrippengewölbe, das mit farbenprächtigen, um 1350 geschaffenen Fresken bemalt ist. Sie stammen vom ruthenischen »Meister Andrej« und sind ein gutes Beispiel für frühen ost-westlichen Kulturtransfer. Die neugotischen Gebäudeflügel der Burg beherbergen Ikonen und eine Sammlung von Gemälden polnischer Meister.
**ul. Zamkowa 9; Mi–Sa 9–16, So 9–17 Uhr**

**Diözesanmuseum/Muzeum Archidiecezjalne** S. 107, c 2
Im Trinitarierturm neben der Kathedrale wird barocke Sakralkunst gezeigt, von der 42 m hohen Aussichtsplattform bietet sich ein schöner Ausblick über die Dächer von Lublin.
**ul. Królewska 10; Di–So 10–17 Uhr**

**Majdanek-Museum/Muzeum na Majdanku**
Ehemaliges Konzentrationslager 2 km südöstlich von Lublin. Von 1941 bis 1944 wurden hier ca. 240 000 Menschen ermordet, darunter fast alle

40 000 Juden der Stadt. Eine Ausstellung dokumentiert die Vernichtung.
**Droga Męczenników Majdanka 67; www.majdanek.pl; Di–So 8–17 Uhr (Anfahrt ab Kathedrale: Straßenbahn 153, 156, 158)**

### Museum des Königlichen Krontribunals/Muzeum Trybunału Koronnego

···> S. 107, c 2

Exponate zur Geschichte des Obersten Gerichtshofs von Polen.
**Rynek; Mi–Sa 9–16, So 9–17 Uhr**

### Museum zur Stadtgeschichte/ Muzeum Historii Miasta

···> S. 107, c 2

Ausstellung im Krakauer Tor zur Geschichte Lublins; mit Aussichtsplattform unterhalb der Turmspitze.
**Brama Krakowska; pl. Łokietka 1; Mi–Sa 9–16, So 9–17 Uhr**

## Essen und Trinken

### Ulice Miasta

···> S. 107, c 2

Unterirdisches Restaurant am Krakauer Tor. Man nimmt in der »Bibliothek«,

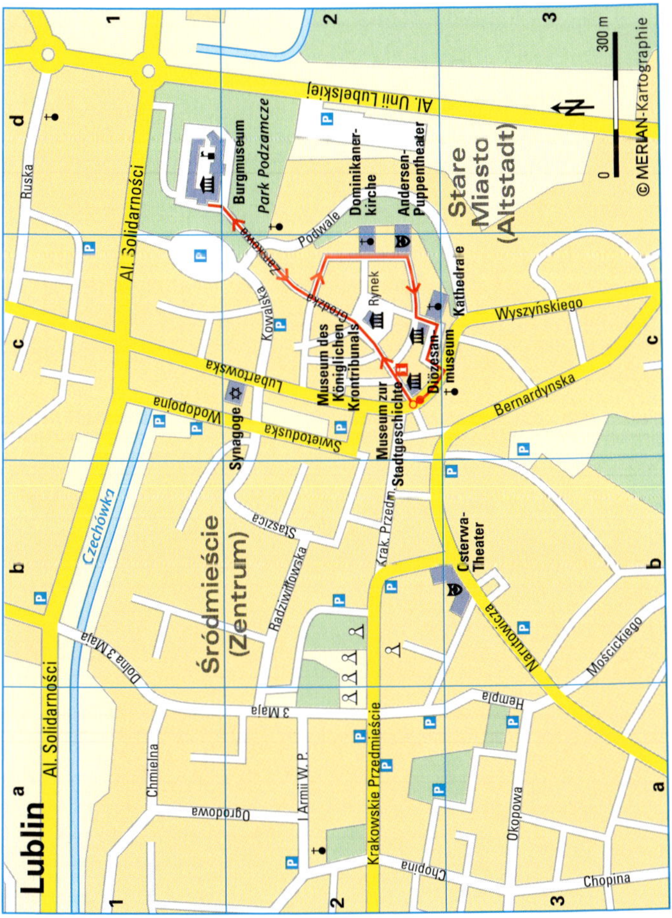

der »Parfümerie« oder im »Tuchladen« Platz und lässt sich deftige Regionalküche schmecken: Roggenmehl- und Sauersuppe (»żur wiejski, kwaśnica«), gut auch Rippchen mit Sauerkraut (»żerberka w kapuście«).
**pl. Łokietka 3; Tel. 0 81/5 34 05 92; www.ulicemiasta.com.pl ●● MASTER VISA**

**Złoty Ośiół** S. 107, C 2
Beliebtes Altstadtlokal mit schönem Innenhof. Die Küche ist rustikal, es gibt hier Szaszłyk po Kaukasku, Rindfleisch »auf kaukasische Art«.
**ul. Grodzka 5-A; Tel. 0 81/5 32 90 40 ●● MASTER VISA**

### Am Abend

Bei der Touristeninformation erkundige man sich vor allem nach den Konzerten in der Philharmonie (ul. Kapuczyńska 7) und den Vorstellungen im Teatr Osterwy (ul. Narutowicza 17). Viele schöne Kneipen liegen an der ul. Grodzka.

### Service

**Auskunft**
**Informacja Turystyczna**
**ul. Jezuicka 1/3; 20-950 Lublin; Tel. 0 81/5 32 44 12; www.um.lublin.pl; Mo–Fr 9–17, Sa 10–14 Uhr**

## Ziele in der Umgebung

### Kazimierz Dolny

S. 180, C 13

Breit bahnt sich die Weichsel ihren Weg durch die Landschaft, am Fuß ihrer Klippen liegt ein Städtchen in perfekter Renaissance-Architektur. Am Marktplatz stehen Kaufmannshäuser, Zeugen einer Zeit, als Kazimierz Dolny vom Weichselhandel profitierte. Von verflossenem Reichtum kündet auch das Goldschmiedemuseum, in dem v. a. jüdische Kultgegenstände ausgestellt werden (Muzeum Sztuki Złotniczej, Rynek 19; Mo geschl.).
**60 km westlich von Lublin**

### Kielce

S. 180, B 14

Zwar ist die 220 000 Einwohner zählende Stadt von Plattenbauten umstellt, doch birgt sie einen attraktiven Kern: Am Schlossplatz (pl. Zamkowy) stehen eine barocke **Kathedrale** und ein **Bischofspalast** (Pałac Biskupów Krakowskich), dessen opulente Originaleinrichtung eine Vorstellung vom Reichtum des Klerus vermittelt. Das Kontrastprogramm liefert die »Galerie des Jungen Polen«: Ausgestellt sind Witkacys expressionistische Porträts, Farborgien von Malczewski und melancholische Frauendarstellungen von Wyspiański (Muzeum Narodowe, pl. Zamkowy; Di–So 9–16 Uhr). Die meisten Besucher nutzen Kielce freilich nur als Zwischenstopp auf dem Weg in den nordöstlich der Stadt gelegenen **Heiligkreuz-Nationalpark** (Świętokrzyski Park Narodowy). Seinen Namen verdankt er den Benediktinern, die sich im Jahr 1193 auf dem 595 m hohen Kahlen Berg ein Kloster errichteten. Vom Wallfahrtskloster **Św. Krzyż** starten Wanderer zu einer 15 km langen, rot markierten Kammtour. Sie endet in **Św. Katarzyna**, von wo Busse nach Kielce zurück fahren.
**174 km südwestlich von Lublin**

### Roztoczański Park Narodowy/Roztocze Nationalpark

S. 180, B 14

Eine 20 km breite Hügelkette erstreckt sich bis in die Ukraine, ihr am dichtesten bewaldeter Teil wurde zum Nationalpark erklärt: Wilde Tarpanpferde grasen an kleinen Seen, markierte Wanderwege verlaufen zwischen Buchen, Kiefern und Tannen. Bester Ausgangspunkt ist das Dorf **Zwierzyniec** mit einem modernen Naturkundemuseum (ul. Plażowa 3; Di–So 10–16 Uhr).
**110 km südöstlich von Lublin**

## Sandomierz

S. 180, C 14

Verträumtes mittelalterliches Städtchen am hohen Weichselufer: Der Bummel beginnt am **Rathaus**, heute ein Museum für Stadtgeschichte und zugleich Startpunkt der »Unterirdischen Route« durch ehemalige Kaufmannskeller (Muzeum Miasta, Rynek; Di–So 9–16 Uhr). Anschließend spaziert man über kopfsteingepflasterte Straßen zur **Kathedrale** (Katedra) mit russisch-byzantinischen Fresken, zur **Burg** (Zamek) mit Aussichtsterrasse und zur spätromanischen **Jakobskirche** (Kościół św. Jakuba).

**106 km südwestlich von Lublin**

## Zamość

S. 181, E 14

Die Idealstadt aus der Renaissance verdankt sich der Luxuslaune eines Adeligen: Im 16. Jh. ließ sich Jan Zamojski von den besten italienischen Architekten eine nach ihm benannte Stadt errichten – heute ist sie ein UNESCO-Weltkulturerbe: Ein sternförmiger Festungswall umgibt ein schachbrettartiges Straßenmuster, in dessen Mitte der prachtvolle **Marktplatz** liegt (Rynek Wielki). Er ist von pastellfarbenen Kaufmannshäusern gesäumt, die mit ihren Attiken und Reliefs »östlichen« Zauber ausstrahlen. Ein besonders schönes Haus an der Nordseite beherbergt das **Regionalmuseum** (Muzeum Okręgowe, Rynek Wielki/ul. Ormiańska 30; Di–So 9–16 Uhr), ein weniger gepflegtes Haus an der Südseite war Geburtsort der Sozialrevolutionärin Rosa Luxemburg (Rynek Wielki 37). Blickfang des Platzes ist das **Rathaus**: Weit ausladende Freitreppen führen zum Eingangsportal, vom hohen Turm erklingt täglich um 12 Uhr eine Trompetenmelodie. Vom Platz sind es nur wenige Schritte südwestwärts zur **Kathedrale** (Katedra), nordostwärts kommt man zur ehemaligen **Synagoge** (ul. Zamenhofa/Ecke ul. Bazyliańska) und zum **Mikwe-Bad**, seit vielen Jahren ein bekannter Jazzklub (ul. Zamenhofa 3).

**89 km südöstlich von Lublin**

### Hotels/andere Unterkünfte

**Zamojski**

Bestes Hotel vor Ort, in großartiger Lage neben dem Rathaus. Mit seiner Renaissance-Fassade fügt es sich harmonisch ins historische Bauensemble des Marktplatzes. Mit stilvoll eingerichteten Zimmern und einem Restaurant, in dem feine altpolnische Küche serviert wird. Lecker schmeckt z. B. das Lammsteak auf Spinat mit Minzsoße (»stek jagnięcy na szpinaku«).

**ul. Kołłątaja 2 6; Tel. 0 84/6 39 25 16, Fax 6 39 25 01; www.orbis.pl; 54 Zimmer ●●**

CREDIT

*Seit 1992 zählt die sorgfältig restaurierte Altstadt von Zamość zum Weltkulturerbe der UNESCO. Sie wurde im 16. Jahrhundert von einem italienischen Architekten auf dem Reißbrett geplant und anschließend erbaut.*

# Schlesien

## Wandern an der Schneekoppe, Kulturtrips in Breslau und eine Wallfahrt zur Schwarzen Madonna.

*Farbenfroh und pittoresk wirken die historischen Bürgerhäuser am »Naschmarkt«, wie die Nordseite des Breslauer Rathausplatzes auch genannt wird. Er bildet das Zentrum der schachbrettartig angelegten Altstadt.*

Riesengebirge und Glatzer Bergland, »schlesisches Elysium« und Kattowitzer Kohlenpott, mittendrin Polens größter Pilgerort: Das Land ist so vielfältig, dass es schwer fällt, es auf einen Nenner zu bringen. »Schlesisches Himmelreich« heißt das traditionelle Sonntagsgericht, von dem man sagt, es sei so abwechslungsreich wie die Gegend: kräftig, süß und herb. Je nachdem, ob das Land an der »unteren« oder an der »oberen« Oder gemeint ist, spricht man von Nieder- bzw. Oberschlesien. Mit Heide-, Sumpf- und Waldlandschaft hat sich Niederschlesien viel intakte Natur bewahrt. Das sich östlich anschließende Oberschlesien ist zweigeteilt: Das Oppelner Land ist Polens Kornkammer und zugleich ein Musterländle der starken deutschen Minderheit. Ganz anders das Industrierevier rund um Katowice, in dem seit der Wende viele Bergbau- und Stahlwerke geschlossen wurden.

## Wrocław/Breslau

→ S. 179, D 10

632 000 Einwohner
Stadtplan → S. 113

Ein Vorzeigemarktplatz, von dem stimmungsvolle Gassen abzweigen, eine stille Dominsel und längs der Oder barocke Prachtarchitektur: Hier möchte man gern länger bleiben. Viele Jahre war das deutsche Erbe in dieser Stadt tabu, heute dient es als Quelle der Inspiration. Baulücken schließt man im bewussten Rückgriff auf die klassische Moderne, deren wichtigste Vertreter Deutsche waren. Doch stolz ist man auch auf die anderen Traditionslinien aus der tausendjährigen Geschichte, seien sie böhmisch, habsburgisch oder polnisch. Das polnische Erbe ist vor allem östlich geprägt, denn an die Stelle der 1945 vertriebenen Deutschen kamen polnische Bewohner aus dem an die Sowjetunion gefallenen Lemberg (heute Lviv in der Ukraine). Bis heute gibt es in Breslau galizische Cafés und Restaurants; man spricht einen melodisch-östlichen Akzent und hält sich einiges darauf zugute, weltoffen zu sein. Tatsächlich wirkt die Hauptstadt Niederschlesiens so vital, als ginge es ihr darum, sich neu zu definieren: als Polens Schaufenster in Richtung Westen, eine Brücke zwischen Ost und West.

### Hotels/andere Unterkünfte

**Qubus Maria Magdalena** → S. 113, b 2

Postmoderne Architektur neben gotischen Giebeln und Maßwerkfenstern. Auch die farbenkräftige Inneneinrichtung betont den Kontrast zur mittelalterlichen Umgebung. Im Untergeschoss des Vier-Sterne-Hotels befindet sich ein Hallenbad, im obersten Turmgeschoss die Präsidenten-Suite.
**ul. Św. Marii Magdaleny 2; Tel. 0 71/3 41 08 98, Fax 3 41 09 20; www.qubushotel.com; 83 Zimmer ●●● CREDIT**

**Radisson** → S. 113, c 2

Zehn Gehminuten östlich des Markts, gegenüber vom Panorama Racławicka: außen neoklassizistische Palais-Architektur, innen minimalistische Eleganz. Alle Räume sind weit und hell – egal, wo man sich bewegt, fühlt man sich wohl. Wer die Business Class bucht, kann sich Tee und Kaffee zubereiten, erhält Bademantel, Slipper und Gratis-Tageszeitung. Das Frühstücksbüfett ist das beste in Breslau, frisch gepresste Säfte sowie eine große Zahl warmer Speisen.
**ul. Purkyniego 10; Tel. 0 71/3 75 00 00, Fax 3 75 00 10; www.radissonsas.com; 162 Zimmer ●●● CREDIT**

**Sofitel Wrocław** → S. 113, a 2

Vier-Sterne-Hotel nahe dem Markt, in klaren Formen und Naturmaterialien exklusiv eingerichtet. Erfreulich sind auch das kleine, fast rund um die Uhr geöffnete Spa Center sowie das üppige Frühstücksbüfett.

ul. Św. Mikołaja 67; Tel. 071/3588300, Fax 3588301; www.orbis.pl/sofitel-wroclaw; 205 Zimmer ●●● CREDIT

**Tumski** S. 112, b 1

Neugotisches, von der Oder umflossenes Palais zwischen Altstadt und Dominsel. Freundliche Zimmer mit Komfort (Sat-TV, Internet-Zugang) und ein gemütliches »Mühlen-Gasthaus« (Karczma Młyńska). Angeschlossen ist Polens beste Jugendherberge mit unschlagbar günstigen Doppel- bis Mehrbettzimmern.

ul. Wyspa Słodowa 10, Tel. 071/3226099, Fax 3226113, www.hotel-tumski.com.pl, 56 Zimmer ●●/● MASTER VISA

### Spaziergang

Eine Augenweide ist der **Marktplatz** mit dem in seiner Mitte gelegenen **Alten Rathaus** und den bunten Giebelhäusern ringsum. Vom Fredro-Denkmal (1945 von Lemberg nach Breslau überführt) läuft man im Uhrzeigersinn um den Platz, wobei sich Abstecher auf den **Salzmarkt** (plac Solny), zur **Elisabethkirche** und den dahinterliegenden **Alten Schlachtbänken** empfehlen. Über die in der Nordostecke des Markts abzweigende Kuźnicza erreicht man die **Universität**, geht zur Oder vor und biegt rechts in die ul. Grodzka ein. Nahe der Markthalle führt eine Brücke auf die **Sandinsel**, über eine zweite gelangt man auf die **Dominsel**. Zwar ist sie nach Aufschüttung eines Oderarms mit dem Festland verbunden, doch hat sie sich ihre weltentrückte Atmosphäre bewahrt. An mehreren Kirchen und der **Kathedrale** vorbei spaziert man aufs »Festland« zurück, besucht das **Nationalmuseum** und das **Panorama von Racławice**. Über die ul. Wita Stwosza mit der **Maria-Magdalena-Kirche** gelangt man zum Marktplatz, wo die Tour begann.

Dauer: 2,5 Stunden

*Seit dem 9. Jahrhundert ist die Breslauer Dominsel bewohnt, sie ist die Keimzelle der Stadt. Das wichtigste Bauwerk ist die Kathedrale, die Johannes dem Täufer gewidmet ist.*

SEHENSWERTES

**Elisabethkirche/Kościół św. Elżbiety** → S. 113, a 2
Gotische Backsteinkirche, von deren 83 m hohen Turm sich ein weiter Blick über die Stadt bietet.
**ul. Św. Mikołaja/ul. Jatki**

**Kathedrale/Katedra** → S. 113, c 1
Größte Kirche auf der Sand- und Dominsel. Ab dem 11. Jh. wurde an ihr gebaut, als »Wunder des Barocks« gelten die Elisabeth- und die Kurfürstenkapelle. Im benachbarten Erzdiözesanmuseum wird mittelalterliche Sakralkunst ausgestellt (Di–So 9–15 Uhr).
**pl. Katedralny**

**Kirche Maria auf dem Sande/Kościół Najświętszej Marii Panny na Piasku** → S. 113, b 1
Gotische, im 12. Jh. begonnene Kirche mit fantastisch hohen Sterngewölben. Als »wundertätig« gilt die Ikone der »Siegreichen« aus dem heute ukrainischen Mariampol.
**ul. św. Jadwigi**

*Das romanische Portal der Maria-Magdalena-Kirche gehörte ursprünglich zu einer nicht mehr existierenden Kirche in Nordschlesien und wurde um 1546 an der Südwand der Kirche eingemauert.*

**Maria-Magdalena-Kirche/Kościół św. Marii Magdaleny** → S. 113, b 2

Schmuckstück der luftigen Backsteinkirche ist ein romanisches Portal an der südlichen Außenfassade, das mit archaischen Relieffiguren verziert ist.

**ul. M. Magdaleny**

**Panorama von Racławice/ Panorama Racławicka** → S. 113, c 2

114 m langes und 15 m hohes Rundgemälde in einer eigens erbauten Rotunde: Naturalistisch gestaltetes Schlachtgetümmel, von »echtem« Kanonendonner untermalt, erinnert an Kościuszkos Sieg über die Russen im Jahr 1794, der Polens Teilung freilich nicht verhindern konnte.

**ul. Purkyniego 11; Di–So 9–16 Uhr; Eintritt 5 €**

**Rathaus/Ratusz** → S. 113, a 2

Gotisches Meisterwerk in der Mitte des Marktplatzes (13.–16. Jh.): außen mit filigranem Schaugiebel, Erkern, Türmen und Friesen, innen mit elegantem Festgemach, Gildensaal, Rats- und Bürgermeisterstube. Die »Galerie berühmter Breslauer« reicht von Arbeiterführer Lassalle bis zu den Nobelpreisträgern Hauptmann und Born.

**Sukiennice 14/15; www.mmw.pl; Mi–Sa 11–17, So 11–18 Uhr**

**Universität/Uniwersytet** → S. 113, c 2

Barocker Prachtbau aus den Tagen Maria Theresias mit der Aula Leopoldina, Polens schönstem Festsaal.

**pl. Uniwersytecki 1; Aula und Turm Mo-Di, Do–So 10–15.30 Uhr**

### Museen

**Museum für Architektur/ Muzeum Architektury** → S. 113, c 2

Im ehemaligen Bernhardinerkloster wird die Zerstörung der Stadt 1945 und ihr anschließender Wiederaufbau dokumentiert. Eine Dauerausstellung stellt Breslauer Wegbereiter der klassischen Moderne vor (Berg, Mendelsohn, Rading, Scharoun).

**ul. Bernardyńska 5; Di–Sa 10–15.30, So 10–17 Uhr**

**Museum für Geschichte und Völkerkunde/Muzeum Historyczne y Etnograficzne** → S. 113, a 2

Anschauliche Einführung in Breslaus 1000-jährige Geschichte; untergebracht ist das Museum im ehemaligen Königsschloss.

**ul. Kazimierza Wielkiego 34; Mi–Sa 11–17, So 11–18 Uhr**

**Nationalmuseum/ Muzeum Narodowe** → S. 113, c 2

Gotische und barocke Kunst aus Schlesien, außerdem eine Galerie polnischer Meister vom Nationalmaler Jan Matejko bis zum Multitalent Witkacy.

pl. Powstańców Warszawy 5; Di–Mi 10–16, Do 9–16, Fr–So 10–16 Uhr; Eintritt 3,75 €

## Essen und Trinken

**Cesarsko-Królewska** S. 113, a 2
Habsburgische Küche mit köstlichen Nachspeisen. Zur Wahl stehen Quarkklößchen mit Obstsoße (tschechisch), flambierte, nussgefüllte Pfannkuchen (ungarisch) und Apfelstrudel mit Vanilleeis (österreichisch). Man sitzt im gotischen Prager-, im barocken Budapester- oder im Wiener Rokoko-Saal, im Sommer meist auf der Terrasse am Markt.
Rynek 19; Tel. 0 71/3 41 92 04, www.restauracja-ck.pl ●●● MASTER VISA

**La Scala** S. 113, a 2
Frische Zutaten aus Italien, fantasievoll zubereitet, dazu eine tolle Lage am Markt – kein Wunder, dass La Scala viele Stammkunden hat! Unten isst man Pizza & Pasta, oben Edles in toskanischem Ambiente. Wem der Sinn nach Süßem steht, der besucht das Café Lody Scala auf dem Salzmarkt (pl. Solny 10, ab 8 Uhr).
Rynek 38; Tel. 0 71/3 72 53 94 ●●/●●● MASTER VISA

**Piwnica Świdnicka** S. 113, a 2
Der »Schweidnitzer Keller« unterm Rathaus ist seit mehr als 700 Jahren Breslaus Treffpunkt Nr. 1: Zur Wahl stehen neun unterschiedliche Säle, die Palette reicht vom preiswerten Bauern- bis zum teuren Fürstensaal, von deftiger Hausmannskost bis zu altpolnischer Adelsküche.
Rynek-Ratusz; Tel. 0 71/3 69 95 00; www.piwnicaswidnicka.com ●●/●●● MASTER VISA

*Das Breslauer Rathaus zählt zu den wertvollsten Baudenkmälern Polens. Seine Ostfassade mit dem prächtig verzierten Mittelgiebel und der astronomischen Uhr ist das Wahrzeichen der Stadt.*

# Siegeszug der Schwarzen Madonna

## Nirgendwo ist der Marienkult so verbreitet wie im katholischen Polen.

Marias Terminkalender ist prall gefüllt. Ihr Tagewerk beginnt um 5.30 Uhr, wenn die eifrigsten Verehrer zur Morgenandacht kommen. Danach geht's Schlag auf Schlag weiter. In halbstündigem Rhythmus werden Messen gelesen, die vor Maria niederkniende Menschenmenge schwillt immer mehr an. Die Luft ist schwer von Weihrauch, die Stoßgebete werden lauter und vom aufbrandenden Orgelklang übertönt. Um 12 Uhr wird Maria eine Mittagspause gewährt – unter Trommelwirbel wird ihr Antlitz verhüllt. Um 16 Uhr folgt der Rosenkranz, zwei Stunden später die Mutter-Gottes-Novene. Selbst nach dem »Appell von Jasna Góra« um 21 Uhr findet Maria keine Ruhe, nun kommen die Pilger, die bei ihr Nachtwache halten wollen, bis 4.30 Uhr bleiben die Beichtstühle besetzt.

Die Schwarze Madonna, davon sind alle, die hierher kommen, überzeugt, steht ihnen bei in ihrem Überlebenskampf. Schon vieles hat sie geleistet: 1655 schlug sie die schwedischen Belagerer in die Flucht, 1770 beflügelte sie die Polen im Kampf gegen die Russen und 1945 hinderte sie die Deutschen daran, Częstochowa in die Luft zu sprengen. 1978 kürte sie einen Polen zum Papst und verhalf fünf Jahre später einem schnauzbärtigen Landsmann zum Friedensnobelpreis. Kurz darauf zwang sie den gottlosen Sozialismus in die Knie, und heute ist sie auf der Seite derer, die mutig gegen »westlichen Sittenverfall« kämpfen ...

*Jahr für Jahr strömen tausende von Pilgern nach Tschenstochau zur wundertätigen und viel verehrten Schwarzen Madonna, deren Ehrenname »Königin Polens« ist.*

»Polak to katolik« (Pole = Katholik): Mehr als 90 % aller Polen bezeichnen sich als gläubige Katholiken, 60 % gehen jeden Sonntag zur Messe. Etwa 15 000 Kirchen zählt das Land – und während in Deutschland jede dritte von Schließung bedroht ist, denkt man in Polen daran, neue zu bauen. Jeder Pole ist stolz auf »seinen« Papst, obwohl er von allen Kanzeln predigen ließ, dass Abtreibung Mord und die Pille ein Werk des Teufels sei, dass man sich vor Aids nur durch Enthaltsamkeit schützt und Konsum niemanden glücklich macht. Im jüngst verabschiedeten »Katechismus« verlangt er vom sonntäglichen Kirchgänger eine Opfergabe: Einen Zehnt seines Einkommens soll er an den Pfarrer abtreten. Überdies wird das Wochenendvergnügen zur Sünde erklärt, denn es sei obszön, freitags Feste zu feiern, da dies doch der Tag sei, an dem Christus ans Kreuz geschlagen wurde.

Nach der Abkehr vom Sozialismus hat die Kirche vieles in Polen erreicht: Sie hat die Abtreibung verbieten lassen, die Scheidung erschwert und den Religionsunterricht als schulisches Pflichtfach durchgesetzt. Jede öffentliche Institution hat mittlerweile ihren staatlich finanzierten Seelsorger. Dabei ist Polens Kirche alles andere als arm: Da sie vom Staat 1990 alle konfiszierten Güter zurückerhielt, rückte sie zum größten Grundbesitzer des Landes auf. Konsequent baute sie ihre Macht aus, gründete Zeitungen, Fernseh- und Rundfunkstationen. »Radio Maryja«, mit fünf Millionen Hörern Polens erfolgreichster Sender, wird von Redemptoristen-Mönchen geführt. Oft schlagen sie antisemitische und antideutsche Töne an, die Europäische Union gilt ihnen als »Fegefeuer«.

Doch inzwischen macht sich Missmut über klerikalen Herrschaftsanspruch breit, vor allem jüngere Leute wollen sich nicht länger vorschreiben lassen, was gut und was böse sei. Nicht wenige neigen zur Doppelmoral. Was sie in der Predigt hören, ist das eine, was sie privat tun, etwas ganz anderes. »Was uns da erzählt wird, ist doch kalter Kaffee«, meint ein Warschauer Student. »Man kann heute nicht mehr alles als Teufelswerk verdammen, das Streben nach Spaß und Genuss! Ich habe Freunde, die gehen eben lieber ins Einkaufszentrum als in die Kirche. Nein, das Recht auf Vergnügen lassen wir uns nicht nehmen – wir haben keine Lust, uns immer ›beschränken‹ zu müssen.«

**EINKAUFEN**

**Galeria Sztuki Naiwnej i Ludow**

→ S. 113, a 2

Galerie naiver Kunst aus allen Teilen Polens, nur wenige Schritte vom Markt: mit knallbunten Holzskulpturen, Glasmalereien und originellen Mobili.

**Kiełbaśnicza 31**

**AM ABEND**

Rings um den Marktplatz reiht sich eine Bierkneipe an die nächste. Konzerte klassischer Musik finden meist Fr und Sa statt (Filharmonia, ul. Piłsudskiego 19), Gleiches gilt für Oper & Operette (Opera, ul. Świdnicka 35). Die Veranstaltungsübersicht bekommt man in der Touristeninformation.

**SERVICE**

**Auskunft**

**Informacja Turystyczna**

**Rynek 14; 50-107 Wrocław; Tel. 0 71/3 44 31 11, Fax 3 44 29 62; www.wroclaw.pl; tgl. 10–18 Uhr, im Sommer länger**

## Ziele in der Umgebung

### Brzeg/Brieg

→ S. 179, D 10

An die Zeit, da es Hauptstadt eines unabhängigen Fürstentums war, erinnert das **Renaissanceschloss** (16. Jh.). In das Prunktor sind 24 gekrönte Häupter gemeißelt, darunter Mieszko I. und Bolesław I. Die Schlossherren, Georg II. und seine Frau Barbara, haben sich am Portal in voller Lebensgröße in Szene gesetzt. Sehenswert sind auch der dreigeschossige Arkadenhof und die prachtvollen Innenräume (Muzeum Piastów Śląskich, pl. Zamkowy; www.zamekbrzeg.pl; Di–So 10–16 Uhr). Gegenüber vom Schloss erhebt sich die üppig barocke **Heiligkreuzkirche** (Kościół Św. Krzyża).

**40 km südöstlich von Wrocław**

*Der Brunnen der tanzenden Faune: ein beliebter Treffpunkt vor dem neuen Rathaus in Gliwice, einem wichtigen Industriezentrum in Oberschlesien.*

### Częstochowa/ Tschenstochau

→ S. 179, F 10

Polens größter Wallfahrtsort ist die Heimstatt der Schwarzen Madonna, der »Königin Polens«. An wichtigen Marienfeiertagen kommen Hunderttausende hierher, um ihren Segen zu erbitten. 6 Über die »Allee der Allerheiligsten Jungfrau Maria« schreiten sie zum Hellen Berg (Jasna Góra), auf dem das Barockkloster mit der Kirche thront – schon von fern ist der 106 m hohe Turm sichtbar. Nachdem sie die Devotionalien- und Souvenirhändler hinter sich gelassen und die vier Eingangstore passiert haben, strömen sie in die Basilika, in der das Bildnis der Schwarzen Madonna hängt: Es zeigt eine dunkelhäutige Frau mit zwei Narben im Gesicht, die Haare sind unter einem Kopftuch versteckt. Um sie zu verschönern, werden ihr goldbestickte Gewänder übergestülpt. Evangelist Lukas persönlich soll das Porträt der Maria erstellt haben. Auf wundersamen Wegen kam sie dann 1382 nach Częstochowa, wo sie ihre glanzvolle Karriere als Wundertäterin begann. Im **600-Jahr-Museum** (Muzeum Sześćsetlecia; tgl. 11–16.30 Uhr) wird ihre Geschichte nachgezeichnet, in der **Waffen- und Schatzkammer** sind all die Kostbarkeiten ausgestellt, die ihr die Pilger geschenkt haben (Arsenał/Skarbiec, tgl; 9–16 Uhr).

**190 km östlich von Wrocław**

## Gliwice/Gleiwitz

→ S. 179, F 11

Eine Industriestadt aus der Gründerzeit: Vom Bahnhof führt die restaurierte Wilhelmsallee (heute: ul. Zwycięstwa) zum mittelalterlichen, von Terrassencafés gesäumten **Marktplatz** (Rynek), wo an warmen Sommerabenden ein ausgelassenes Treiben herrscht. Im Chopin-Park befindet sich Polens größtes **Palmenhaus** mit mehr als 7000 exotischen Pflanzen (Palmiarnia; Mo geschl.). Nachdem Gliwices Schwerindustrie »abgewickelt« wurde, setzt man in dieser Stadt alle Hoffnung auf Hightech. Im Gefolge von General Motors, der hier Opel bauen lässt, siedelten sich bereits Dutzende weiterer Firmen an.

**166 km südöstlich von Wrocław**

### Hotels/Andere Unterkünfte

**Qubus**

Komfortables Mittelklassehotel nahe der Altstadt. Alle Zimmer verfügen über Sat-TV, zum Frühstück gibt es ein sehr gutes Büfett.

**ul. Dworcowa 27; Tel. 0 32/3 00 11 00, Fax 3 00 12 00; www.qubushotel.com; 89 Zimmer ●● MASTER VISA**

## Jagniątków/ Agnetendorf

→ S. 178, B 10

Die FAZ bezeichnete sie als »Außenposten des Dichter-und-Denker-

*Vor den Toren von Jelenia Góra laden die sanften Hügel und bewaldeten Täler des Hirschberger Landes zu Wanderungen und Entdeckungstouren ein. Die Stadt selbst liegt zu Füßen des Riesengebirges im Tal des Bóbr.*

Deutschlands«: Die **Villa Wiesenstein**, in der Gerhart Hauptmann die letzten 40 Jahre seines Lebens verbrachte (1903–1945), dient heute als Museum und deutsch-polnische Begegnungsstätte. Imposant ist das Foyer, das vom Boden bis zur Decke mit Fresken ausgemalt ist. Eine Multimedia-Ausstellung stellt Leben und Werk des Literaturnobelpreisträgers vor (Dom Gerharta Hauptmanna, ul. Michałowicka 32; www.dom-gerharta-hauptmanna.pl; Di–So 9–17 Uhr).
**124 km südwestlich von Wrocław**

## Jelenia Góra/ Hirschberg

⟶ S. 178, B 10

Die Stadt im Vorland des Riesengebirges ist die schönste der Region: Über verkehrsberuhigte Promenaden bummelt man zum Marktplatz, der mit seinen bunten Giebelhäusern vor der Silhouette bewaldeter Hügel malerisch wirkt. Jelenia Góra hat ein **Riesengebirgsmuseum** mit Polens größter Sammlung von Kunstglas (Muzeum Karkonoskie; ul. Matejki 28; Di–So 10–15.30 Uhr). Die interessanteste der sechs Kirchen ist die ursprünglich evangelische **Gnadenkirche** (ul. 1 Maja): Ihre zweistöckigen, reich bemalten Logen bieten 4000 Personen Platz. Südlich der Stadt liegen der Kurort **Cieplice** (Bad Warmbrunn) und das gleichfalls eingemeindete **Sobieszów** (Hermsdorf) mit der mittelalterlichen Felsburg Kynast.
**110 km südwestlich von Wrocław**

### Hotels/andere Unterkünfte

**Baron**
Familiär geführtes Drei-Sterne-Hotel wenige Schritte vom Markt entfernt. Geräumige Zimmer mit Sat-TV und In-

*Außerhalb der Stadtmauer von Jelenia Góra wurde im 18. Jahrhundert von schlesischen Protestanten die so genannte Gnadenkirche erbaut. Das katholische Habsburg gestattete der protestantischen Minderheit nur unter strengen Auflagen den Bau eigener Gotteshäuser.*

ternet-Zugang; im Erdgeschoss befindet sich ein rustikales Lokal.
**ul. Grodzka 4; Tel./Fax 0 75/7 52 33 51, 16 Zimmer ●● MASTER VISA**

## Karpacz/Krummhübel

S. 178, B 10

Beliebtes Ferienstädtchen am Fuß der markanten Schneekoppe, neben Szklarska Poręba der »Eingang« ins Riesengebirge. Der Ort Karpacz erstreckt sich 4 km längs einer von restaurierten Holzvillen, Bars und Cafés gesäumten Talstraße. Hauptsehenswürdigkeit ist die **Kirche Wang** aus dem 14. Jh., die der ins Mittelalter verliebte Preußenkönig aus Norwegen überführen ließ. Sie ist ganz aus Holz erbaut, mit ihren verschachtelten Satteldächern und archaischen Drachenmotiven wirkt sie wie eine Trutzburg. Doch die meisten Besucher zieht es ins Gebirge: Mit Sessellift fahren sie auf die Kleine Koppe, von wo der schwarz markierte Weg in einer Stunde auf die legendäre, 1603 m hohe **Schneekoppe** führt (Kolej Linowa na Kopę, ul. Turystyczna; 9–16 Uhr). Dort schließen sich herbe Kammtouren an: Man wandert über Grastundra und Torfmoor, vorbei an windzerzausten Latschenkiefern und Geröllfeldern aus Granit- und Glimmerschiefer.
**131 km südwestlich von Wrocław**

### Hotels/andere Unterkünfte

**Rezydencja**
Karpaczs beste Unterkunft, mit viel Holz im Schweizer Stil attraktiv errichtet, liegt zentral und doch ruhig an einem Hang über der Hauptstraße. Die meisten der suiteartigen Zimmer verfügen über eine verglaste Veranda mit Blick ins Gebirgsvorland, das Büfettfrühstück wird im Sommer im Garten eingenommen.
**ul. Parkowa 6; Tel. 0 75/7 61 80 20, Fax 7 61 95 13; www.hotelrezydencja.pl; 14 Zimmer ●●● MASTER VISA**

**MERIAN-Tipp**

### 7 »Beim Berggeist« in Karpacz

Kaum hat man das Gasthaus betreten, fühlt man sich in Rübezahl-Legenden versetzt. Alles hier ist aus Lärchenholz – vom Boden bis zum Dachreiter, vom Tisch bis zur Theke, selbst die Speisekarten sind von Hand geschnitzt! Aus allen Ecken lugen geschnitzte Figuren, meist ist es der »Berggeist« selbst. Zur warmen und gemütlichen Ausstrahlung passen die deftigen Regionalgerichte: flambierte Kabanos-Würstchen, pflaumengefüllte Speckrouladen und Wildschweinbraten. Eine zwölfköpfige Kapelle spielt am Wochenende so fetzig auf, so dass viele Gäste nicht der Versuchung widerstehen können, zwischen den Gängen das Tanzbein zu schwingen.
U Ducha Gór; ul. Olimpijska 6; Tel. 0 75/7 61 85 63 ●● MASTER VISA

### Service

**Auskunft**
**Informacja Turystyczna**
Engagiert geführtes privates Büro.
**ul. Konstytucji 3 Maja 52, 58-540 Karpacz; Tel. 0 75/7 61 95 47, Fax 7 61 85 53; Mo–Sa 9–19, So 9–17 Uhr**

## Katowice/Kattowitz

S. 179, F 11

Die Hauptstadt Oberschlesiens ist nicht so grau wie vielleicht befürchtet. In den letzten Jahren wurden viele Jugendstilhäuser restauriert, die nördlich der Bahnlinie gelegene Altstadt ist verkehrsberuhigt. An ihrem Rand befindet sich das **Schlesische Museum** mit einer erstklassigen Sammlung polnischer Kunst (Muzeum Śląskie; al. Korfantego 3; Di–Fr 10–17, Sa–So 11–16 Uhr).
**202 km südöstlich von Wrocław**

*Wirtschaftliches und kulturelles Zentrum der Region Oberschlesien ist die Industriestadt Katowice. In den vergangenen Jahren begann man mit der Restaurierung der im Jugendstil erbauten Häuser.*

HOTELS/ANDERE UNTERKÜNFTE

**Monopol**

Gegenüber vom Bahnhof liegt dieses Vier-Sterne-Hotel im Sezessionsstil mit exzellentem Restaurant und einem Wellness-Center mit Hallenbad.

**ul Dworcowa 10; Tel. 0 32/7 82 82 82, Fax 7 82 82 83; www.hotel.com.pl; 114 Zimmer ●●●● CREDIT**

## Kłodzko/Glatz → S. 178, C 11

Eingangsort zum Glatzer Bergland (→ MERIAN-Spezial »Wellness- und Kurtourismus«, S. 36), verschlafen und gemütlich. Über eine Miniaturausgabe der Prager Karlsbrücke gelangt man in die Altstadt mit einem von Bürgerhäusern gesäumten Marktplatz und einem halben Dutzend Kirchen. Darüber thront eine von Friedrich II. errichtete **Festung**, wo der »unterirdische Jahrtausendweg« in zehn Minuten zur Marienkirche führt (Podziemna Trasa Turystyczna; ul. Zawiszy Czarnego; tgl. ab 9 Uhr).

**129 km südlich von Wrocław**

## Krzeszów/Grüssau

→ S. 178, C 10

Zisterzienserkloster in malerischer Landschaft, von der UNESCO zum Weltkulturerbe erklärt. Die Klosterkirche (1735) schwelgt in üppigem Barock, eine Spur nüchterner ist die angrenzende Josephkirche, die mit 50 großformatigen Fresken Michael Willmanns, des »schlesischen Rembrandts«, aufwartet.

**97 km südwestlich von Wrocław**

## Książ/Fürstenstein

→ S. 178, C 10

Was Neuschwanstein für Bayern, ist Książ für Schlesien: ein in einer Talsenke verborgenes Schloss mit Türmen, Zinnen und Bastionen. Es gehörte seit dem 16. Jh. der mächtigen Familie Hochberg, Stammgast war in den 1930er-Jahren der deutsche Thronfolger Friedrich Wilhelm. Heute ist es ein Museum adeliger Wohnkultur, seine Gemächer sind mit Stilmöbeln vergangener Epochen eingerichtet (Zamek; Di–Fr 10–16, Sa–So 10–17 Uhr). Das Schloss liegt auf halbem Weg zwischen Świdnica und Wałbrzych und ist von der Landstraße 35 über eine asphaltierte Waldpiste erreichbar. Im benachbarten Fachwerkbau befindet sich Polens renommiertestes Hengstgestüt.

**57 km südwestlich von Wrocław**

## Legnickie Pole/ Wahlstatt

→ S. 178, C 10

Über die Industriestadt Legnica gelangt man ins 12 km südöstlich gelegene Legnickie Pole mit einer »ultrabarocken« Benediktinerabtei (1731): Alles scheint in Bewegung, keine gerade Linie ist hier zu entdecken. In einer zweiten gotischen Kirche wird an die Schlacht erinnert, die hier am 9. April 1241 stattfand: Ein 10 000 Mann starkes deutsch-polnisches Heer stellte sich den Mongolen entgegen und erlitt eine vernichtende Niederlage (Muzeum Bitwy Legnickiei; Mo/Di geschl.).

**62 km westlich von Wrocław**

## Opole

→ S. 179, E 10

Die Hauptstadt des Oppelner Landes lohnt einen Zwischenstopp. Vom attraktiven Marktplatz mit seinen pastellfarbenen Barockhäusern ist es nur ein Katzensprung bis zur backsteinernen Kathedrale. Auf der vorgelagerten Oderinsel befindet sich das Amphitheater, wo alljährlich im Juni das »Festival des polnischen Liedes« stattfindet.

**98 km südöstlich von Wrocław**

### Hotels/andere Unterkünfte

**Mercure Opole**

Komforthotel am Eingang zur Altstadt, freundlich geführt und mit hübschem Frühstückscafé.

**ul. Krakowska 57/59; Tel. 0 77/ 4 51 81 00, Fax 4 51 81 99; www.orbis.pl; 102 Zimmer ●●● MASTER VISA**

*Die Stadt Opole liegt an der Oder, die sich in der Stadt teilt und eine kleine Insel bildet, die Wyspa Pasieka. Sehenswert sind außerdem der Marktplatz und das Franziskanerkloster.*

**SERVICE**

**Auskunft**

**Informacja Turystyczna**
ul. Krakowska 15, 45-015 Opole;
Tel. 077/4511987, Fax 4511861;
www.um.opole.pl, Mo–Fr 10–17, Sa 10–13 Uhr

## Pszczyna/Pless

S. 179, F 11

Nur wenige Kilometer vom oberschlesischen Industrierevier entfernt und doch eine ganz andere, idyllisch-ländliche Welt: Der Marktplatz des Städtchens geht fast nahtlos in einen weitläufigen Park über, an dessen Rand ein **Neorenaissanceschloss** steht, an dem der Zweite Weltkrieg spurlos vorübergegangen ist: Die Originaleinrichtung der letzten Besitzer, der mächtigen Familie Hochberg, ist erhalten geblieben und kann besichtigt werden (Muzeum Zamkowe, www.zamek-pszczyna.pl; Mo geschl.).

**240 km südöstlich von Wrocław**

## Świdnica/Schweidnitz

S. 178, C 10

Die Katholiken sind stolz auf ihre Kirche, deren 104 m hoher Turm kilometerweit zu sehen ist. Doch als das herausragende Kunstdenkmal der Stadt gilt nicht sie, sondern die evangelische **Friedenskirche**, ein UNESCO-Weltkulturerbe (Kościół Pokoju; Mo–Sa 9–13 und 15–17, So 15–17 Uhr). Der beeindruckende Kontrast zwischen ihrem unauffälligen Äußeren und dem prachtvollen Inneren geht auf eine Abmachung aus dem Jahr 1648 zwischen dem katholischen Habsburgerkaiser und den schlesischen Protestanten zurück. Gönnerhaft hatte ihnen der Kaiser eine Kirche außerhalb der Stadtmauern gewährt, die allerdings aus Holz, Lehm und Stroh bestehen sollte. Die Protestanten hielten sich an die Auflagen und schlugen ihm dennoch ein Schnippchen: Wer das riesige Gotteshaus betritt, wird von vergoldeten

*In der Nähe des Bahnhofs von Pszczyna liegt das sehenswerte Freilichtmuseum, das Nachbildungen von Holzhäusern aus dem 18. und 19. Jahrhundert zeigt.*

Logen, Skulpturen und illusionistischen Malereien umfangen (Kościół Pokoju; Mo–Sa 9–13 und 15–17, So 15–17 Uhr).
**44 km südwestlich von Wrocław**

## Szklarska Poręba/ Schreiberbau → S. 178, B 10

Ferienort am Fuß des Riesengebirges, im Sommer bei Wanderern und Mountainbikern beliebt, im Winter bei Ski- und Snowboardfahrern. Mit 7 dem Sessellift fährt man auf den 1362 m hohen **Reifträger** (Szrenica), von wo man zu Fuß in acht Stunden die Schneekoppe erreicht (Kolej-Linowa Sudety; ul. Urocza; 9–16 Uhr). Einstündige Touren führen vom Ortszentrum zu zwei imposanten Wasserfällen mitten im Wald: dem **Zackelfall** (Wodospad Kamieńczyka) und dem **Kochelfall** (Wodospad Szklarki).
**128 km südwestlich von Wrocław**

### Hotels/andere Unterkünfte

**Las**
Burgähnliches Drei-Sterne-Haus mit Turm an der Straße nach Jelenia Góra, 4 km östlich vom Stadtzentrum. Mit Internet-Zugang, Sauna, Fitness und Whirlpool.
**Piechowice, ul. Turystyczna 8; Tel. 0 75/7 17 29 55, Fax 7 17 52 52; www.hotel-las.pl; 140 Zimmer ●●● CREDIT**

### Essen und Trinken

**Młyn św. Łukasza/Lukasmühle**
Wunderschön gelegen am Fluss, nach der Restaurierung hoffentlich wieder eine gute Adresse für schlesische Küche.
**ul. 1 Maja 16; Tel. 0 75/7 17 55 52 ●**

**Muzeum Ziemi**
Im »Museum der Erde« gibt es Mineralien aus aller Welt, außerdem mundgeblasenes und kristallenes Glas aus dem Riesengebirge.
**ul. Jeleniogórska 9; tgl. 10–18 Uhr.**

*Seit 1959 sind Teile des Riesengebirges als Nationalpark geschützt. Dazu gehört auch der eindrucksvolle Kochelfall.*

### Service

**Auskunft**
Informacja Turystyczna
Kompetente Infos zu Unterkünften und Ausflügen.
**ul. Jedności Narodowej 3; 58-580 Szklarska Poręba; Tel. 0 75/7 17 24 49, Tel./Fax 7 17 24 94; www.szklarskaporeba.pl; Mo–Fr 8–18, Sa–So 9–16 Uhr.**

## Trzebnica/Trebnitz → S. 179, D 9

Wallfahrtsort der Schutzheiligen Schlesiens: Nachdem Herzogin Hedwig (poln. Jadwiga) sieben Kinder geboren hatte, beschloss sie, in dem von ihr 1202 gegründeten Zisterzienserkloster ein asketisch-karitatives Leben zu führen. Für ihren Beitrag zur Ausbreitung des Christentums im damals heidnischen Schlesien wurde sie 1267 heilig gesprochen. Das noch heute von Nonnen geführte Kloster ist mittlerweile ein Pflegeheim, die zugehörige Kirche wurde im 17. Jh. zur »Perle des Barock« aufpoliert.
**25 km nördlich von Wrocław**

# Der Südosten

## Von Krakau, der Kulturhauptstadt Polens, erreicht man in nur zwei Stunden die Karpaten.

*Repräsentativer Blickfang auf dem Großen Marktplatz von Krakau: die lang gestreckten Tuchhallen mit ihren markanten Spitzbogenarkaden im Erdgeschoss. Zum Sonnenuntergang gibt es in der Stadt keinen schöneren Treff.*

Die meisten Besucher kommen von Krakau nicht mehr los, unternehmen bestenfalls Tagesausflüge nach Auschwitz, ins Salzbergwerk Wieliczka und nach Zakopane in der Hohen Tatra. Würden sie dagegen weiter in Richtung Osten fahren, wären sie bestimmt begeistert: Über alte Handelsstädte wie Tarnów und Przemyśl geht es in die Gebirgslandschaft der Beskiden, die mit ihrer Einsamkeit und ihren orthodoxen Holzkirchen einen besonderen Reiz ausübt. Ihr schönster Teil sind die Waldkarpaten (Bieszczady) im Dreiländereck Polen–Ukraine–Slowakei. Im Rahmen einer gesonderten Tour (→ Routen und Touren, S. 154) wird diese Region, die von der UNESCO zum Biosphärenreservat erklärt wurde und in der es noch Bären und Wölfe gibt, vorgestellt.

## Kraków/Krakau

→ S. 180, A 15

733 000 Einwohner
Stadtplan → S. 130/131

»Halb so groß wie Warschau, doch doppelt so lebendig«: Keine andere Stadt in Polen wirkt so schön und 8 schwungvoll wie Krakau. Sie war die Hauptstadt Polens, als das Land noch groß und mächtig war und im 16. Jh. seine »goldene Zeit« erlebte. In dieser Epoche entstanden in Krakau mehr als hundert Kirchen und Klöster, das Schloss auf dem Wawel und viele Adelspaläste, eine traditionsreiche Universität und Europas größter Marktplatz. Die elegante Architektur inspiriert ein Lebensgefühl der Bohème, der Künstler wird in Krakau mehr geschätzt als der clevere Geschäftsmann. Zur Kultur des Genusses gehören Jazzbars und Keller-Cabarets, vor allem aber die Cafés, von denen viele noch aus der Habsburger Zeit stammen. »Wenn ein Krakauer ins Café geht, werden es immer vier Stunden«, meint Andrzej Mleczko, Polens Top-Cartoonist, der in der Stadt verwurzelt ist. Man genießt das Gespräch und die Geselligkeit, das Sehen und Gesehenwerden. Freilich täuscht die schöne Oberfläche darüber hinweg, dass die Stadt eine Hochburg der Kleriker und Konservativen ist – nicht umsonst war Karol Wojtyła, bevor er Papst wurde, in Krakau Erzbischof. Viele junge Leute kehren der glanzvollen Altstadt den Rücken und ziehen ins ehemals jüdische Kazimierz, das sich zum lebendigen Szene-Viertel entwickelt hat.

### Hotels/andere Unterkünfte

**Amadeus** → S. 130/131, d 3
Hotel in einem Barockpalais wenige Schritte vom Markt entfernt. Zum Namen passt das Interieur mit verspielten Stilmöbeln und Kandelaberlüstern. Die Zimmer sind freundlich und hell, die Suiten verfügen über Jacuzzi-Wanne. Das Frühstücksbüfett wird im stilvollen Kellergewölbe eingenommen, im Leseraum liegt internationale Presse aus.
**ul. Mikołajska 20; Tel. 0 12/4 29 60 70, Fax 4 29 60 62; www.hotel-amadeus.pl; 22 Zimmer ●●●● CREDIT ♿**

**Sheraton** → S. 130/131, a 2
Fünf-Sterne-Hotel am Fuß des Wawel, klassisch gestylte Zimmer mit Weichselblick, dazu ein imposantes Atrium und ein Hallenbad.
**ul. Powiśle 7; Tel. 0 12/6 62 10 00, Fax 6 62 11 00; www.sheraton.com/krakow; 233 Zimmer ●●●● CREDIT ♿**

**Holiday Inn** → S. 130/131, d 3
Hier genießt man Komfort, wie man ihn von einem Vier-Sterne-Haus dieser Kette erwartet: geräumig-elegante Zimmer, dazu ein hervorragendes Frühstücksbüfett.
**ul. Wielopole 4; Tel. 0 12/6 19 00 00, Fax 6 19 00 05; www.globalhotels.pl; 154 Zimmer ●●● CREDIT ♿ 🐕**

**Voyage** → S. 130/131, e 6
Preiswerte Unterkunft im Herzen von Kazimierz: funktionale, saubere Zim-

mer mit Bad, Familien wählen zwei benachbarte Räume mit Zwischentür.
**ul. Szeroka 7; Tel. 0 12/4 31 04 51, Fax 4 31 04 42; www.voyage.travel.pl, 12 Zimmer ●● MASTER VISA**

### Spaziergang

Der klassische Eingang zur Altstadt erfolgt über die Backsteinfestung **Barbakane**, einem Teil der einstigen Befestigungsmauer. Dort passiert man das **Florianstor** (Brama Floriańska), durch das die polnischen Könige früher in die Stadt zogen. Danach gelangt man auf die geschäftige Floriańska, die geradewegs zum **Großen Marktplatz** (Rynek Wielki) führt. Mit 200 qm ist er Europas größter im Mittelalter angelegter Platz. Seine Weite ist beeindruckend, obgleich er doch der Länge nach von den **Tuchhallen** (Sukiennice) durchschnitten und von der gewaltigen **Marienkirche** flankiert ist. Im Sommer wird der Platz von einem Kranz bunter Terrassencafés gesäumt – rund um die Uhr herrscht hier buntes Leben: Es wird flaniert und geflirtet, nirgendwo in Polen werden mehr Blumen verkauft.

Vom Platz zweigen 13 Straßen ab, eine davon ist die Św. Anny, die ins Universitätsviertel führt. Das älteste Gebäude der Alma Mater ist das **Collegium Maius**, lohnenswert ist ein Blick in den gotischen Arkadenhof. Über die Verlängerung der Jagiellońska geht es zum **Parkgürtel Planty**, der die Altstadt wie ein Zauberring umschließt. Hinter der **Franziskanerkirche** (Kościół Fraciszkanów) biegt man links ein, hält sich dann rechts und gelangt über die Poselska zur stimmungsvollen Kanonikergasse (ul. Kanonicza). Auf halber Strecke erlaubt sie links einen Abstecher zur **Peter-und-Paul-Kirche**, deren Eingang zwölf Apostelfiguren schmücken. Zurück auf der Kanonicza, gelangt man geradewegs zum **Wawel**, mit **Königsschloss** und **Kathedrale** – Polens Sehenswürdigkeit Nr. 1.
**Dauer: 1,5 Stunden**

## MERIAN-Tipp

### 8 Jüdisches Festival in Krakau

Ende Juni kommen Musiker aus aller Welt nach Krakau, um zu zeigen, wie vital jüdische Musik ist. Der Bogen spannt sich vom Chor der Großen Jerusalemer Synagoge über Hasidic New Wave bis zu fetzigen Rhythmen von Klezmer Madness. Doch damit nicht genug: Workshops laden ein, jiddisch sprechen, kochen und tanzen zu lernen, Ausstellungen machen mit vergangenen und neuen Kunstformen vertraut. Höhepunkt ist das Abschlussfest »Shalom« auf der Szeroka, bei dem die ganze Nacht gefeiert wird (www.jewishfestival.pl).

→ S. 130/131, e 5-e 6

### Sehenswertes

**Jüdisches Viertel Kazimierz/ Dzielnica Żydowska Kazimierz**

→ S. 130/131, e 5-e 6

In Kazimierz, südöstlich des Wawel, lebten von 1495 bis 1941 hauptsächlich Juden. Im Zweiten Weltkrieg wurden fast alle jüdischen Bewohner von den deutschen Besatzern ermordet. Erst mit Steven Spielbergs am Originalschauplatz gedrehten Film »Schindlers Liste« (1993) ist das Interesse am Viertel wieder erwacht. Auf der Szeroka, Kazimierz' Hauptplatz, entstanden Lokale, die an jüdische Traditionen anknüpfen. Ob Ariel oder Alef, Anatewka oder Klezmer Hois – überall genießt man Purim-Hähnchen bei Kerzenschein und lauscht Klezmer-Musik, am schönsten vorgetragen von »Kroke«. Tritt man auf die Straße, wird man mit Kazimierz' Umbruch konfrontiert: Straßen werden herausgeputzt und Synagogen saniert. Zur **Alten Synagoge** gehört ein Museum zum Judaismus (ul. Szeroka 24; Mi–Do 9–15.30, Fr 11–18, Sa–So 9–15 Uhr), zur **Popper Synagoge** eines zu Galizien (Muzeum Galicyjskie; ul. Dajwór 18; www.galiciajewishmuseum.org; tgl. 9–18 Uhr). In der **Isaak Synagoge** laufen Dokumentarfilme aus dem Krakauer Ghetto (ul. Kupa 16; So-Fr 9–19 Uhr). Die **Remuh Synagoge**, die einzige, in der noch Gottesdienste stattfinden, grenzt an den **Alten Friedhof**, auf dem mehrere »Wunderrabbis« beigesetzt sind (ul. Szeroka 16; Mo–Fr 9–16 Uhr). Im **Zentrum für jüdische Kultur** auf dem »Neuen Platz« gibt es oft interessante Ausstellungen (pl. Nowy, www.judaica.pl; Mo–Fr 10–18 Uhr), in den umliegenden Café-Bars trifft sich Krakaus Alternativszene (Straßenbahn 1, 6 und 8).

**Königsschloss Wawel & Kathedrale/Zamek Królewski na Wawelu i Katedra** S. 130/131, b 5-c 5

Das befestigte Schloss hoch über der Weichsel war von 1038 bis 1596 Residenz von Polens Regenten. Die »Königlichen Gemächer« sind mit wertvollen Bildteppichen (»arrasy«), Möbeln und Gemälden eingerichtet, in der Schatzkammer hängt das Krönungsschwert. Die Ausstellung »Der verschollene Wawel« informiert über 50 000 Jahre menschlicher Siedlung auf dem Berg, die Galerie orientalischer Kunst zeigt Beutestücke aus den Türkenkriegen. Imposant ist die ans Schloss grenzende Kathedrale, die alle Stile von der Gotik bis zum Barock vereint. Bis zur Aufhebung der Monarchie 1795 diente sie als königliches Mausoleum, danach wurden hier Nationalhelden beigesetzt.

**Schloss: Mo–Sa 9.30–15, So 10–15 Uhr; Kathedrale: Mo–Sa 9–15, So 12.15–15 Uhr; www.wawel.krakow.pl; Eintritt: 12 € (Einzeltickets preiswerter)**

**Marienkirche/Koßcól Mariacki** S. 130/131, c 2

Wertvollstes Stück der gotischen Backsteinkirche ist der von Veit Stoß geschnitzte Hochaltar, der Mariä Entschlafung realistisch in Szene setzt. Im Sommer kann man den Kirchturm besteigen und den Trompeter besuchen, der zu jeder vollen Stunde den »Hejnal« in alle Himmelsrichtungen bläst.

**pl. Mariacki 5; Mo–Sa 11.30–18, So 14–18 Uhr**

*Seit etwa zehn Jahren erlebt der Bezirk Kazimierz, das Jüdische Viertel Krakaus, eine Phase des Um- und Aufbruchs: Vielerorts entstehen neue Lokale, die sich auf jüdische Tradition besinnen.*

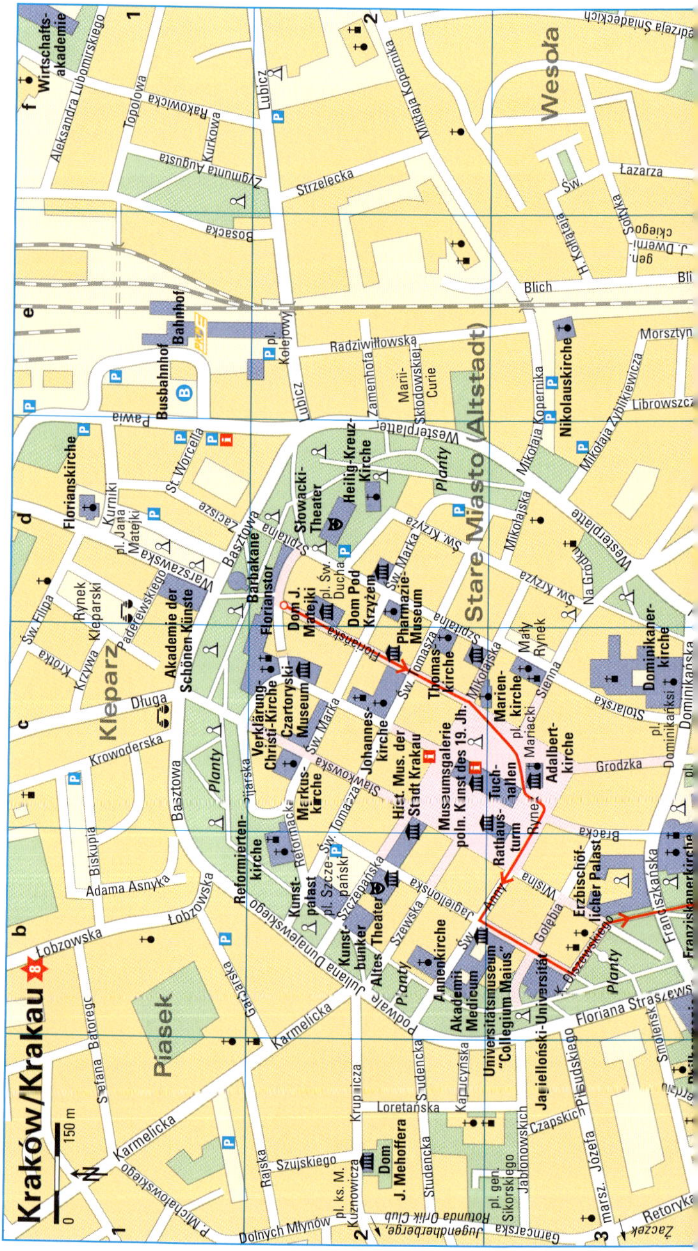
Kraków/Krakau
8
0
150 m
N
Wirtschafts-akademie
Aleksandra Lubomirskiego
Topolowa
Rakowicka
Kurkowa
Zygmunta Augusta
Bosacka
Lubicz
Strzelecka
Mikołaja Kopernika
Wesoła
Łazarza
Św.
Sołtyka
H. Kołłątaja
gen. J. Dwernickiego
Blich
Bahnhof
Busbahnhof
pl. Kolejowy
Radziwiłłowska
Zamenhofa
Marii-Skłodowskiej-Curie
Nikolauskirche
Morsztyn
Mikołaja Zyblikiewicza
Librowszcz
Pawia
Westerplatte
St. Worcella
Floriańskirche
Kurniki
pl. Jana Matejki
Zacisze
Warszawska
Słowacki-Theater
Heilig-Kreuz-Kirche
Planty
Stare Miasto (Altstadt)
Mikołajska
Św. Krzyża
Na Gródku
Św. Filipa
Rynek Kleparski
Paderewskiego
Akademie der Schönen Künste
Basztowa
Barbakane
Floriantor
Szpitalna
Dom J. Matejki
pl. Św. Ducha
Dom Pod Krzyżem
Św. Marka
Pharmazie-Museum
Floriańska
Mały Rynek
Dominikanerkirche
Krótka
Krzywa
Kleparz
Długa
Krowoderska
Verklärung-Christi-Kirche
Czartoryski-Museum
Johanneskirche
Św. Tomasza
Thomaskirche
Marienkirche
pl. Mariacki
Sienna
Stolarska
pl. Dominikański
Dominikańska
Sławkowska
Hist. Mus. der Stadt Krakau
Museumsgalerie poln. Kunst des 19. Jh.
Tuchhallen
Adalbertkirche
Grodzka
Rynek
Rathausturm
Bracka
Markuskirche
Reformacka
Reformiertenkirche
pl. Szczepański
Kunstpalast
Altes Theater
Kunstbunker
Szczepańska
Jagiellońska
Szewska
Annenkirche
Św. Anny
Wiślna
Gołębia
Erzbischöflicher Palast
Franciszkańska
Franziskanerkirche
Biskupia
Adama Asnyka
Łobzowska
Garbarska
Juliana Dunajewskiego
Podwale
Akademii Medicum
Universitätsmuseum "Collegium Maius"
Jagielloński-Universität
K. Olszewskiego
Floriana Straszewskiego
Smoleńsk
Piasek
Stefana Batorego
Karmelicka
Krupnicza
Loretańska
Studencka
Kapucyńska
Piłsudskiego
Jabłonowskich
Czapskich
Dom J. Mehoffera
Szujskiego
Rajska
pl. ks. M. Kuznowicza
pl. gen. Sikorskiego
marsz. Józefa
P. Michałowskiego
Dolnych Młynów
Jugendherberge, Rotunda Orlik Club
Garncarska
Retoryka
Zaczek
1
2
3
b
c
d
e
f

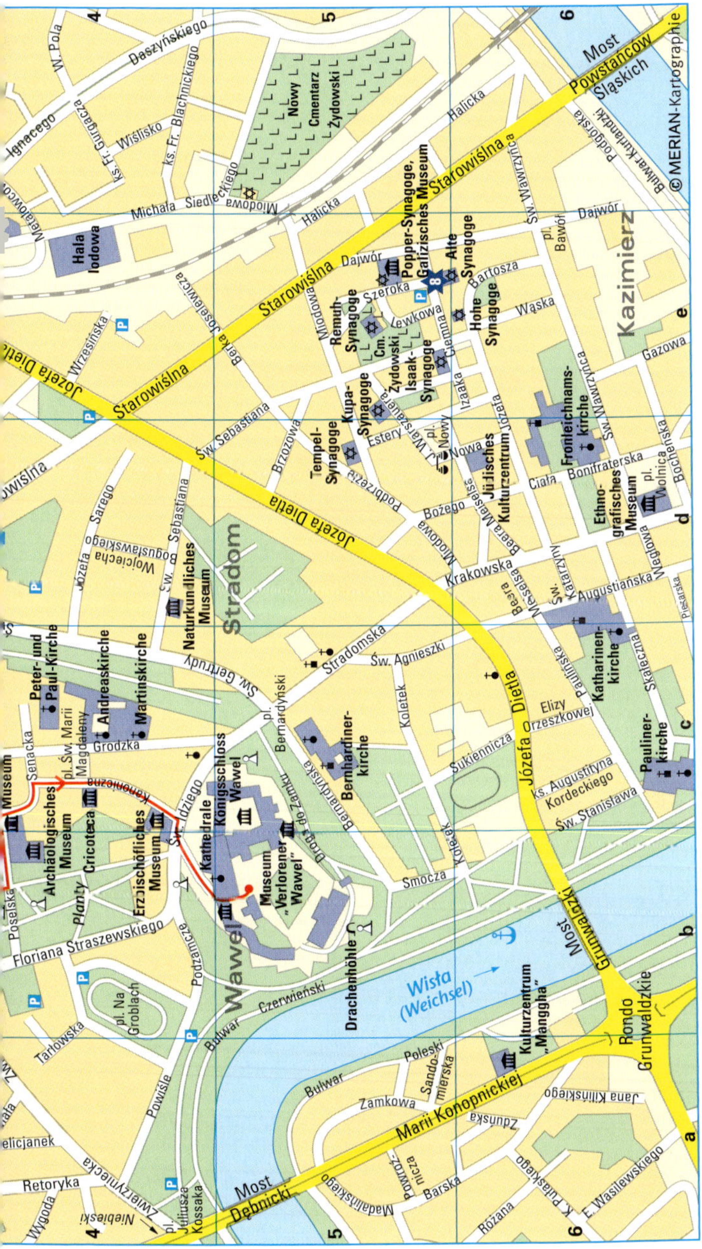
Kazimierz
Stradom
Wawel
Nowy Cmentarz Żydowski
Hala lodowa
Popper-Synagoge, Galizisches Museum
Alte Synagoge
Hohe Synagoge
Remuh-Synagoge
Isaak-Synagoge
Kupa-Synagoge
Tempel-Synagoge
Jüdisches Kulturzentrum
Fronleichnams-Kirche
Ethno-grafisches Museum
Katharinen-kirche
Pauliner-Kirche
Bernhardiner-kirche
Naturkundliches Museum
Peter- und Paul-Kirche
Andreaskirche
Martinskirche
Archäologisches Museum
Cricoteca
Erzbischöfliches Museum
Kathedrale
Königsschloss Wawel
Museum „Verlorener Wawel"
Drachenhöhle
Wisła (Weichsel)
Kulturzentrum „Manggha"
Most Grunwaldzki
Most Powstańców Śląskich
Most Dębnicki
Rondo Grunwaldzkie
Józefa Dietla
Starowiślna
Krakowska
Stradomska
Szeroka
Miodowa
Dajwór
Halicka
Marii Konopnickiej
Bulwar Czerwieński
Floriana Straszewskiego
Grodzka
Planty
© MERIAN-Kartographie

*An der Ostseite des Marktplatzes steht die dreischiffige Marienkirche. Ungewöhnlich sind ihre beiden unterschiedlich hohen Kirchtürme, einer ist 69 Meter hoch, der andere 81 Meter.*

MUSEEN

**Archäologisches Museum/ Muzeum Archeologiczne**

→ S. 130/131, b 4

Fundstücke von der Steinzeit bis zum Mittelalter in einem ehemaligen Kloster. Eine Oase der Ruhe ist der Klostergarten.

ul. Poselska 3; Mo, Mi, Fr 9–14, Di, Do 14–18, So 10–14 Uhr; Eintritt 2,50 €

**Czartoryski-Museum/ Muzeum Czartoryskich**

→ S. 130/131, c 2

Hochkarätige Kunstsammlung einer polnischen Magnatenfamilie: Gemälde von Cranach d. Ä. und Dürer, Pieter und Jan Breughel sowie Rembrandt. Hinter Panzerglas hängt die »Dame mit dem Hermelin« von Leonardo da Vinci.

ul. Św. Jana 19; Di–Fr 9–15, Sa–So 10–15.30 Uhr; www.mueum-czartoryskich.krakow.pl; Eintritt 2,50 €

**Erzbischöfliches Museum/ Muzeum Archidiecezjalne**

→ S. 130/131, c 4

Ein Gedenkraum erinnert an Papst Johannes Paul II., früher Karol Wojtyła, der im Palast viele Jahre als Erzbischof verbrachte.

ul. Kanonicza 19; Di–Sa 10–15 Uhr

**Historisches Museum der Stadt Krakau/Muzeum Historyczne Miasta Krakowa**

→ S. 130/131, b 2/c 2

Stadtgeschichte von den Anfängen bis zur Gegenwart, darunter auch das erste Panorama der Stadt. Außerdem eine Ausstellung bizarrer Krakauer Weihnachtskrippen.

Rynek Główny 35; Di–Mi 9–15.30, Do 11–18, Fr–So 9–15.30 Uhr

**Museumsgalerie polnischer Kunst des 19. Jh./Galeria Sztuki Polskiej XIX wieku** ⟶ S. 130/131, c 2
Einblick in die polnische Seele: großformatige Historienbilder von der Romantik bis zum Realismus, darunter Werke des Nationalmalers Jan Matejko (1838–93).
Sukiennice, Rynek Główny 1; Di–Mi 10–15.30, Do 10–18, Fr–So 10–15.30 Uhr; Eintritt 2,50 €

**Museumsgalerie polnischer Kunst des 20. Jh./Galeria Sztuki Polskiej XX wieku** ⟶ S. 130/131, c 2
1 km westlich der Altstadt: Polens Moderne in einem Monumentalbau im Stil der Neuen Sachlichkeit.
al. 3 Maja 1; www.muzeum.krakow.pl; Di 10–15.30, Mi 10–18, Do–So 10–15.30 Uhr; Eintritt 2,50 €

**Universitätsmuseum Collegium Maius/Muzeum Uniwersytetu Collegium Maius** ⟶ S. 130/131, b 2
Klosterähnliches Backsteingebäude, ältester Teil der 1364 gegründeten Universität. Mit Bibliothek, Schatzkammer und Kopernikus-Raum, in dem Krakaus berühmtestem Studenten gehuldigt wird.
ul. Jagiellońska 15; Führung in Gruppen Mo–Fr 11–14.30, Sa 11–13.30 Uhr; Eintritt 2,50 €

## Essen und Trinken

**Wierzynek** ⟶ S. 130/131, c 3
Legendares Lokal am Markt: Seit Kaufmann Wirsing 1364 ein Festessen für gekrönte Häupter gab, werden hier Staatsgäste bewirtet, das Gästebuch ist ein Who's who der Weltpolitik. Mit Balkendecken, Fresken und Orientteppichen strahlen die Räume eine warme Atmosphäre aus, zu der die altpolnische Wildküche passt. Köstlich schmecken Hase mit Trüffeln, Rehfilet mit steinpilzgefüllten Piroggen und Wildschweinblätter auf Rotkohl.
Rynek Główny 15; Tel. 0 12/4 22 10 35; www.wierzynek.com.pl ●●● CREDIT

**Cłopskie Jadło** ⟶ S. 130/131, c 3
Inspiriert vom Mittelalter: dunkle Kellergewölbe, deftige Portionen polnischer Küche. Vorneweg gibt's gratis Schmalzbrot, Käse und Nüsse, abends oft Livemusik.
ul. Grodzka 9; Tel. 0 12/4 29 61 87 ●● CREDIT

**Chimera** ⟶ S. 130/131, b 2
Beliebte Salatbar, in der man sich die knackig frische Ware nach eigenem Gusto zusammenstellen kann. Im Sommer sitzt man im Innenhof, im Winter im Kellergewölbe.
ul. Św. Anny 3; Tel. 0 12/4 23 21 78, www.chimera.com.pl ●/●●

**Café Jama Michalika** ⟶ S. 130/131, d 2
Seit dem 19. Jh. eine Krakauer Institution: schummriges Fin-de-Siècle-Ambiente, Sofas zum Versinken und leises Gemurmel. Außer köstlichem Kuchen gibt es Frühstücksgedecke und kleine pikante Gerichte.
ul. Floriańska 45

*Früher trafen sich im Jama Michalika Künstler und Schauspieler.*

**Café Camelot** ⟶ S. 130/131, c 2
Einen Steinwurf vom Markt, eingerichtet mit naiven Skulpturen und Bildern. Beliebt ist die Sommerterrasse, auf der appetitliche Kuchen, Salate und Baguettes serviert werden.
Św. Tomasza 17

**Am Abend**
Nirgends in Polen ist das Nachtleben abwechslungsreicher als Krakau. Livejazz feiert seine Renaissance in der **Harris Piano Jazz Bar** (Rynek Główny 28, ···› B 2), im **Jazz Club U Muniaka** (ul. Floriańska 3, ···› C 2), im **Piec'Art** (ul. Szewska 12, ···› B 3) oder im studentischen **Pod Jaszczurami** (Rynek Główny 8, ···› C 3). Gern trifft man sich auch abends in einem der vielen Keller-Clubs, etwa im gepflegten **Ratusz** (Rathauskeller, Rynek Główny s/n, ···› B/C 3), im verräucherten **Pod Baranami** (Rynek Główny 27, ···› B 3) oder im subversiven **Krzysztofory** (ul. Szczepańska 2, ···› B/C 2).

Überreich ist auch das Kulturangebot, über das ein Büro in ul. der Św. Jana 2 Auskunft erteilt. Den Wahlkrakauer Nigel Kennedy erlebt man oft in der **Philharmonie** (Filharmonia (ul. Zwierzyniecka 1), vorwiegend Oper & Ballett bietet das **Słowacki-Theater**, eine Miniaturausgabe der Pariser Oper (Teatr Słowackiego, ul. Św. Ducha 1).

**MERIAN-Tipp**

**9 Floßfahrt in den Pieninen**

Startpunkt ist Kąty 14 km westlich von Szczawnica: Sobald sich zehn Personen eingefunden haben, besteigt man das aus ausgehöhlten Baumstämmen bestehende Boot. Mit kräftigem Schlag bugsiert ein Flößer das Gefährt in die Mitte des Dunajec, wo es von der Strömung erfasst wird und wie von selbst durch die Fluten gleitet. Man passiert schindelgedeckte Höfe, später reichen grau verwitterte Klippen dicht ans Ufer heran. Nach etwa zwei Stunden endet die Fahrt in Szczawnica, wo die Gäste auf Wunsch mit Minibus zum Startpunkt zurückgebracht werden.

Przystań Flisacka; Kąty/Sromowce Niżne; Tel. 018/2629721, Fax 2629793; www.flisacy.com.pl; tgl. Mai–Sept. 8.30–16 Uhr; Preis ca. 10 €

···› S. 180, B 16

**Einkaufen**

**Galeria Plakatu Dydo** ···› S. 130/131, C 3
Vertreter der international renommierten Polnischen Plakatschule zu günstigen Preisen.
ul. Stolarska 8

**Galeria Sztuki Naiwnej i Ludow** ···› S. 130/131, C 3
Galerie naiver Kunst aus allen Teilen Polens, nur wenige Schritte vom Markt: mit knallbunten Holzskulpturen, Glasmalereien und originellen Mobili.
Kiełbaśnicza 31

**Rynek Kleparski** ···› S. 130/131, C 1
Auf dem Markt nördlich der Altstadt verkaufen Bäuerinnen frisches Obst und Gemüse, Waldpilze und Kräuter, geräucherten und handgeschöpften Käse (Mo–Sa, 8–14 Uhr).
Rynek Kleparksi

**Sukiennice** ···› S. 130/131, C 2/3
Kunsthandwerk und Kitsch in den basarähnlichen Tuchhallen.
Rynek-Sukiennice

**Service**

**Auskunft**

**Informacja Turystyczna Jordan**
Freundlich-kompetent, Vermittlung von Privatzimmern.
ul. Pawia 8; 31-004 Kraków; Tel. 012/4226091, Fax 4291768; www.jordan.krakow.pl; Mo–Fr 8–18, Sa 9–14 Uhr

## Ziele in der Umgebung

## Oświęcim/Auschwitz

···› S. 179, F 11

Größtes ehemaliges deutsches Arbeits- und Vernichtungslager, zugänglich als **Staatliches Museum**

**Auschwitz.** Eingerichtet wurde das Lager 1940 am Rand des oberschlesischen Industriereviers auf Initiative des Chemie-Konzerns IG-Farben, der Mutterfirma von Bayer und BASF, zwecks Herstellung synthetischen Kautschuks. Bald wurde in den 39 Unterlagern nicht nur Kunststoff produziert, sondern alles, was für die deutsche Kriegsindustrie wichtig war. Als Arbeitssklaven dienten v.a. Juden, aber auch Sinti, Roma und Homosexuelle, polnische Priester und Intellektuelle. Der Rundgang beginnt am Auschwitzer Eingangstor mit der Aufschrift »Arbeit macht frei« und führt über Medizinalabteilungen für Menschenversuche, Gaskammern und andere Hinrichtungsstätten bis zu den Krematorien, in denen die Leichen verbrannt wurden. Mehrmals täglich wird ein 15-minütiger Dokumentarfilm, auch in deutscher Sprache, über die Befreiung des Lagers durch die Sowjet-Armee am 27. Januar 1945 gezeigt. Im Juli/August gibt es stündlich eine Busverbindung nach Birkenau, dem 1942 errichteten, 2 km entfernten Vernichtungslager.

**Państwowe Muzeum w Oświęcimiu, ul. Więźniów Oświęcimia 20; Tel. 0 33/8 44 81 02, Fax 8 43 19 34; www.auschwitz-muzeum.oswiecim.pl; tgl. 8–16 Uhr, im Sommer länger; Kindern unter 12 Jahren wird vom Besuch abgeraten.**
**54 km westlich von Kraków**

## Pieniny/Pieninen

S. 179, B 16

Kleiner, schroffer Gebirgszug zwischen Hoher Tatra und Sandezer Beskiden, seit 1954 als Nationalpark geschützt. Er wird vom Dunajec durchflossen, der sich hier ein tiefes Bett ins Gestein geschnitten hat. Seit sein Wasser gestaut wird, hat er allerdings an Gewalt verloren. Der Stausee erstreckt sich am Westrand des Nationalparks zwischen den Grenzburgen **Czorsztyn** und **Niedzica.** Im Osten des Nationalparks liegt der Kurort **Szczawnica,** von dem man auf markierten Wegen den aussichtsreichen Drei-Kronen-Berg (982 m) besteigen kann.
**71 km südlich von Kraków**

*Auf einer organisierten Floßfahrt erlebt man den wildromantischen Dunajec, einen Gebirgsfluss unterhalb der Gipfel des Pieniny-Gebirges.*

MERIAN-Tipp

### 10 Wandern in den Waldkarpaten

Wo sich Bär und Wolf »Gute Nacht« sagen, schnürt man die Schuh': Eine der urwüchsigsten Naturlandschaften Europas sind die Bieszczady, die Waldkarpaten, seit 1992 UNESCO-Biosphärenreservat. Schon auf 1000 m Höhe wird der dichte Buchenwald von Hochsteppe abgelöst, und es eröffnen sich aussichtsreiche Kammwanderungen. Trotz aller Einsamkeit sind die Wege bestens markiert; auf der in Buchläden erhältlichen Karte »Bieszczadzki Park Narodowy« (Maßstab 1:50 000) sind sie eingetragen. Gute Ausgangspunkte sind die Dörfer Ustrzyki Górne und Wetlina mit mehreren Unterkünften. Der schönste Wandermonat ist der September, wenn die Buchenwälder gold-rot aufleuchten.

→ S. 181, D 16

## Przemyśl

→ S. 181, D 15

Tausendjährige, habsburgisch geprägte Grenzstadt im Vorland der Karpaten. Vom Ufer des San zieht sich Przemyśl terrassenförmig einen Hang empor, der von einer **Burg** (Zamek) gekrönt wird. Treffpunkt der Altstadt ist der »galizische« **Marktplatz** (Rynek) mit kleinen Lokalen, Terrassencafés und der Touristeninformation. Von hier zweigen steile Gassen ab, an denen ein halbes Dutzend Kirchen stehen, darunter zwei **Kathedralen**, die der Katholiken und die der Unierten. Die starke unierte bzw. orthodoxe Minderheit ist in der Stadt nicht wohl gelitten: Man wirft ihr vor, sie identifiziere sich mehr mit ihrem »Mutterland« Ukraine als mit Polen. Die meisten Besucher merken von derlei Spannungen jedoch nichts. Nach einer Stippvisite in Przemyśl fahren sie via **Krasiczyn** (→ MERIAN-Spezial »Ehemalige Schlösser und Gutshäuser«, S. 18) in die Bieszczady, ein wild-herbes Gebirge im Dreiländereck Polen, Slowakei und Ukraine (→ Routen und Touren, S. 154).

**250 km östlich von Kraków**

HOTELS/ANDERE UNTERKÜNFTE

**Europejski**

Zwischen Bahnhof und Altstadt zentral gelegenes und freundlich geführtes Haus.

**ul. Sowińskiego 4; Tel. 0 16/6 75 71 00, Fax 6 76 86 93; www.hotel-europejski.vel.pl; 29 Zimmer ●● MASTER VISA**

## Rzeszów

→ S. 180, C 15

Die Hauptstadt der Provinz Podkarpackie (Vorkarpaten) hat Besuchern bislang nur wenig zu bieten: Außer dem Marktplatz mit seinen Bürgerhäusern und dem schlossartigen Rathaus gibt es ein Piaristenkloster, das polnische Kunst vom 18. bis 20. Jh. zeigt (Muzeum Okręgowe, ul. 3 Maja 19; Mo und Sa geschl.). Gleichfalls im Süden der Altstadt: das barocke Sommerpalais der Adelsfamilie Lubomirski (heute Musikakademie), der einst die ganze Gegend gehörte. In **Łańcut**, 18 km östlich von Rzeszów gelegen, residierte diese Familie in einem prächtigen Schloss aus der zweiten Hälfte des 16. Jh., das heute als Museum dient (→ MERIAN-Spezial »Ehemalige Schlösser und Gutshäuser«, S. 18).

HOTELS/ANDERE UNTERKÜNFTE/ ESSEN UND TRINKEN

**Karczma pod Kaczuchą**

Rustikaler Gasthof mit deftiger Regionalküche in einem alten Bürgerhaus, nur drei Schritte vom Marktplatz entfernt. Die Zimmer sind gemütlich eingerichtet und haben sogar Internet-Zugang.

**ul. Przesmyk 4; Tel./Fax 0 17/8 62 20 74; www.kaczucha.strona.pl, 6 Zimmer ●● MASTER VISA**

## Tarnów

S. 180, B 15

Ein Schtetl wie aus dem Bilderbuch: In der Mitte der verkehrsberuhigten Altstadt liegt der Marktplatz mit freskengeschmückten Arkadenhäusern und dem Rathaus, das oft Ausstellungen zur jüdischen Kultur zeigt (Rynek 1, www.muzeum.tarnow.pl; Mo geschl.). Von der Nordostecke des Platzes führt die »Judengasse« (ul. Żydowska) zu den Relikten der Synagoge; über die Nordwestecke gelangt man zur Kathedrale, in der Mitglieder des mächtigen Tarnowski-Clans beigesetzt sind. Einmalig in Polen ist das ein paar Gehminuten westlich gelegene Ethno-Museum, das sich ausschließlich den Zigeunern widmet. Einmal im Jahr bilden die im Hof stehenden Planwagen die Kulisse für das »Festyń Cygański«, zu dem Sinti und Roma aus ganz Polen anreisen (ul. Krakowska 10; Mo geschl.).

### Hotels/andere Unterkünfte/Essen und Trinken

**U Jana**

Ein Bürgerpalais am Ring, verwandelt in ein stilvolles Hotel: »Bei Jan« alias Herr Kurcharczyk gibt es nur Suiten, die mindestens 150 qm groß sind (für max. 4 Pers.). Empfehlenswert ist auch das angeschlossene Restaurant mit altpolnischer Küche.

**Rynek 14; Tel./Fax 0 14/6 26 05 64; www.hotelujana.rix.pl; 15 Suiten**

**●●/●●● MASTER VISA**

## Wieliczka

S. 180, A 15

800-jähriges **Salzbergwerk**, von der UNESCO zum Weltkulturerbe erklärt. Auf neun Sohlen entstand ein 300 km langes Labyrinth ineinander verschachtelter Stollen, von denen 2 km für Besucher zugänglich sind. Man passiert Kristallgrotten, schwarze Seen und Säle, in deren glitzernde

*Zerklüftete Felsen sind charakteristisch für das Pieniny-Gebirge, eine kurze Kette von Kalksteingipfeln, die zu herrlichen Bergwanderungen einlädt.*

Salzwände Skulpturen gemeißelt wurden. Der größte Saal ist nach Königin Kinga benannt und gibt den Rahmen für festliche Konzerte ab. Sogar ein Sanatorium gibt es unter Tage: Bronchitis- und Asthmakranke fahren täglich hinunter und atmen in der kühlen, bakterienfreien Luft gelöstes Salz (Kopalnia Soli; ul. Daniłowicza 10; Tel. 012/2787302; www.kopalnia.pl; April–Okt. tgl. 7.30–19.30, Nov.–März tgl. 8–16 Uhr; Besuch nur im Rahmen einer 90-minütigen geführten Tour bei 12–14 °C; Eintritt 9 €).

**15 km südöstlich von Kraków**

## Zakopane

S. 180, A 16

Ferienort am Fuß der **Hohen Tatra** (825 m), im Sommer wie im Winter gut besucht. Traditionelle Holzhäuser und greller Kommerz gehen eine nicht immer gelungene Symbiose ein, was angesichts der dahinter liegenden herrlichen Gebirgszacken schmerzt. Flaniermeile des Städtchens ist die von Bars und Cafés gesäumte Krupówki, die an ihrem Nordende in einen Bauernmarkt übergeht. An dessen Rand befindet sich die Talstation der Bergbahn (8.30–19.30 Uhr) auf den 1120 m hohen **Gubałówka**, der die schönste Aussicht auf die schroffe Silhouette der Tatra bietet.

9

Wer höher hinaus will, fährt nach Kuźnice 2 km südöstlich von Zakopane, wo eine Seilbahn auf den Zweitausender **Kasprowy Wierch** hinaufführt (7.30–18 Uhr): Markierte Kammwanderungen eröffnen ein spektakuläres Panorama auf Grate und Gletscher, über das »Tal der fünf Seen« laufen konditionsstarke Wanderer nach Zakopane zurück. Beliebt ist auch ein Ausflug zum Meeresauge (**Morskie Oko**) 20 km südwestlich von

*Oft wird Zakopane als »Polens Winterhauptstadt« bezeichnet, wobei man dem Ferienort damit eigentlich unrecht tut: Denn er ist rund ums Jahr ein beliebtes Urlaubsziel im Tatra-Gebirge.*

Zakopane: Der See liegt im Schatten von Polens höchstem Berg, dem Rysy (2499 m). Den Menschenmassen entkommt, wer den See umrundet und einen Abstecher zum 180 m höher gelegenen Schwarzen Teich (**Czarny Staw**) einschiebt: Die Mühe des Aufstiegs wird mit einem grandiosen Ausblick belohnt! Doch auch Fußfaule finden in Zakopane ein reiches Betätigungsfeld. Das **Tatra-Museum** macht mit alpiner Flora und Fauna vertraut (ul. Krupówki 10; Di–Sa 9–17, So 9–15 Uhr). Ganz aus Holz erbaut sind die **Alte Dorfkirche** und die **Villa Koliba**. Letztere ist ein gutes Beispiel für den »Zakopane-Stil«, Polens einzigen eigenständigen Beitrag zur Architektur (ul. Kościeliska 18; Mi–Sa 9–17, So 9–15 Uhr).

**100 km südlich von Kraków**

*Rund um die Fußgängerzone von Zakopane stehen mehrere Häuser im Zakopane-Stil, bei dem die traditionelle Bauweise durch moderne Elemente wie steinerne Sockel oder Jugendstildekor angereichert wurde.*

### Hotels/andere Unterkünfte

**Belvedere**

»Bel vedere« ist Programm: Die Architekten haben sich einiges einfallen lassen, um aus allen erdenklichen Perspektiven Ausblicke auf die Tatra-Zacken zu eröffnen. Dabei haben sie sich vom traditionellen Zakopane-Stil inspirieren lassen und viel Holz und Naturstein verwendet. Entspannen kann man sich im 25 m langen Hallenbad und in der Sauna. Eigener Rad-, Ski- und Snowboardverleih.

**ul. Droga do Białego 3; Tel. 0 18/2 02 12 00; www.belvederehotel.pl; 175 Zimmer ●●●● CREDIT**

### Essen und Trinken

**Bąkowo Zohylina**

Zwei rustikale Gasthäuser am »unteren« (»niżnio«) und »oberen« (»wyźnio«) Ende der Straße. In beiden gibt es Regionalspezialitäten: Hirschfilet mit Waldpilzen (»filet z jelenia«), Eisbein mit Herz (»golonka z duszą«) und frische Forelle aus hauseigenem Teich (»pstrąg«). Nicht fehlen darf der mit EU-Gütesiegegel ausgezeichnete Tatra-Schafskäse: geräuchert heißt er »oscypek«, gebraten »bacoski«. Im oberen Lokal sitzt man im Sommer im Garten, abends spielt eine Goralen-Kapelle auf.

**ul. Piłsudskiego 6 und 28-A; Tel. 0 18/2 06 62 16; www.zohylina.pl**
**●● MASTER VISA**

### Einkaufen

An der Flaniermeile verkaufen Góralenfrauen, was sie selbst hergestellt haben: geräucherten Schafskäse (»oscypek«), z. B. in Spindelform zum Probieren, außerdem Pullover aus Schafswolle, Gürtel und Taschen aus gegerbtem Leder.

### Service

**Auskunft**

**Informacja Turystyczna**

Vermittlung preiswerter Privatquartiere.

**ul. Kościuszki 17, 34-500 Zakopane; Tel. 0 18/2 01 22 11, Fax 2 06 60 51; www.zakopane.pl; Mo–Sa 8–18, So 9–17 Uhr**

# Routen und Touren

*Die Hohe Tatra ist ganzjährig ein überaus beliebtes Naherholungs- und Urlaubsziel: Im Sommerhalbjahr wandert man auf von Findlingen übersäten Pfaden zu den Gipfeln hinauf, im Winter stehen vielfältige Skiabfahrten zur Auswahl.*

Kulturell und landschaftlich hat Polen viel zu bieten. Sieben detailliert beschriebene Touren führen zu den Höhepunkten des Landes – von den Stränden der Ostsee bis zu den Gipfeln der Waldkarpaten.

# Durch den Slowinzischen Nationalpark – Wandern in der »Polnischen Sahara«

**Charakteristik:** Rastlose Dünen und Meeresufer, verschilfte Seen und dichter Kiefernwald: Die Wanderung durch den Słowiński-Nationalpark führt durch abwechslungsreiche Natur; **Dauer:** 7–8 Std.; **Länge:** 20 km; auf der vor Ort erhältlichen Karte »Słowiński Park Narodowy« (1:50 000) sind alle Wege im Nationalpark eingetragen; **Einkehrmöglichkeit:** In Łeba gibt es Unterkünfte für jeden Geldbeutel; am Ziel bietet die Pension U Bernackkich deftiges Essen und einfache Zimmer (ul. Bohaterów Warszawy 26; Tel. 0 59/8 11 63 64; www.gosciniec.ta.pl; 9 Zimmer •); **Auskunft:** Touristeninformation in Łeba; **Karte:** → S. 175, D 1–E 1

### Rąbka → Łącka-Düne

Der Eingang zum Slowinzischen Nationalpark befindet sich am Parkplatz **Rąbka**, 2 km westlich von Łeba (erreichbar mit Minibus bzw. Taxi). Wer Lust hat, kann von Rąbka im Sommer die ersten drei Kilometer mit Kutsche, Bimmelbahn oder Leihfahrrad zurücklegen. Alsdann signalisiert eine Schranke »Absteigen«, danach geht es nur auf Schusters Rappen weiter. Der Weg verengt sich, ist aber bequem und führt nach 2,5 km zum Fuß der **Łącka-Düne**: Ein knapp 50 m hoher weißer Berg türmt sich auf, aus dem verdorrte Äste längst verschütteter Bäume aufragen. Wer will, packt die Wanderschuhe in den Rucksack und stapft barfuß durch rieselnden Sand hinauf. Oben bietet sich ein überwältigender Blick: ringsum weißer Sand, in den der Wind stets neue Muster malt, landeinwärts der große, silbern glitzernde Łebsko-See und zum Meer hin gewaltige Dünentäler.

### Łącka-Düne → Smołdzino

Auf der Łącka-Düne wendet man sich in Richtung Küste und folgt den rot-

*Das lebhafte Fischerstädtchen Łeba ist bekannt für seine langen und schönen Sandstrände. Auch die schlichten Fischerhäuschen und die Kutter am Hafen tragen zur Urlaubsatmosphäre bei.*

*Westlich von Łeba erstreckt sich der Slowinzische Nationalpark mit seinen eindrucksvollen Wanderdünen.*

weiß gestreiften, in den Sand gerammten Markierungsstangen nordwärts. Kurz vor Erreichen des Meeresufers gabelt sich der Weg. Rechts führt er nach Łeba zurück (→ Rundtour, S. 143), wir folgen dem Weg nach links in westlicher Richtung 9 km die Küste entlang. Das Strandleben bezaubert: Kolonien von Silbermöwen bevölkern das Ufer, manchmal verirrt sich gar eine Robbe hierher. Wird es zu heiß, erfrischt man sich mit einem Sprung ins Wasser.

Sobald der Weg die Küste verlässt, spenden Kiefern, Birken und Erlen wohltuenden Schatten, im Unterholz wachsen Waldbeeren.

Man passiert den Weiler **Czołpino**, 2,5 km danach, knapp südlich des Dłogie-Sees, biegt man in den schwarz markierten Weg ein, der durch Wald zum 3 km entfernten Dorf **Smołdzino** führt. Im Gebäude der Parkdirektion wurde ein Naturkundemuseum eingerichtet (ul. Mostnika 1; Di–So 9–16 Uhr); wer Lust und Kraft hat, kann den 115 m hohen Rowokół besteigen, von dessen Aussichtsturm man den gesamten Nationalpark überblickt.

### Schwierigkeitsgrad

Die Tour ist leicht, aber lang, über weite Strecke verläuft sie durch Sand. Unterwegs gibt es keine Einkehrmöglichkeit, daher sollte man Proviant und v. a. im Sommer viel Trinkwasser mitnehmen. Sonnenschutzmittel, Kopfbedeckung und Badesachen nicht vergessen!

### Varianten

Vom Zielort Smołdzino fahren Busse ins 30 km entfernte Słupsk. Nach Łeba kommt man nur mit Taxi; viele bleiben auch gern am Zielpunkt über Nacht und wandern am nächsten Tag zurück.

### Rundtour

Alternativ ist eine Rundtour mit Start und Ziel in Łeba möglich (12 km, 4,5 Std.). Man folgt der Routenbeschreibung bis zur Łącka-Düne und läuft bis zum Meer, wo man sich rechts hält und dem grün markierten Weg nach Łeba folgt.

# Ins Land der 3000 Seen – Mit dem Auto quer durch Masuren

**Charakteristik:** Bei dieser Rundfahrt lernt man einige kulturelle Sehenswürdigkeiten Masurens kennen: Schlösser, Barockkirchen, Ordensburgen und die »Wolfsschanze«. Weite Strecken führen an Seeufern entlang – immer wieder bietet sich die Möglichkeit, eine Badepause einzulegen; **Dauer:** mindestens 2 Tage; **Länge:** 322 km; **Einkehrmöglichkeit:** In allen größeren Orten findet man Kost & Logis, übernachten kann man z. B. in den Schlössern von Sorkwity und den Hotels von Mikołajki und Giżycko; **Auskunft:** Infostellen gibt es in Olsztyn und Giżycko; **Karte:** → S. 176, A 6-C 6

### Olsztyn → Mikołajki (116 km)

**Olsztyn**, erreichbar über Toruń oder Gdańsk, ist das Eingangstor zu Masuren. Nach Besichtigung der restaurierten Altstadt geht es weiter in Richtung Mrągowo/Mikołajki, unterwegs empfiehlt sich eine Rast in **Sorkwity**: Am neugotischen Schloss, in dem man auch übernachten kann, starten Kanufahrer zur Krutynia-Route (→ Routen und Touren, S. 146). Hinter **Mrągowo** hält man sich rechts (Straße 59) und tritt ein in den **Masurischen Landschaftspark**. Kurz vor Piecki schwenkt man links ein in eine Waldstraße, die das Forsthaus **Pierstawek** passiert. Ein Museum (ausgeschildert) erinnert an den Geburtsort des Autors Ernst Wiechert (Mo–Sa 10–14 Uhr). Nach weiteren 3 km hält man sich rechts, biegt dann links in die 610, um sogleich rechts abzubiegen nach **Krutyń**. In dem Dorf am gleichnamigen Fluss kann man eine Paddelpartie einlegen oder sich durchs Walddickicht staken lassen.

Nächste Station ist das im 19. Jh. von Religionsflüchtlingen aus dem Wolga-Gebiet gegründete **Wojnowo**: Mit seinen Holzkaten, einer Kirche mit

*Das im Tudor-Stil erbaute Backsteinschloss von Sorkwity (→ S. 146) liegt malerisch am Lampackie-See, dem Ausgangspunkt der Krutynia-Kanuroute. Es beherbergt mittlerweile ein Hotel.*

Zwiebelturm und einem Altgläubigenkloster erscheint es wie ein Stück Altes Russland. Von Wojnowo geht es durch eine gewellte Landschaft nordwärts nach Mikołajki. Wer Lust und Zeit hat, besucht unterwegs den Tierpark von **Kadzidłowo** (Abzweig links hinter Nowa Ukta) oder **Iznota** mit seinem »masurischen Eden« (Abzweig rechts vor Bobrówko). In **Mikołajki**, einem Hafenstädtchen mit maritimem Flair, macht man Station: Nach einem Bummel über die attraktive Uferpromenade kann man sich in einem der dortigen Fischlokale stärken.

### Mikołajki → Olsztyn (206 km)

Von Mikołajki geht es nach **Ryn**, wo die Deutschordensburg während der sommerlichen Ritterfestspiele zu höfischem Leben erwacht. Nach weiteren 20 km kommt man in das zwischen zwei »Meeren« gelegene **Giżycko**, den Hauptort des nördlichen Masuren. Anschließend führt die Straße über Pozedrze und Ogonki nach **Węgorzewo**, knickt dann westwärts ein und führt dicht am Seeufer entlang. Hinter dem Weiler Przystań, am sumpfigen Ufer des Mauersees, verbergen sich mehrere, von Efeu

*Das Hafenstädtchen Mikołajki wird in Werbeprospekten gern als »masurisches Venedig« bezeichnet – ein etwas gewagter Vergleich für die zwischen zwei Seen gelegene Stadt.*

überwucherte Bunker aus nationalsozialistischer Zeit. Ein Stück weiter südlich, in Kamionek Wielki, lohnt ein Abstecher nach **Sztynort**: Über eine Allee jahrhundertealter Eichen erreicht man die sehenswerte Ruine des Lehndorffschen Schlosses auf einer Landenge zwischen Mamry- und Dargin-See. Letzter Schlossherr war Graf von Lehndorff, der für seine Beteiligung am Hitler-Attentat 1944 in Berlin-Plötzensee hingerichtet wurde. Das Attentat fand in der nahe gelegenen **Wolfsschanze** statt, dem Hauptquartier Hitlers 1941 bis 1944.

Über die alte Ordensstadt **Kętrzyn** kommt man zum Wallfahrtsort **Święta Lipka** mit der schönsten Barockkirche Nordpolens. **Reszel**, das über einen intakten mittelalterlichen Kern verfügt, ist letzte Station vor **Lidzbark Warmiński**, einer malerisch gelegenen Stadt mit berühmtem Bischofsschloss. Über **Dobre Miasto** geht es danach wieder nach **Olsztyn** zurück.

# Paddeltour auf der Krutynia – Natur pur auf Flüssen und Seen

**Charakteristik:** Die beliebteste Kanuroute Polens führt über 18 Seen, die durch Flüsschen miteinander verbunden sind. Klassischer Startpunkt ist Schloss Sorkwity, beenden kann man die Tour entweder in Mikołajki oder Ruciane Nida; **Dauer:** je nach Fitness 6–10 Tage; **Länge:** 105 km; **Schwierigkeitsgrad:** Aufgrund der geringen Fließgeschwindigkeit der Krutynia ist die Tour auch für Anfänger geeignet. Beim Durchfahren der Seen sollten unerfahrene Paddler möglichst in Ufernähe bleiben. An einigen Stellen muss das Boot umtragen werden; **Einkehrmöglichkeit:** Folgende Bootshäuser (Stanica Wodna) bieten Unterkunft und Verpflegung auf Campingplätzen bzw. in herbergsähnlichen Hütten: Sorkwity, Bieńki, Babięta, Spychowo, Zgon, Krutyń (dort auch Pension), Ukta, Nowy Most und Kamień; am Zielpunkt der Tour (Mikołajki bzw. Ruciane Nida) gibt es eine große Auswahl an Unterkünften; **Karte:** → S. 147

### Sorkwity → Zgon

Kann man sich einen schöneren Einstieg denken? Ein Backsteinschloss wie aus dem Bilderbuch, mit Türmen, Zinnen und Basteien, davor ein See mit Schilfufer und Holzsteg, an dem Kanus vertäut liegen. Von **Schloss Sorkwity** paddelt man Richtung Südosten, nach halber Tour über den See hält man sich links (östlich), um die Flusszufahrt zum Łampasz-See nicht zu verpassen. Nach 1,5 km ist der lang gestreckte See erreicht, an dessen Ende man auf einen oft extrem flachen Bach überwechselt. Dieser mündet in den kleinen Kujno See, der durch einen weiteren Flussabschnitt mit dem 4 km langen Dłużec-See verbunden ist. Es folgt der Białe-See mit dem Bootshaus **Bieńki** (16 km).

Von Bieńki paddelt man am Westufer entlang, bis rechts ein kleiner, leicht zu übersehender Bach abzweigt, der in den Gant-See führt. Nach Querung des Sees in Richtung Südwest folgt ein 2,5 km langes, vergleichsweise wildes und mit Naturhindernissen gespicktes Flüsschen anschließend kann man sich in der Bootsstation **Babięta** erholen. Sie liegt im Wald 500 m vor dem gleichnamigen Dorf (26 km).

Ein Stück hinter der Bootsstation, an einem Mühlendamm, muss das Boot etwa 100 m über eine stark befahrene Straße getragen werden.

Umso mehr freut man sich anschließend über die schöne Natur: Der Große und der Kleine Zyzdrój-See sind ringsum von dichtem Wald eingefasst, nur Vogelstimmen durchbrechen die Stille. Kurz vor Erreichen des äußersten Südzipfels des »Kleinen« Sees fährt man nach links in eine Bucht und gelangt zu einer stillgelegten Schleuse, an der das Boot rechts erneut etwa 100 m umtragen werden muss. Über ein Flüsschen kommt man nach 2,5 km zur Bootsstation **Spychowo** (40 km).

Nach der Einfahrt in den Spychowskie-See orientiert man sich nach links zum Ostufer hin, wo ein strömungsstärkerer Flussabschnitt in 5 km zum Zdrużno-See führt. Hier hält man sich sogleich rechts, über die östliche Bucht erreicht man nach 1 km den Uplik-See. An seinem rechten Ufer liegt ein Graureiher-Reservat, am Nordende geht es über eine Enge in den Mokre-See mit der Bootsstation **Zgon** (51,5 km).

### Zgon → Ukta

Nun paddelt man nordwärts über die beeindruckend große Wasserfläche des Mokre-Sees. 1 km vor seinem Nordzipfel fährt man nach rechts ostwärts in eine trichterförmige Bucht, wo das Boot 20 m übers Ufer getragen werden muss. Danach wird der 2,3 km lange Krutyńskie-See gequert, der bereits im Masurischen Landschaftspark liegt. Am Südzipfel des Sees wechselt man auf die Krutynia, um nach 2 km das Dorf **Krutyń** zu erreichen (62 km).

In Krutyń booten sich alle ein, die nur das 13,5 km lange »Filetstück« bis Ukta abfahren wollen: Gleich südlich des Dorfes gleitet man durch einen grünen Tunnel, auch das Wasser mit seinem meterlangen, von der Strömung durchkämmtem Seegras wirkt wie ein Dschungel. An der Backsteinmühle von Krutyński Piecek nach 3 km muss das Boot 150 m umtragen werden – im Sommer stehen gegen Aufpreis Bootswagen bereit. Nun lichtet sich der Wald, man paddelt an Feldern und blumenübersäten Wiesen vorbei; auf Weiden stehen Pferde und Kühe. Hinter dem Weiler Rosocha, kurz vor dem rechts liegenden Dorf Wojnowo, empfiehlt sich ein 3 km langer Abstecher in den Duś-See, an dessen Ostufer das Nonnenkloster der Altgläubigen thront. Kurz danach ist **Ukta** erreicht, wo an der Brücke eine Bar Stärkung bietet; die Bootsstation befindet sich 1 km hinter der Straßenbrücke (75,5 km).

**Ukta → Ruciane Nida oder Mikołajki**
Hinter Ukta wird die Landschaft wilder: Seerosen und andere Pflanzen müssen mit dem Paddel durchpflügt werden, im Wasser liegende Baumstämme zwingen zum Slalom bis **Nowy Most** (82 km). 4 km hinter der Bootsstation mündet die Krutynia in den Gardyńskie-See, wo man sich scharf rechts Richtung Süden hält und über eine kurze und enge Passa-

ge zum Malinówko-See gelangt. Nicht umsonst trug er in deutscher Zeit den Namen »Storchenbucht«: Seine morastigen, schwer zugänglichen Ufer bieten noch heute seltenen Wasservögeln Unterschlupf. In östlicher Richtung geht es weiter bis **Iznota** (88 km), wo die Krutynia in den Jezioro Bełdany, einen der schönsten Seen Masurens, mündet. Hier muss man sich entscheiden, ob man südwärts via Kamień nach **Ruciane Nida** (103 km) oder nordwärts nach **Mikołajki** (105 km) paddelt.

### Beste Zeit

In der Nebensaison (Mai/Juni, Sept.) hat man den Fluss fast für sich allein, im Juli/Aug. herrscht dagegen großer Andrang. Wer im Hochsommer die Tour unternehmen will, sollte das Boot frühzeitig reservieren.

### Ausrüstung

Man muss kein eigenes Boot dabei haben, um auf der Krutynia zu paddeln. Alle in der Rubrik »Einkehrmöglichkeit« aufgeführten Bootshäuser sowie zahlreiche private Stationen verleihen preisgünstig Kajaks und Kanus (→ Sorkwity, S. 80). Diese können am Zielort abgegeben werden bzw. werden dort abgeholt.

### Schnuppertour

Wer nur eine Schnuppertour unternehmen will, quartiert sich in Krutyń ein und durchfährt den schönsten Streckenabschnitt bis Ukta (13,5 km).

### Organisierte Tour

Wenn man die große Paddeltour lieber im Rahmen einer organisierten Pauschalreise mit deutschsprachigem Führer unternehmen möchte, kann man sich an mehrere Veranstalter wenden. Bei Natours dauert die Fahrt 14 Tage, jeden Abend ist für eine warme Dusche und ein Mahl im Gasthaus gesorgt (Untere Eschstr. 15, 49179 Ostercappeln; Tel. 0 54 73/ 9 22 90, Fax 8219; www.natours.de).

*Zu den Höhepunkten einer Reise durch Masuren gehört sicherlich die Kanufahrt auf der Krutynia mit ihrem kristallklaren Wasser und den reizvollen Lichtverhältnissen.*

# Multikulturelles Grenzland im Nordosten – Durch Polens »grüne Lunge«

**Charakteristik:** Von Ełk, dem letzten Ort Masurens, startet die Autotour ins »exotische Polen«, wo altgläubige Russen, katholische Litauer, moslemische Tataren und orthodoxe Weißrussen leben. **Dauer:** 4 Tage; **Länge:** 556 km; **Einkehrmöglichkeit:** Am Startpunkt **Ełk** liegt das Hotel Horeka an der Uferpromenade (ul. Wojska Polskiego 63; Tel./Fax 0 87/6 21 37 67; www.horeka.elk.pl; 29 Zimmer ●● MASTER VISA). In **Wigry** übernachtet man originell in den Klausen eines ehemaligen Klosters (Klasztor Kamedułów; Tel. 0 87/5 63 70 70, Fax 5 63 70 19; www.wigry.org; 15 Zimmer ●● MASTER VISA), in **Białystok** in einer Komfortunterkunft (Gołębiewski; ul. Pałacowa 7; Tel. 0 85/6 78 25 00, Fax 6 78 25 31; www.golebiewski.pl; 223 Zimmer ●●● CREDIT). Zur Kette der Best Western Hotels gehört das Żubrówka in **Białowieża** (ul. Olgi Gabiec 6; Tel. 0 85/6 81 28 87, Fax 6 81 25 70; www.hotel-zubrowka.pl; 68 Zimmer ●●● CREDIT); **Auskunft:** Info-Stellen gibt es u. a. in **Białystok** (ul. Sienkiewicza 3; Tel. 0 85/6 53 79 50, Fax 7 43 51 13; Mo–Fr 9–17 Uhr; www.city.bialystok.pl), **Białowieża** (Park Pałacowy, Tel. 0 85/6 81 22 95) und **Osowiec** (Osowiec Twierdza 8, Tel./Fax 0 86/2 72 06 20); **Karte:** → S. 176, C 6–117, D 6

Im Nordosten atmet Polens grüne Lunge – vier Nationalparks werden durchfahren: Wigry mit einem buchtenreichen See, der »polnische Amazonas« zwischen Biebrza und Narew und der Urwald von Białowieża, in dem Wisente auf freier Wildbahn leben.

### Ełk → Wigry (67 km)

Am schönsten ist **Ełk** am Seeufer: Von der Promenade spannt sich eine Brücke zur vorgelagerten Insel mit der alten Ordensburg. Man verlässt die Stadt in Richtung Norden und biegt hinter **Olecko** rechts ab nach **Suwałki**, wo klassizistische Bauten an zaristische Zeiten erinnern. 9 km östlich der Stadt liegt der Weiler **Wigry** am gleichnamigen See. Am Nordufer thront ein pastellfarbenes Barockkloster, in dem von 1694 bis 1755 Kamaldulenser lebten. Die Mönche pflegten einen extrem asketischen Lebensstil: Ihre Einsamkeit unterbrachen sie nur für das gemeinsame Gebet. Anschließend kehrten sie in ihre Zelle zurück, wo sie auch die Mahlzeiten einnahmen – ausschließlich vegetarische Kost. Heute sind ihre Klausen Gästezimmer. Im »Königstrakt« wird gespeist, vom Klostersteg rudert man zu einer Insel hinüber.

### Wigry → Białystok (168 km)

Nächste Station ist **Sejny**, ein polnisch-litauischer Marktort mit barocker Wallfahrtskirche und einer ehemaligen Synagoge, in der Ausstellungen zur multikulturellen Geschichte der Region gezeigt werden. Zum Ethno-Festival im Mai reisen Musik-Ensembles aus allen Nachbarländern an (Fundacja Pogranicze; ul. Piłsudskiego 37; www.pogranicze.sejny.pl). Von Sejny wendet man sich südwärts und durchfährt die Augustower Heide, mit 1000 qkm Polens größtes Waldgebiet. Via **Augustów**, einem zwischen drei Seen gelegenen Ferienort, gelangt man nach **Lipsk**, wo Kanuten zur einwöchigen Tour auf der Biebrza starten. Der Fluss, der bald mit seinen Nebenarmen weit in die Landschaft ausgreift, ist als Nationalpark und UNESCO-Biosphärenreservat geschützt. Wenn er im Frühjahr über die Ufer tritt, kommen tausende von Zugvögeln, darunter auch Exoten wie Schwarzstorch und Singschwan. Im Herbst hört man das Röhren der Hirsche und Elche, im

*Die historische Stadt Augustów bietet sich als idealer Ausgangspunkt für Wanderungen und Bootstouren auf den umliegenden Seen und Flüssen an.*

Winter das Heulen der Wölfe. Auch Fischotter und Biber sind hier beheimatet, Letzterem verdankt der Nationalpark übrigens seinen Namen (poln. »bóbr«).

Über **Sokółka** erreicht man **Bohoniki**, das »Mekka der polnischen Moslems«. An ihren Feiertagen fühlt man sich in den Orient versetzt: Muezzin rufen zum Besuch der Moschee, islamische Gebete hallen über die Straße. Tataren leben in Bohoniki schon seit dem ausgehenden 17. Jh., als sie vom polnischen König Jan Sobieski für Kriegsdienste mit Land belohnt wurden. Auch heute bilden sie noch eine ethnische Minderheit im Grenzgebiet. Etwa 500 m südlich des Dorfes befindet sich der »Mizar«, ein moslemischer Friedhof, auf dem noch heute Tataren aus ganz Polen beerdigt werden.

Knapp 40 km weiter südlich, sozusagen am Ende der Welt, liegt das Tatarendorf **Kruszyniany**. Hier hat man das Gefühl, die Zeit sei stehen geblieben: eine kopfsteingepflasterte Dorfstraße, über die nur selten ein Auto rollt, dazu Holzhäuser und Schöpfbrunnen. Die kleine Bar trägt den Namen Złota Orda (Goldene Horde) – in Erinnerung an das glorreiche Steppenvolk. Hinter Birkenbäumen versteckt sich eine Holzmoschee, der älteste Grabstein auf dem Friedhof stammt von 1744.

Welch starker Kontrast, wenn man sich anschließend **Białystok**, der größten Stadt im Nordosten, nähert. Viele der 285 000 Einwohner bekennen sich zum orthodoxen Glauben und zur weißrussischen Abstammung. 3 km nordwestlich haben sie sich zur Jahrtausendwende eine gewaltige Kathedrale mit Zwiebelkuppeln errichtet.

### Białystok → Białowieża (100 km)

Von Białystok fährt man südostwärts nach **Hajnówka**, wo Ende Mai alljährlich ein »Festival orthodoxer Musik« stattfindet: Kraftvoller Männerchor ertönt in der originell erbauten Kirche der Unierten, die vom Boden bis zur Decke mit Ikonen geschmückt ist. Ein Museum der weißrussischen Kultur macht mit östlicher Kunst bekannt (ul. 3 Maja 42; Mo–Fr 9–15 Uhr). Alsdann geht es weiter ins 17 km entfernte, im Wald gelegene Dorf **Białowieża**.

Jahrhundertelang war der Wald ein exklusives Jagdrevier litauischer und ruthenischer Fürsten, polnischer Könige und russischer Zaren. Feudale Jagdlust bewahrte ihn davor, abgeholzt und neu aufgeforstet zu werden. Im Morast versinken alte Eichen-

und Eibenstämme, kaum ein Sonnenstrahl, der durch das Dickicht dringt. Was fällt, bleibt liegen und wird von Moos überwuchert. Europas letzter »Primärwald« ist ein Nationalpark, die UNESCO hat ihn auf die Liste des »Welterbes« gesetzt.

10 Das Symbol des **Urwaldes Białowieża** ist der Wisent, Europas größtes Säugetier, der in kleinen Rudeln die Wildnis durchstreift. Um die Tiere auf freier Wildbahn nicht zu gefährden, ist die Besichtigung des Urwalds nur mit Führer möglich. Am Parkeingang in Białowieża besteigt man eine Pferdekutsche und wird zu einer mehrstündigen Tour ins Reservat geleitet. Ein Naturkundemuseum informiert anschaulich über Flora und Fauna im Wald (Park Pałacowy; Di–So 9–15.30 Uhr, im Sommer bis 17 Uhr).

### Białowieża → Ełk (221 km)

Zurück geht es auf einsamen Nebenstraßen über **Bielsk Podlaski** und **Brańsk** nach **Łapy**, das am Rand des Narew-Nationalparks liegt. Weil hier die Narew auf von Gletschern aufgeschüttete Endmoränen stößt und seitwärts ausweichen muss, entstand ein weit verästeltes Netz von Seen und Sümpfen. Viele Wasservögel brüten hier, die man mit Hilfe örtlicher Führer vom Boot aus beobachten kann. Nächste Station ist **Tykocin**, gleichfalls am Ufer der Narew. Der kleine, stille Ort wird auch »Perle des Barocks« genannt. Auf dem weiten Marktplatz steht eine strahlend weiße Kirche aus dem 17. Jh. Aus gleicher Zeit stammt die einen Steinwurf entfernte Synagoge (ul. Kozia 2; Mo geschl.). Sie birgt einen interessanten Fundus jüdischer Sakralkunst, im Hintergrund erklingen jiddische Lieder. Einen letzten Zwischenstopp lohnt die Festung **Osowiec**, wo sich mittlerweile das sehenswerte Museum des Biebrza-Nationalparks befindet. Anschließend kehrt man nach **Ełk** zurück.

*Der Nordosten Polens wird gerne als »grüne Lunge« des Landes bezeichnet: Hier ist die Natur noch weitgehend intakt, die Menschen leben von dem Wenigen, was vor ihrer Tür wächst.*

# Das Reich des Rübezahl – Mit dem Auto ins Riesengebirge

**Charakteristik:** Das Gebirgsvorland ist reich an Kirchen, Klöstern und kleinen historischen Städten, drei davon sind UNESCO-Weltkulturerbe. Die Straßen sind gut ausgebaut, aber teilweise schmal; **Dauer:** 2 Tage; **Länge:** 294 km; **Einkehrmöglichkeit:** Eine große Zahl von Unterkünften gibt es in Jelenia Góra und Karpacz; **Auskunft:** Info-Stellen in Wrocław, Jelenia Góra und Karpacz; **Karte:** ⇢ S. 179, D 10–S. 178, B 10

### Breslau → Karpacz (136 km)

Man verlässt Breslau auf der A4 Richtung Westen und biegt bei Legnica südwärts nach **Jawor** ein. Seine Hauptattraktion ist eine »Friedenskirche«, einer der größten Fachwerkbauten weltweit (UNESCO-Weltkulturerbe). Jenseits der Stadt wird die Landschaft hügeliger, hinter **Jelenia Góra** ragt wie ein mächtiger Wall das Riesengebirge auf. Über den kleinen Kurort Cieplice kommt man nach **Jagniątków**, wo sich einst der Schriftsteller Gerhart Hauptmann seine Villa Wiesenstein erbauen ließ. Schmale Waldstraßen führen nach **Karpacz**, einen quirligen Ferienort am Fuß der Schneekoppe. Mit Rübezahl, der im Polnischen »Liczyrzepa« heißt, macht das Regionalmuseum bekannt (ul. Kopernika 2; Di–So 9–16 Uhr): halb Tier halb Teufel, grausam und gutmütig, galt er den Bergbewohnern als der Beherrscher der Natur.

### Karpacz → Breslau (158 km)

Über **Kowary** gelangt man auf eine reizvolle Bergstraße, die via Kamienna Góra nach **Krzeszów** führt: Zwischen grünen Hügeln thront ein Zisterzienserkloster, ein barockes Juwel in bukolischer Ländlichkeit (UNESCO-Weltkulturerbe). Den Mönchen gehörte die ganze Gegend, darunter auch das 8 km weiter südlich gelegene Weberdorf **Chełmsko Śląskie**. Ein Straßenzug mit typischen Holzbauten blieb erhalten: In den »Zwölf-Apostel-Häusern« mit fast bis zum Boden herabgezogenem Satteldach werden aus handgewebtem Leinen Tischdecken, Jacken und Hemden verkauft. Auf dem Rückweg wird erneut Kamienna Góra passiert, von hier geht es weiter nach **Wałbrzych**: eine stillgelegte Bergbaustadt inmitten einer anmutigen Hügellandschaft, viele Straßen sind grau und trist. Da fährt man lieber weiter und sucht nach Schönerem. Bereits 8 km nördlich hat man es gefunden: Aus einem »Zauberwald« erhebt sich **Książ**, Schlesiens prachtvollstes Schloss. Über **Świdnica**, wo das Pendant zur Friedenskirche von Jawor steht (UNESCO-Weltkulturerbe), kehrt man anschließend nach Breslau zurück.

*Das Riesengebirge ist für sein raues, sehr wechselhaftes Klima bekannt. Es bildet die natürliche Grenze zwischen Schlesien und Böhmen.*

# Durch Schlesien und das ehemalige Galizien – Mit der Bahn von Breslau zur ukrainischen Grenze

**Charakteristik:** Die Tour führt quer durch Polens Süden – wie Perlen auf einer Kette sind längs der Bahnstrecke sehenswerte Orte aufgereiht. Dank häufiger Verbindungen kann man die Fahrt täglich mehrfach unterbrechen; **Dauer:** 2–4 Tage; **Länge:** 530 km; **Einkehrmöglichkeit:** Unterkünfte sind bei den jeweiligen Orten bzw. im MERIAN-Spezial »Ehemalige Schlösser und Gutshäuser« (S. 18) aufgeführt; **Auskunft:** Über Info-Stellen verfügen Breslau, Opole, Krakau, Tarnów, Rzeszów und Przemyśl; **Karte:** ⇢ S. 179, D 10-181, D 15

### Breslau → Krakau (280 km)

Von **Breslau** fährt man durch die weite Oderniederung ostwärts. Ein erster Halt empfiehlt sich in **Opole**, von dessen Bahnhof eine Fußgängerstraße in wenigen Minuten zur attraktiven Altstadt führt. Auf der Weiterfahrt passiert man den oberschlesischen Kohlenpott, Zwischenstopps lohnen nur **Gliwice** und **Katowice**. Länger bleiben sollte man nach Möglichkeit in der alten Königsstadt **Krakau**. Der Hauptbahnhof liegt am Nordostrand der Altstadt, zu Fuß erreicht man in zehn Minuten den Marktplatz mit seinen vielen Cafés. Für die Altstadt, den Wawel und das jüdische Viertel Kazimierz sollte man mindestens zwei volle Tage einplanen.

### Krakau → Przemyśl (250 km)

Von Krakau geht es durch das ehemalige Galizien ostwärts. Felder, Weiden und kleine Orte fliegen vorbei, der nächste größere Ort ist **Tarnów**. Zwar liegt der Bahnhof 20 Gehminuten westlich der Altstadt, doch der Weg lohnt: Der Marktplatz mit einem Renaissance-Rathaus in der Mitte wurde vorbildlich restauriert. Weniger stimmungsvoll ist die Provinzhauptstadt **Rzeszów**, doch immerhin wartet auch sie mit einem attraktiven Marktplatz 500 m südlich des Bahnhofs auf. 17 km weiter östlich passiert man **Łańcut**, ein verschlafenes Städtchen mit Synagoge und einem herrlichen Schloss (Mo geschl.; → MERIAN-Spezial »Ehemalige Schlösser und Gutshäuser«, S. 18). Leider liegt der Bahnhof 2 km nördlich des Orts, so dass man nicht umhin kommt, ein Taxi zu nehmen. Nächste Station ist **Jarosław**: Wer hier aussteigt, ahnt, dass dies einmal eine schöne Stadt war: Der Marktplatz ist von Renaissance-Häusern gesäumt, nahebei steht eine unierte Kirche. Doch überall blättert der Putz; seit um die Jahrtausendwende die Glasfabriken schließen mussten, sind alle Kassen leer. Ganz anders dagegen **Przemyśl** an der ukrainischen Grenze, das zu einem Schaufenster Richtung Osten aufpoliert wird: Der Prachtbahnhof aus Habsburger Zeit liegt unmittelbar vor den Toren der Altstadt.

*Die Stadt Przemyśl an der Grenze zur Ukraine ist zwar nicht länger Provinzhauptstadt, doch hat sie als Außenposten der EU an wirtschaftlicher und strategischer Bedeutung gewonnen.*

# Der »wilde Osten« im Dreiländereck – Mit dem Fahrrad durch die Waldkarpaten

**Charakteristik:** Die Tour führt auf wenig befahrenen Straßen durch eine der schönsten und einsamsten Regionen Polens, die als UNESCO-Biosphärenreservat geschützten Waldkarpaten (Bieszczady); **Dauer:** 4 Tage; **Länge:** 184 km; **Einkehrmöglichkeit:** In **Sanok** wohnt man gut im Hotel Jagielloński an der Straße nach Lesko (ul. Jagiellońska 49; Tel./Fax 0 13/4 63 12 08; 21 Zimmer ●●), in **Polańczyk** im Hotel Crystal am Südausgang des Ortes (ul. Bieszczadzka 11; Tel. 0 13/4 69 22 50, Fax 4 69 26 81; www.crystal.ta.pl; 16 Zimmer ●● MASTER VISA). Über Campingplätze und Herbergen verfügt **Ustrzyki Górne**, das Hotel Górski bietet bessere Qualität, doch die Zimmer sind klein (Tel./Fax 0 13/46 106 04; 54 Zimmer ●● MASTER VISA). **Komańcza** hat eine Herberge mit Mehrbettzimmern und fünf Campinghäusern (Schronisko PTTK Podkowiata, Komańcza-Letnisko; Tel. 0 16/4 67 70 13 ●). Alle genannten Orte verfügen über Lebensmittelläden; **Auskunft:** In der Touristeninformation von **Sanok** versorgt man sich mit Karten und Tipps (ul. Grzegorza 2; Tel. 0 13/4 64 45 33; www.sanok.pl; So geschl.); **Karte:** → S. 181, D 16-C 16

### Sanok → Polańczyk (35 km)

Von Sanok fährt man auf der anfangs stärker befahrenen Straße 891 via Zagórz ins ehemals jüdische Schtetl **Lesko**, das hoch über einem Flussufer thront. Eine Synagoge und ein Friedhof mit windschiefen Grabsteinen sind das Einzige, was heute noch an die ehemaligen Bewohner erinnert. Heute ist Lesko ein regionales Zentrum der Holzindustrie. Neben der Synagoge lohnen die spätgotische und mehrfach umgebaute Kirche sowie das von Befestigungsmauern umgebene Schloss einen Besuch. Von Lesko folgt man der 891 weitere 5 km und biegt bei Uherce Mineralne in die nach **Solina** ausgeschilderte Straße ein. Bald verläuft sie längs des Solińskie-Sees, der, obgleich künst-

*Wer Ausflüge in die Karpaten unternehmen möchte, könnte das Städtchen Sanuk als Standort auswählen. Es liegt malerisch auf einer Terrasse über dem Fluss San.*

lich angelegt, einen malerischen Anblick bietet. Nächste Station ist der kleine Ferienort **Polańczyk**.

**Polańczyk → Ustrzyki Górne (56 km)**
Hinter Polańczyk lässt man die Zivilisation hinter sich, fährt durch Wald und atmet würzige Bergluft. Ein erstes orthodoxes Holzkirchlein präsentiert sich in **Polana**, ein zweites in **Czarna Górna**, wo man südwärts auf die »große Schleife« überwechselt. In stetem Auf und Ab geht es weiter, vorbei an verstreuten Gehöften, dann durch Buchenwald am Ufer des San entlang. Am Scheitelpunkt der Ringstraße liegt – bereits im Nationalpark – **Ustrzyki Górne**, ein beliebter Treffpunkt der Trekker.

**Ustrzyki Górne → Komańcza (59 km)**
Am Fuß der »Połoniny«, der karpatentypischen Hochsteppen, führt die Straße in vielen Kehren nach **Wetlina**, dem zweiten wichtigen Wanderstandort der Region. Durch Wald geht es weiter nach **Cisna**, wo man links in Richtung Wola Michowa abbiegt und der parallel zum Karpatenzug verlaufenden »Großen Schleife« bis **Komańcza** folgt. Das lang gestreckte Dorf ist eine Hochburg der Orthodoxen und Unierten; ihre herrlichen, mit Ikonen geschmückten Holzkirchen lohnen einen Besuch.

**Komańcza → Sanok (34 km)**
Zwei weitere Kleinode der Holzarchitektur kann man nördlich von Komańcza in **Turzańsk** und **Rzepedź** bestaunen: Mit ihren zierlichen Türmchen und Zwiebelkuppeln wirken sie wie Boten einer längst vergangenen Zeit. Anschließend radelt man nach **Sanok** zurück, wo das Schloss hoch über dem San Polens größte Ikonensammlung birgt (ul. Zamkowa 2–4; Mo geschl.). Zum Abschluss besucht man das Freilichtmuseum 2 km nördlich der Stadt, in dem die untergegangene Welt der vertriebenen Bewohner, der »ukrainischen« Bojken und Lemken, nachgestellt ist: In einem weiten Tal stehen über 100 Holzhäuser, Kirchen, Speicher, Wind- und Wassermühlen (Skansen, ul. Traugutta 3; Mo geschl.).

### Schwierigkeitsgrad

Da erhebliche Höhenunterschiede zu bewältigen sind, sollte man gute Kondition mitbringen; ein Mountainbike ist einem Tourenrad vorzuziehen.

*Ist man auf eigene Faust in Polen unterwegs, sollte man sich mit einer aktuellen Straßenkarte ausrüsten, um nicht von der Ausschilderung vor Ort abhängig zu sein.*

# Wissenswertes über Polen

*Die landwirtschaftlich nutzbare Fläche in Polen nimmt mit 18 Millionen Hektar etwa 60 Prozent der Gesamtfläche des Landes ein. Der überwiegende Teil ist Ackerland, der Rest wird als Grünland und für die Obstkultur genutzt.*

Von Anreisemöglichkeiten über Essdolmetscher und Festkalender bis zu Internetadressen und Zollmodalitäten: Alles Wissenswerte ist hier übersichtlich aufgeführt.

# Jahreszahlen und Fakten im Überblick

**966**
Geburtsstunde des polnischen Staates: Fürst Mieszko I. vom Geschlecht der Piasten tritt zum Christentum über. Damit erwirbt er Anspruch auf päpstlichen Schutz und darf zudem seinerseits missionierend tätig werden.

**1000**
Die Fürstenresidenz Gnesen (Gniezno) wird Polens erstes Erzbistum.

**1025**
Bolesław I. wird erster polnischer König.

**1138–1320**
Das polnische Herrschaftsgebiet zerfällt in Teilfürstentümer.

**1225**
Herzog Konrad von Masowien wirbt den Deutschen Orden an, um die heidnischen Pruzzen zu unterwerfen.

**1231–1283**
Die Ordensritter erobern das Pruzzenland und errichten einen Ostseestaat. Die Bewohner werden mit Feuer und Schwert zum »wahren« Glauben bekehrt, ihre Kultur wird ausgelöscht. Über 100 Städte werden gegründet. Dafür werden Siedler aus Deutschland und Masowien angeworben.

**1309**
Der Deutsche Orden verlegt in der Folgezeit seinen Regierungssitz von Venedig nach Marienburg und erlebt in der Folge den Höhepunkt seiner Machtentfaltung.

**Ab 1320**
Einigung der zerfallenen polnischen Teilfürstentümer. König Kazimierz III., genannt »der Große«, dehnt den Staat weit nach Osten aus.

**1386**
Der litauische Großfürst Jogaila konvertiert zum Christentum. Nach seiner Heirat mit Polens Königin Jadwiga wird er zum Monarchen beider Länder erhoben und begründet die Jagiellonen-Dynastie.

**1410**
Das Heer des Deutschen Ordens wird von den polnisch-litauischen Truppen bei Grunwald besiegt, Polen erlegt dem Ordensstaat hohe Geldzahlungen auf.

**1466**
Nach dreizehnjährigem Bürgerkrieg mit den Hansestädten muss der Deutsche Orden Teile seines Territoriums mit Danzig, Thorn und Marienburg an Polen abtreten.

**1506–1572**
Unter den Jagiellonen-Königen Zygmunt I. und Zygmunt II. erlebt Polen auch kulturell sein »Goldenes Zeitalter«. 1569 wird die Personalunion zwischen Polen und Litauen in eine Realunion mit gemeinsamer Verwaltung und Rechtsprechung überführt.

**1572–1795**
Einführung der Wahlmonarchie: Stärkung des Adels bei gleichzeitiger Schwächung der Krone und des Bürgertums.

**1596**
Die Hauptstadt wird von Krakau nach Warschau, ins geografische Zentrum des Doppelreichs Polen-Litauen verlegt.

**17. Jh.**
Der Kosakenaufstand im Osten des Reiches, Kriege mit Schweden, Russland und der Türkei beschleunigen den Niedergang Polens als osteuropäische Großmacht.

**1772–1795**
Polen wird unter den Ländern Preußen, Österreich und Russland schrittweise aufgeteilt.

**1795–1918**
123 Jahre lang gibt es keinen souveränen polnischen Staat. Mehrere Aufstandsversuche scheitern.

**1918–1921**
Nach Wiedererlangung seiner nationalen Unabhängigkeit gibt sich Polen nicht mit den von den Alliierten festgelegten Grenzen zufrieden. Marschall Piłsudski führt Krieg gegen die Sowjetunion und annektiert Teile Litauens und der Ukraine. Dem Deutschen Reich werden Gebiete in Oberschlesien und im Posener Land abgerungen.

**1939**
Der Zweite Weltkrieg beginnt mit dem Einmarsch deutscher Truppen in Polen. In den folgenden sechs Kriegsjahren werden schätzungsweise 6 Mio. Polen, darunter 3 Mio. Juden, getötet.

**1945**
Der Zweite Weltkrieg endet mit Flucht und Vertreibung eines Großteils der deutschen Bevölkerung. Die Siegermächte einigen sich darauf, das polnische Staatsgebiet nach Westen zu verschieben: Polen muss in der Folge seine Ostgebiete an die Sowjetunion abtreten und erhält im Gegenzug deutsche Territorien (Schlesien, Pommern, südliches Ostpreußen).

**1946–1989**
Polen ist sozialistisch und damit in den osteuropäischen Herrschaftsblock eingefügt, die Opposition sammelt sich unter dem Banner des Katholizismus. Im Jahr 1978 wird Karol Wojtyła zum Papst Johannes Paul II. gewählt, zwei Jahre später kommt es zur Gründung der unabhängigen Gewerkschaft Solidarność (Solidarität).

**1989**
Polen wird zur Republik erklärt, die marktwirtschaftliche Demokratie hält Einzug.

**1990**
Der deutsch-polnische Grenzvertrag wird unterzeichnet, die deutsche Regierung erkennt die Westgrenze Polens an.

**1999**
Polen wird in die NATO aufgenommen.

**2004**
Polen wird Mitglied der Europäischen Union.

*Vor den Toren der ehemaligen Lenin-Werft wurde 1970 das weithin sichtbare Denkmal der gefallenen Werftarbeiter aufgestellt.*

# Nie wieder sprachlos

Polnisch gehört zur Familie der westslawischen Sprachen. Es ist eine sehr alte Sprache, die sich über lange Zeit weitgehend unverändert erhalten hat. Polnisch gilt als die schwierigste aller slawischen Sprachen. Das polnische Alphabet umfasst denn auch 32 Zeichen. Für Nicht-Polen ist besonders die massive Häufung von Konsonanten schwer auszusprechen; es können bis zu fünf Konsonanten hintereinander stehen.

### Aussprache

ę – nasaliert wie im französischen Jean Gabin
ą – nasaliert wie im französischen bon
ł – ähnlich dem englischen where
ś – ein weiches sch
ć – ein weiches dch wie in Mädchen
ń – ähnlich dem nj in Anja
ó – entspricht dem kurzen u in Mund
ż, rz – ähnlich dem französischen journal
z – wie stimmhaftes s in Sonne, doch im Auslaut stimmlos
sz – entspricht sch in Schach
cz – entspricht tsch wie in Tschechien

Der Hauptakzent liegt in der Regel auf der vorletzten Silbe. Alle Vokale sind kurz und offen, in Kombination mit anderen Vokalen getrennt auszusprechen (i-e, e-u). Gleiches gilt für Konsonantenkombinationen: so wird ck nicht zu k verkürzt (Aussprache: tsk).

### Wichtige Wörter und Ausdrücke

| | |
|---|---|
| Ja | *tak* |
| Nein | *nie* |
| Bitte | *proszę* |
| Danke | *dziękuję* |
| Wie bitte? | *Proszę?* |
| Ich verstehe nicht nie | *rozumiem* |
| vielleicht | *może* |
| Ich spreche kein Polnisch! | *Nie mówię po polsku!* |
| Entschuldigung | *przepraszam* |
| Guten Tag | *dzień dobry* |
| Guten Abend | *dobry* wieczór |
| Hallo | *cześć* |
| Auf Wiedersehen | *do widzenia* |
| Ich heiße ... | *Nazywam się ...* |
| Ich komme aus ... | *Jestem z ...* |
| Wie geht es Ihnen? | *Jak się Pa/Pani (m/w) ma?* |
| Danke, gut | *dziękuję, dobrze* |
| Wer, was | *kto, co* |
| Wie viel | *ile* |
| Wo ist | *gdzie jest* |
| Wann | *kiedy* |
| Wie lange | *jak długo* |
| Sprechen Sie Deutsch? | *Mówi Pan/Pani (m/w) po niemiecku?* |
| Heute | *dziśaj* |
| Morgen | *jutro* |

### Zahlen

| | |
|---|---|
| 0 | *zero* |
| 1 | *jeden* |
| 2 | *dwa* |
| 3 | *trzy* |
| 4 | *cztery* |
| 5 | *pięć* |
| 6 | *sześć* |
| 7 | *siedem* |
| 8 | *osiem* |
| 9 | *dziewięć* |
| 10 | *dziesięć* |
| 100 | *sto* |
| 1000 | *tysiąc* |

### Wochentage

| | |
|---|---|
| Montag | *poniedziałek* |
| Dienstag | *wtorek* |
| Mittwoch | *środa* |
| Donnerstag | *czwartek* |
| Freitag | *piątek* |
| Samstag | *sobota* |
| Sonntag | *niedziela* |

**Mit und ohne Auto unterwegs**

| | |
|---|---|
| Wie weit ist es nach ...? | *Jak długo to jest do ...* |
| Wo ist ... | *Gdzie jest ...* |
| – die nächste Werkstatt | *najbliższy warsztat samochodowy* |
| – der Bahnhof/ Busbahnhof | *dworzec PKP/ dworzec PKS* |
| – die nächste Bus-Station | *najbliższy przystanek autobusowy* |
| – der Flughafen | *lotnisko* |
| – die Touristeninformation | *informacja turystyczna* |
| – die nächste Bank/ Wechselstube | *najbliższy bank/kantor* |
| – die nächste Tankstelle | *najbliższa stacja benzynowa* |
| Benzin | *benzyna* |
| – bleifrei | *benzyna bezołowiowa* (mit einem durchgestrichenen Pb 95 gekennzeichnet) |
| – Super | *benzyna wysokooktanowa* |
| – Diesel | *olej napędowy* (gekennzeichnet als ON) |
| Voll tanken, bitte! | *Proszę do pełna!* |
| bewachter Parkplatz | *parking streżony* |
| Eine Fahrkarte nach ... bitte! | *Chciałbym/Chciałabym (m/w) bilet do ...!* |
| Ich möchte Euro in Złoty wechseln | *Chciałbym/Chciałabym (m/w) wymienić euro na złotych* |
| links | *na lewo* |
| rechts | *na prawo* |

**Im Notfall**

| | |
|---|---|
| Krankenhaus | *szpital* |
| Rettungswagen | *pogotowie ratunkowe* |
| Ich habe eine Panne | *Mam awarię samochodu* |
| Pannenhilfe | *pogotowie techniczne* |
| Hilfe! | *Pomocy! Ratunku!* |
| Ich bin bestohlen worden! | *Zostałem okradziony/okradziona (m/w)!* |
| Polizei | *policja* |

**Hotel**

| | |
|---|---|
| Haben Sie ein Zimmer frei? | *Czy ma Pan/Pani (m/w) wolny pokój?* |
| Einzelzimmer | *pokój jednoosobowy* |
| Doppelzimmer | *pokój dwuosobowy* |
| Ich möchte ein Zimmer... | *Chciałbym / chciałabym (m/w) pokój* |
| – mit Bad | *z łazienką* |
| – für eine Nacht | *za jedną noc* |
| – für eine Woche | *na tydzień* |
| – mit Frühstück | *ze śniadaniem* |
| – mit Halbpension | *ze śniadaniem i kolacja* |
| Kann ich das Zimmer sehen? | *Mogę ten pokój widzieć?* |
| Wie viel kostet ein Zimmer? | *Ile kosztuje pokój?* |
| Kann ich mit Kreditkarte zahlen? | *Mogę płacić z kartą kredytową?* |

**Restaurant**

| | |
|---|---|
| Die Speisekarte bitte | *Jadłospis proszę* |
| Zum Wohl! | *Na zdrowje!* |
| Bitte die Rechnung! | *Proszę o rachunek!* |
| Wo finde ich die Toiletten? | *Gdzie są toalety?* |
| Frühstück | *śniadanie* |
| Mittagessen | *obiad* |
| Abendessen | *kolacja* |

**Einkaufen**

| | |
|---|---|
| Haben Sie ...? | *Czy ma Pan/Pani (m/w) ...?* |
| Wie viel kostet es? | *Ile to kosztuje?* |
| Das ist zu teuer | *To za drogo* |
| Was kostet ein Brief/Postkarte | *Ile kosztuje list/pocztówka* |
| – nach Deutschland/Österreich/in die Schweiz | *do Niemiec/ Austrija/Szwajcarja?* |

# Die wichtigsten kulinarischen Begriffe

**B**
*barszcz czerwony*: Rote-Rüben-Suppe
– *z krokotkiem*: Rote-Rüben-Suppe mit Fleischkrokette
– *z uszkami*: Rote-Rüben-Suppe mit kleinen Teigtaschen
*befsztyk*: Beefsteak
– *tatarski*: Beefsteak Tatar
*bigos*: Krautgulasch mit Pilzen
*borowiki:* Steinpilze
*botwinka:* »ukrainischer Borschtsch« mit Rote-Rüben-Grün
*bułka*: Brötchen

**C**
*chleb*: Brot
*chłodnik*: Kaltschale aus roter Beete
*ciastko*: Kuchen
*cielęcina*: Kalbfleisch

**D**
*dania bezmięsne*: fleischlose Gerichte
– *jarskie*: vegetarische Gerichte
– *mięsne*: Fleischgerichte
– *rybne*: Fischgerichte
*desery*: Nachtisch
*dorsz*: Dorsch
*drób*: Geflügel
*dziczyna*: Wild
*dżem*: Marmelade

**E**
*eskalopi cielęce*: Kalbsschnitzel

**F**
*fasolka szparagowa*: grüne Bohnen
*filet z kurczaka*: Hähnchenfilet
*flaki*: Kutteln
*frytki*: Pommes frites

**G**
*golonka*: Eisbein
*gołąbki*: mit Fleisch und Reis gefüllte Krautrouladen
*grzyby*: Pilze
– *marynowane*: marinierte Pilze
*gulasz wołowy*: Rindsgulasch

**H**
*herbata*: Tee
– *z cytryną*: Tee mit Zitrone
– *mlekiem*: Tee mit Milch

**I**
*indyk*: Truthahn

**J**
*jabłka*: Äpfel
*jajecznica*: Rührei
*jajko*: Ei

**K**
*kaczka pieczona z jabłkami*: gebratene Ente mit Äpfeln
*kapuśniak:* Sauerkrautsuppe
*kapusta kiszona*: Sauerkraut
– *z grzybami:* Kraut mit Pilzen
*karp po żydowsku*: Karpfen »auf jüdische Art« in Aspik
*kawa*: Kaffee
– *z mleczkiem*: Kaffee mit Milch
– *z bitą śmietaną*: Kaffee mit Sahne
– *mrożona*: Eiskaffee
*kiełbasa*: Wurst
– *z rożna*: Grillwurst
*knedle:* Knödel
*kotlet szabowy*: Schweineschnitzel
– *mielony*: Hackschnitzel
*krewetki*: Garnelen, Krabben
*królik*: Kaninchen
*kurczak*: Hähnchen
*kurki*: Pfifferlinge

**L**
*lody*: Eis
*łosoś*: Lachs

**M**
*makowiec*: Mohnkuchen
*makrela*: Makrele
*maślak:* Butterpilz
*masło*: Butter
*miód pitny*: Honigwein, Met
*mizeria*: Gurkensalat mit saurer Sahne
*mleko*: Milch
– *kwaśne*: Sauermilch

**N**

*naleśniki*: Eierkuchen
– *z serem*: Eierkuchen mit Quark
*napoje*: Getränke
– *alkoholowe*: alkoholische Getränke
– *bezalkoholowe*: alkoholfreie Getränke
– *owocowe*: Fruchtgetränke

**O**

*oscypek:* geräucherter Tatra-Schafskäse mit EU-Gütesiegel
*owoce*: Früchte, Obst

**P**

*pieczarki*: Champignons
*pieczeń*: Braten
– *huzarska*: gefüllter Rindsbraten
– *z dzika*: Wildschweinbraten
– *wieprzowa*: Schweinebraten
*pieczywo*: Gebäck
*pieprz*: Pfeffer
*pierogi*: gefüllte Teigtaschen
– *po ruskie*: »auf russisch« mit Schichtkäse, Kartoffeln und Zwiebeln
– *z mięsem*: mit Fleisch
– *z kapustą*: mit Sauerkraut
*piwo*: Bier
*placki ziemniaczane*: Kartoffelpuffer
*polędwica*: Lendenstück
*pomodory*: Tomaten
*potrawka*: Ragout
– *z kurczaka*: Geflügelragout
– *cielęca*: Kalbsragout
*pstrąg:* Forelle

**R**

*rak* Krebs
*rosół*: Brühe
*rumsztyk*: Rumsteak
*ryba smażona*: gebratener Fisch
– *wędzona*: geräucherter Fisch
*ryż*: Reis

**S**

*sałatka*: grüner Salat
– *jarzynowa*: Gemüsesalat
– *z pomidorów*: Tomatensalat
*sandacz*: Zander
*sardynka*: Sardine
*ser biały*: Schichtkäse, Quark
– *żółty*: Hartkäse
*sielawa*: Maräne
*śledź w śmietanie:* Hering in Sahnesoße
*śledź w oleju*: Hering in Öl
*sok*: Saft
– *pomarańczowy*: Orangensaft
– *pomidorowy*: Tomatensaft
– *jabłkowy*: Apfelsaft
– *z czarnej poreczki*: Johannisbeersaft
*sól*: Salz
*surówka*: Rohkost, Salatbeilage
– *z marchewki*: Karottensalat
– *z pomidorów*: Tomatensalat
*szarlotka*: Apfelkuchen
*szaszłyk*: Fleischspieß
*szczawiowa:* Sauerampfersuppe
*szczupak*: Hecht
*sznycel:* Schnitzel
*śmietana*: Sahne
*szampan*: Sekt

**T**

*twaróg*: Quark, Schichtkäse
*truskawki*: Erdbeeren

**W**

*warzywa*: Gemüse
*węgorz wędzony*: geräucherter Aal
*wieprzowina*: Schweinefleisch
*wino*: Wein
– *białe*: Weißwein
– *czerwone*: Rotwein
– *grzane*: Glühwein
*woda mineralna*: Mineralwasser
*wódka*: Wodka
*wołowina*: Rindfleisch

**Z**

*zając w śmietanie*: Hase in Sahne
*zapiekanka*: Überbackenes
*ziemnaki*: Kartoffeln
*zupa*: Suppe
– *grzybowa*: Pilzsuppe
– *jarzynowa*: Gemüsesuppe
– *ogórkowa*: Gurkensuppe
– *pomidorowa*: Tomatensuppe
*żurek*: Roggenmehlsuppe
– *w chlebie:* im ausgehöhlten Brotlaib

# Nützliche Adressen und Reiseservice

**Auf einen Blick**

**Staatsname:** Rzeczpospolita Polska (Republik Polen)

**Staatsform:** Parlamentarische Demokratie (mit starken Befugnissen des Präsidenten)

**Verwaltung:** Polen ist seit 1999 in 16 Woiwodschaften unterteilt.

**Bevölkerung:** 38,2 Mio. Einwohner

**Fläche:** 312 685 qkm

**Hauptstadt:** Warszawa (1 677 000 Einwohner)

**Ethnische Zusammensetzung:** 98,8 % Polen, 153 000 Deutsche, 50 000 Weißrussen, 27 000 Ukrainer, 12 000 Roma und Sinti, 5600 Litauer, 3200 Russen

**Sprache:** Polnisch, daneben Minderheitensprachen

**Religion:** Über 95 % der Polen sind römisch-katholisch; dazu kommen Griechisch-Katholische (Unierte), Griechisch-Orthodoxe, Protestanten, Altkatholiken, Zeugen Jehovas, Muslime und Juden.

**Wirtschaft:** Polen ist ein Land mit stabiler Währung, relativ hohen Wachstumsraten und positiver Handelsbilanz. Bedeutende Rohstoffe wie Stein- und Braunkohle, Blei, Kupfer und Zink liegen im Süden des Landes. In Masuren lebt man von Landwirtschaft und Tourismus.

## Anreise und Verkehrsverbindungen

### *Mit dem Auto*

Autofahrern stehen zahlreiche Grenzübergänge zur Wahl, die meisten von Deutschland, weitere von Tschechien und der Slowakei. Sie sind in der Regel rund um die Uhr geöffnet, man bekommt Infos und kann Geld wechseln. Autofahrer benötigen bei der Einreise den nationalen Führerschein und den Kfz-Schein, am Wagen ist das Länderkennzeichen anzubringen.

Die Verkehrsinfrastruktur wird mit EU-Mitteln stetig verbessert, der Ausbau der Autobahnen schreitet zügig voran. Die Entrichtung der Gebühren auf den bereits fertig gestellten Strecken verteilt sich über mehrere Mautstationen; eine Tabelle der aktuellen Straßenbenutzungsgebühren findet man auf den Internetseiten der Deutschen Botschaft in Warschau (www.ambasadaniemiec.pl).

### Mietwagen

Internationale Autoverleihfirmen wie Hertz und Avis verfügen über Niederlassungen an allen Flughäfen und in den großen Hotels. Die Mietwagen haben den gleichen Standard wie in Westeuropa, auch die Preise haben westliches Niveau. Die Autos können bereits von Deutschland aus gebucht werden; Kreditkarten werden akzeptiert, das Mindestalter für die Automiete beträgt 21 Jahre.

### Tankstellen

Tankstellen sind fast ebenso zahlreich wie in Deutschland, flächendeckend sichergestellt ist die Versorgung mit Superbenzin (95 und 98 Oktan), bleifreiem Benzin (durchgestrichenes »Pb«) und Dieselkraftstoff (ON, oft auch Biodiesel). An wichtigen Fernverkehrsstraßen und in größeren Städten bleiben Tankstellen durchgehend geöffnet, ansonsten meist von 6 bis 22, an Sonn- und Feiertagen von 7 bis 17 Uhr.

### Verkehrsregeln

Als Tempolimits gelten innerorts am Tage 50 km/h (von 23–5 Uhr 60 km/h), auf Landstraßen mit einer Fahrbahn 90 km/h, mit zwei Fahrbahnen 100 km/h; auf Schnellstraßen mit einer Fahrbahn 100 km/h, mit zwei Fahrbahnen 110 km/h und auf Autobahnen 130 km/h. Pkw mit Anhänger dürfen auch auf schmalen Landstraßen nicht schneller als 70 km/h, auf Autobahnen 80 km/h fahren.

Autofahrer müssen von Okt.–März, Motorradfahrer das ganze Jahr nonstop mit Abblendlicht fahren; Parken ist bei Dunkelheit nur mit Standlicht gestattet. Das Halten ist innerhalb von 100 m vor und nach einem Bahnübergang untersagt. Wer an Kreuzungen rechts abbiegen möchte, braucht das Umschwenken der Ampel auf grün nicht abzuwarten. In Polen ist es erlaubt, sowohl links als auch rechts zu überholen.

Das Mobiltelefon darf nur benutzt werden, wenn es über eine Freisprechanlage verfügt und beide Hände am Steuer bleiben. Gurtpflicht besteht in Stadt und Land auf allen Sitzen, Kinder bis zu 12 Jahren dürfen nur auf dem Rücksitz mitreisen. Warndreieck, Handfeuerlöscher und Verbandskasten müssen stets im Auto mitgeführt werden. Die Promillegrenze beträgt 0,2, bei Überschreitung kann der Führerschein eingezogen und das Fahrzeug sichergestellt werden.

Autos dürfen außerhalb geschlossener Ortschaften nachts nur von uniformierter Polizei gestoppt werden, tagsüber auch von Zivilpolizei, sofern sich diese bei einem Polizeiauto aufhält. Strafgeld dürfen Polizisten nicht bar kassieren, sondern müssen eine Rechnung ausstellen. Fällige Strafpunkte werden dem zuständigen Zentralregister im Herkunftsland gemeldet.

### *Mit der Bahn*

Von allen größeren Städten gibt es internationale Verbindungen nach Polen. Direkt kommt man z. B. von Berlin bzw. Wien nach Kraków (Krakau) und Warszawa (Warschau), von Dresden nach Wrocław (Breslau) und von Hamburg via Berlin nach Kraków (Krakau). Besonders attraktiv ist das Reisen im Nachtzug: Der Schaffner erledigt für den Gast die Passkontrolle, am frühen Morgen erreicht man ausgeschlafen die polnische Hauptstadt bzw. Gdańsk (Danzig) oder Kraków (Krakau).

Günstig wird die Bahnfahrt, wenn man die Sonderregelungen der Deutschen Bahn in Verbindung mit der BahnCard und den speziellen Angeboten für Jugendliche und Familien nutzt. Details zu den aktuellen Spartarifen erhält man unter dem Stichwort »Plan&Spar Europa« in den Reisezentren der Deutschen Bahn, in Reisebüros mit DB-Lizenz, beim telefonischen ReiseService 1 18 61 (gebührenpflichtig) und im Internet unter www.bahn.de. Fahrplanauskünfte bekommt man unter der kostenlosen Rufnummer 08 00-1 50 70 90 rund um die Uhr über das praktische Sprachdialogsystem.

### In Polen unterwegs

Das Streckennetz Polens ist gut ausgebaut, doch wurden in den vergangenen Jahren vor allem im Osten des Landes zahlreiche Linien wegen mangelnder Auslastung stillgelegt. Auf Globalisierungsachsen zwischen Städten wie Posen, Warschau und Lublin, Breslau, Kattowitz und Krakau verkehren InterCities, die an Schnelligkeit und Komfort westlichen Zügen nicht nachstehen.

Die Zugfahrkarte (»bilet«) erhält man am Bahnhof (»dworzec PKP«), wo es stets auch eine Gepäckaufbewahrung gibt. Abfahrtstafeln (»odjazdy«) sind gelb, Ankunftstafeln (»przyjazdy«) weiß gekennzeichnet. Die Fahrkarte für eine über 100 km lange Strecke gilt maximal zwei Tage, am ersten Tag der Gültigkeitsdauer muss die Reise beginnen. Die so genannten »Schnellzüge« (»pospieszne«) sind langsamer als D- und Expresszüge, dafür preiswerter. Für die-

*Vor allem im Grenzgebiet zu Russland und Weißrussland findet man noch heute eine Reihe von Dörfern, die mehr Störche als Einwohner zählen.*

se Züge kann man allerdings keine Reservierung vornehmen, in den Ferien sind sie von Schülern und Studenten überfüllt. Wer im Nahbereich kleine Dörfer besuchen will, wählt den Personenzug (»osobowy«) – er hält an jeder kleinen Station und hat nur Wagen zweiter Klasse. Auskünfte über innerpolnische Zugverbindungen erhält man im Internet unter www.pkp.pl.

### *Mit dem Bus*

Fernbusse verkehren zwischen einer Vielzahl deutscher und polnischer Städte. Regelmäßige Verbindungen an die Ostseeküste und nach Masuren, nach Warschau, Breslau und Krakau bietet z. B. die Deutsche Touring-GmbH in Kooperation mit Eurolines (Am Römerhof 17, 60486 Frankfurt/Main, Tel. 069/79 03 54, Fax 790 32 19, www.deutsche-touring.com).

Innerhalb Polens bekommt man Tickets am Busterminal (»dworzec PKS«), der sich meist in der Nähe des Hauptbahnhofs befindet. Ist dieser geschlossen, kauft man die Karten direkt beim Fahrer. Wer sein Ziel besonders schnell erreichen will, wählt eine der wenigen auf der Anschlagtafel rot eingetragenen Verbindungen. Haltestellen erkennt man an den blauen Schildern mit Bussymbol und PKS-Logo.

Die staatliche Busgesellschaft bekommt zunehmend Konkurrenz von privaten Busunternehmen. Schnell und direkt ist Polski Express, der vorerst allerdings nur zwischen größeren Städten verkehrt.

### *Mit dem Fahrrad*

Am Bahnschalter des Abfahrtsortes kauft man eine internationale Fahrradkarte, mit der man in bestimmten dafür zugelassenen Zügen die Grenze passieren und bis zum polnischen Zielbahnhof weiterreisen kann. Die Radfahrer-Hotline (Tel. 0 18 05 15 14 15) erteilt Auskunft zu Reiseverbindungen, Kosten für Fahrradmitnahme und Versand. Nützlich ist auch die Infobroschüre »Bahn& Bike«, kostenfrei erhältlich an den DB-Verkaufsstellen und Service-Points.

Wer sein Fahrrad im Flugzeug mitnehmen will, hat für die sichere Verpackung selber zu sorgen. Der

Lenker hat parallel zum Rahmen zu stehen, die Pedalen müssen abmontiert oder nach innen gedreht sein; die Luft ist aus den Reifen herauszulassen. Die früher mögliche Anreise im Fahrradbus gibt es nicht mehr.

**In Polen unterwegs**
Fahrräder sind in Polen nur in Urlaubsorten ausleihbar. In polnischen Bussen darf das Rad nicht mitgeführt werden, wohl aber in Zügen mit Gepäckwagen. Diese sind im Fahrplan durch ein Gepäck- oder Fahrradsymbol ausgewiesen. Tickets kauft man am Bahnschalter, ihr Preis beträgt 50 Prozent vom Erwachsenenticket.

*Mit dem Flugzeug*
Polen hat mehrere internationale Flughäfen und wird regelmäßig von Deutschland, Österreich und der Schweiz angeflogen. Flüge nach Danzig, Posen, Warschau, Breslau, Kattowitz und Krakau bieten u.a. die polnische Fluggesellschaft LOT, die Deutsche Lufthansa und Austrian Airlines. Seit 2004 sind auch viele Billigflieger unterwegs, so die Lufthansa-Tochter Germanwings (www.germanwings.com), Hapag Lloyd Express (www.hlx.com.de), Air Berlin (www.airberlin.com), EasyJet (www.easyjet.com) und Air Polonia (www.airpolonia.com). Auskünfte über alle aktuellen Zielorte und Abflugzeiten erhält man in Reisebüros und im Internet.

*Verkehrsverbindungen*
In den großen Städten bekommt man Fahrkarten für Bus, Straßenbahn und Metro am Zeitungskiosk (»ruch«), beim Einsteigen sind die Karten zu entwerten. Das neu eingeführte Touristenticket ist oft nicht das Geld wert, wohl aber das preiswerte und auch von Einheimischen geschätzte Tagesticket (»bilet jednodniowy«) oder Wochenticket (»bilet tygodniowy«). Vorsicht: In den meisten Städten klagen Kontrolleure ein Strafgeld ein, wenn für wuchtige Gepäckstücke (60 x 40 x 20 cm) keine gesonderte Fahrkarte gelöst wurde. Bitte die aktuellen Bestimmungen in der jeweiligen Touristeninformation vor Ort erfragen!

**Wegzeiten (in km) zwischen wichtigen Orten in Polen**

| | Warschau | Breslau | Danzig | Krakau | Lodsch | Posen | Przemysl | Stettin | Thorn | Warschau |
|---|---|---|---|---|---|---|---|---|---|---|
| Allenstein | – | 507 | 186 | 506 | 297 | 332 | 602 | 432 | 181 | 212 |
| Breslau | 507 | – | 478 | 282 | 207 | 175 | 532 | 364 | 316 | 342 |
| Danzig | 186 | 478 | – | 527 | 335 | 303 | 772 | 350 | 178 | 382 |
| Krakau | 506 | 282 | 527 | – | 192 | 377 | 250 | 600 | 349 | 294 |
| Lodsch | 297 | 207 | 335 | 192 | – | 222 | 406 | 445 | 157 | 135 |
| Posen | 332 | 175 | 303 | 377 | 222 | – | 620 | 223 | 141 | 305 |
| Przemysl | 602 | 532 | 772 | 250 | 406 | 620 | – | 850 | 594 | 390 |
| Stettin | 432 | 364 | 350 | 600 | 445 | 223 | 850 | – | 271 | 428 |
| Thorn | 181 | 316 | 178 | 349 | 157 | 141 | 594 | 271 | – | 204 |
| Warschau | 212 | 342 | 382 | 294 | 135 | 305 | 390 | 428 | 204 | – |

### Auskunft

Beim Polnischen Fremdenverkehrsamt erhält man wichtige Infos zu Unterkünften, Freizeitmöglichkeiten, Sehenswürdigkeiten und Kulturveranstaltungen.

**Polnisches Fremdenverkehrsamt**
Kurfürstendamm 71, 10709 Berlin;
Tel. 0 30/2 10 09 20, Fax 21 00 92 14;
www.polen-info.de

**Polnisches Fremdenverkehrsamt**
Lerchenfelderstr. 2/Palais Auersberg,
1080 Wien; Tel. 01/52 47 19 10, Fax
5 24 71 91 20; www.poleninfo.at

In den Info-Büros vor Ort (Informacja Turystyczna) bekommt man aktuelle Veranstaltungshinweise. Stadtpläne und Regionalkarten sind dagegen meist nur käuflich zu erwerben; günstig bekommt man diese in den Läden der EMPiK-Kette, die in allen großen Städten mit Filialen vertreten ist.

### Buchtipps

**Kulturschock Polen. Reise Know How: Bielefeld 2005** Andere Länder, andere Sitten: Vom Handkuss bis zum Madonnenfieber werden all jene irritierenden Erfahrungen beschrieben, die man im Umgang mit dem Nachbarn macht – eine spannende Begleitlektüre für jeden Polenurlaub!

**Bruno Schulz: Die Zimtläden und alle anderen Erzählungen. dtv, München 2004.** Der polnisch-jüdische Autor (1892–1942) zählt zu den großen europäischen Schriftstellern und wird oft mit Kafka verglichen. Seine Geschichten sind voll fantastischer Einfälle und Träume, doch lassen sie immer die reale Welt des galizischen Schtetl durchscheinen: Menschen am Rand des Abgrunds, bedroht von sozialem Abstieg.

**Andrzej Stasiuk: Das Flugzeug aus Karton. Suhrkamp. Frankfurt/M. 2004.** Der z. Z. bekannteste polnische Autor lebt in den Waldkarpaten (Bieszczady) und wurde in Deutschland durch die »Galizischen Geschichten« und den Roman »Die Welt hinter Dukla« bekannt. Die Prosaskizzen seines neuesten Werks spiegeln das Misstrauen vieler polnischer Intellektueller gegenüber der von Westen vordringenden Einheitskultur.

### Diplomatische Vertretungen

*In Polen*

**Deutsche Botschaft**
ul. Dąbrowiecka 30, 03-932 Warszawa;
Tel. 0 22/5 84 17 00, Fax 5 84 17 39,
www.ambasadaniemiec.pl

**Deutsche Konsularabteilung**
ul. Jazdów 12-B, 00-467 Warszawa;
Tel. 0 22/5 84 19 00, Fax 5 84 19 29

**Österreichische Botschaft**
ul. Gagarina 34, 00-748 Warszawa;
Tel. 0 22/8 41 00 81, Fax 8 41 00 85

**Schweizer Botschaft**
al. Ujazdowskie 27, 00-540 Warszawa;
Tel. 0 22/6 28 04 81, Fax 6 21 05 48

*In Deutschland*

**Polnische Botschaft**
Lassenstr. 19–21; 14193 Berlin;
Tel. 0 30/2 23 13-0, Fax 2 23 13-1 55;
www.botschaft-polen.de, E-Mail:
info@botschaft-polen.de

**Konsularabteilung**
Richard-Strauss-Str. 11, 14193 Berlin;
Tel. 0 30/2 23 13-0; Fax 2 23 13-2 12;
E-Mail: Konsulat.Berlin@botschaft-polen.de

*In Österreich*

**Polnische Botschaft**
Hietzinger Hauptstr. 42-C; 1130 Wien;
Tel. 01/8 70 15-1 00 oder -1 28, Fax
8 70 15-1 36; www.botschaftrp.at

*In der Schweiz*

**Polnische Botschaft**
Elfenstr. 20-A; 3006 Bern;
Tel. 0 31/3 58 02 02, Fax 3 58 02 16;
www.pol-amb.ch

### Feiertage

| | |
|---|---|
| 1. Januar | **Neujahr** |
| März/April | **Ostern** |
| 1. Mai | **Tag der Arbeit** |
| 3. Mai | **Tag der Verfassung** |
| Mai/Juni | **Fronleichnam** |
| 15. August | **Mariä Himmelfahrt** |
| 1. November | **Allerheiligen** |
| 11. November | **Tag der Unabhängigkeit** |
| 25./26. Dezember | **Weihnachten** |

### Geld

Gültiges Zahlungsmittel bleibt bis zur Einführung des Euro der złoty (zł oder PLN), doch schon jetzt wird der Euro in vielen Hotels und Restaurants akzeptiert. 1 Euro entspricht 4,4 zł (Stand: Januar 2005). In der Bank (Mo–Fr 8–17, Sa 8–14 Uhr) fallen beim Tausch Gebühren an, nicht aber in der Wechselstube (»kantor«, meist länger geöffnet). Gängige Kreditkarten, allen voran MasterCard und Visa, werden in allen größeren Hotels und Geschäften akzeptiert, fast jede Bank verfügt inzwischen auch über einen Geldautomaten (»bankomat«).

**Nebenkosten** (in Euro)

| | |
|---|---|
| 1 Tasse Kaffee | 1,00 |
| 1 Bier | 1,50 |
| 1 Cola | 1,00 |
| 1 Schachtel Zigaretten | ab 1,20 |
| Tagesgericht im Lokal | ab 3,00 |
| 1 Liter Superbenzin | 0,80 |
| Mietwagen/Woche | ab 300,00 |
| Taxifahrt (1 km) | 1,00 |
| Eintrittskarte Museum meist | 0,5–2,00 * |

* Liegt der Preis für den Museumsbesuch über 2 €, wird er in diesem Buch gesondert aufgeführt. Kinder erhalten in Museen 30–50 % Rabatt.

Stand: Februar 2005

### Internet

Offizielle Websites, z. B. die der Botschaft und des Fremdenverkehrsamts, sind recht zuverlässig, während auf privaten Seiten die Information häufig im Schatten bezahlter Werbung steht.

**www.polen-info.de/**
**www.poleninfo.at**
Übersichtlich angeordnete Website der Polnischen Fremdenverkehrsämter Berlin bzw. Wien mit den neuesten Nachrichten aus dem Nachbarland, einer Beschreibung touristisch wichtiger Orte und nützlichen Tipps für die Planung der Reise.

**www.botschaft-polen.de**
Online-Service der polnischen Botschaft mit aktuellen Nachrichten aus Politik und Kultur, interessanten Ausführungen zu Land & Leuten sowie den deutsch-polnischen Beziehungen.

**www.auswaertiges-amt.de**
Offizielle Reiseinformationen des Auswärtigen Amts mit Länder- und Reiseinfos, einem Archiv mit Pressemitteilungen, Reden und Interviews, Sicherheitshinweisen und nützlichen Links.

**www.hotelsinpoland.com**
Unterkünfte in Hotels und Schlössern, nach Städten und Provinzen alphabetisch sortiert.

**www.campingpolska.com**
Gut aufbereitete Website mit Service-Adressen, Reportagen und den Programmen von Aktiv-Veranstaltern.

**www.wetteronline.de/Polen.htm**
Aktuelles Wetter für Polen.

### Medizinische Versorgung

Gesetzlich Krankenversicherte bekommen bei ihrer jeweiligen Krankenkasse eine Anschriftenliste des Nationalen Polnischen Gesundheitsfonds NFZ (Narodowy Fundusz Zdrowia). Bei den auf diesem Merkblatt aufgeführten Ärzten und Zahnärzten kann man sich gegen Vorlage der Europäischen Versicherungskarte im Notfall behandeln lassen. Man zahlt dem polnischen Arzt die vor Ort erbrachten Leistungen und erhält von der Krankenkasse jene Summe zurück, die beim entsprechenden Arztbesuch im Heimatland angefallen wäre. Zur Erstattung der Kosten benötigt man ausführliche Quittungen mit Datum, Namen des Arztes und Angaben zu Art, Umfang und Kosten der Behandlung. Der Abschluss einer zusätzlichen privaten Auslandskrankenversicherung sichert auf alle Fälle vor der Gefahr, dass die heimische Krankenkasse eventuell nicht bereit ist, alle entstandenen Kosten zu übernehmen.

Arzneimittel bekommt man preiswert und oft ohne Rezept in der **Apotheke** (»apteka«). Wer nachts oder an Feiertagen Medikamente braucht, ist auf Apotheken mit Sonderdienst angewiesen. Die entsprechende Übersicht findet man in Tageszeitungen sowie am Eingang geschlossener Apotheken.

### Notruf

**Taxi** 919
**Polizei** 997
**Feuerwehr** 998
**Ambulanz** 999
**Pannendienst** 981

Über den speziellen Touristen-Notruf 0800/200300 (kostenfrei) oder die Handy-Rufnummer 0048/226015555 (gebührenpflichtig) können sich Urlauber während der Sommermonate (tgl. 8–24 Uhr) sogar auf Deutsch oder Englisch an die Polizei wenden.

### Post

Postämter sind in der Regel Mo–Sa 8–20 Uhr geöffnet. Sie verfügen über Kartentelefone und verkaufen Telefonkarten. Briefmarken gibt es außer in der Post auch im Hotel und am Zeitungskiosk.

### Reisedokumente

Bürger der Bundesrepublik Deutschland und Österreichs brauchen für die Einreise den Personalausweis, Bürger der Schweiz einen Reisepass, der noch mindestens sechs Monate gültig ist. Personen unter 16 Jahren benötigen einen Kinderausweis mit Lichtbild oder müssen im Pass der Eltern eingetragen sein.

Wer mit dem eigenen Hund oder der Katze nach Polen reisen will, muss einen EU-Heimtierausweis besitzen, worin Name, Alter, Rasse und Geschlecht des Tieres sowie die Kennzeichnungsnummer vermerkt sind. Der Arzt hat im Pass außerdem die gültige Tollwutimpfung zu bescheinigen. Sowohl Hund als auch Katze müssen mit einer Tätowierung oder einem unter die Haut injizierten Mikrochip identifizierbar sein. Vergessen Tierhalter die nötigen Vorbereitungen, werden die Vierbeiner auf Kosten des Halters zurückgeschickt oder für die Dauer von mindestens vier Monaten in amtlicher Quarantäne untergebracht.

### Reiseknigge

**Danke schön!**

Seien Sie nicht irritiert, wenn Sie so oft das Wort »dziękuję« (danke) hören. Seit der Zeit, da Polen eine Adelsrepublik war, spielt Etikette in diesem Land eine große Rolle – selbst im Hotelaufzug mag es geschehen, dass sich jemand bei Ihnen für die gemeinsame Fahrt bedankt. Vorsicht ist freilich angesagt, wenn Sie im Restaurant die Rechnung bezahlen und auch dort brav ein »dziekuję« flüstern. Der Kellner wertet dies als Signal, dass Sie aufs Restgeld gerne verzichten. Also sagen Sie besser »proszę« (bitte sehr), wobei Sie die Börse geöffnet halten. Damit ist klar gestellt: Die Differenz soll ausgezahlt werden. Wollen Sie sich für einen guten Service bedanken, so lassen Sie 5–10 % der Gesamtsumme als **Trinkgeld** zurück.

### Handkuss
Als Frau in Polen wird man öfters mit einem Handkuss bedacht: Kaum hat man dem Mann zur Begrüßung die Hand entgegengestreckt, hat er sie schon ergriffen und darauf seinen Kuss gehaucht oder geschmatzt. In Polen begrüßt der Mann immer zuerst die Frau, d. h., der Handkuss für die Sekretärin hat Vorrang vor dem Händedruck für den Chef!

### Einladung
Wird man zum Essen eingeladen, sollte man sich nach Möglichkeit gut, auf alle Fälle aber gepflegt anziehen, um den Gastgebern Respekt zu zollen. In der Regel bringt man ein Geschenk mit: z. B. Blumen für die Frau oder eine Flasche Wodka für den Mann. Wird beim Essen ein »Wässerchen« angeboten, sage man nicht »nein«: Zumindest bei der ersten Runde rechnet man fest auf Ihre Mitwirkung! Machen Sie auch nicht den Fehler, den Umtrunk mit russischer Zecherei zu vergleichen. In den meisten Fällen gilt: Der Pole trinkt mit Maß, der Russe säuft!

## Sprache
Das Polnische gehört zu den westslawischen Sprachen und hat sieben Deklinationsfälle. Die Betonung liegt in der Regel auf der vorletzten Silbe. Charakteristisch für das Polnische sind die Nasale, die man auch aus dem Französischen kennt, sowie einige Zischlaute und die weich ausgesprochenen Konsonanten.

In den Städten hat man kaum Sprachprobleme. Viele junge Polen lernen Englisch (seltener Deutsch) und sind darauf erpicht, ihre neu erworbenen Kenntnisse auszuprobieren. Gleichwohl kann es nichts schaden, vor der Abfahrt ein paar Brocken Polnisch zu lernen (→ Sprachführer, S. 160).

## Sicherheit
Aufgrund der immer noch hohen Quote von Autodiebstählen sollte man das Fahrzeug möglichst auf bewachten Plätzen abstellen – vor allem dann, wenn es sich um ein neues und teures Modell handelt. Wertsachen bitte nie im Wagen liegen lassen, größere Bargeldsummen im Hotelsa-

*Die Heilige Jadwiga ist die Schutzheilige Schlesiens: Für ihren Beitrag zur Ausbreitung des Christentums im damals heidnischen Schlesien wurde sie 1267 heilig gesprochen.*

fe deponieren! Außerdem empfiehlt es sich, von Pass und Führerschein eine Fotokopie anzufertigen. Dies erleichtert die Ausstellung von Ersatzpapieren im Falle eines Diebstahls.

### Telefon

Die meisten öffentlichen Telefonzellen funktionieren mit speziellen Karten, die in der Post und am Zeitungsstand erhältlich sind. Will man ein Auslandsgespräch führen, wählt man für Deutschland die 00 49, für Österreich die 00 43 und für die Schweiz die 00 41; bei der anschließenden Ortskennzahl ist die Anfangsnull wegzulassen. Für die Verbindungen von Deutschland nach Polen lautet die Landesvorwahl 00 48; auch hier wird bei der nachfolgenden Ortszahl die erste Null gestrichen. Das Mobiltelefon lässt sich in Polen problemlos nutzen.

### Zeitungen

In den großen polnischen Städten treffen die wichtigsten deutschen Zeitungen meist noch am selben Tag ein. Erhältlich sind sie an den Presseständen größerer Hotels und in den Läden der EMPiK-Kette.

### Zoll

Reisende aus Deutschland und Österreich dürfen maximal 200 Zigaretten steuerfrei aus Polen einführen. Sonstige Artikel und Genusswaren sind abgabenfrei, sofern ihre Menge den privaten Eigenverbrauch nicht übersteigt. Diesen definiert der Zoll wie folgt: 400 Zigarillos, 200 Zigarren oder 1 kg Tabak, 10 Liter Spirituosen, 90 Liter Wein und 110 Liter Bier sowie 10 kg Kaffee. Im Reservekanister dürfen max. 20 Liter Kraftstoff transportiert werden. Die Ein- und Ausfuhr von Devisen in Höhe von mehr als 5000 € ist deklarationspflichtig. Auch weiterhin ist die Ausfuhr von Büchern, Kunstwerken und Antiquitäten, die vor dem 9. Mai 1945 hergestellt wurden, ohne vorherige Genehmigung der zuständigen polnischen Behörden verboten.

*Eine gemütliche Fahrt mit der Pferdekutsche gehört eigentlich zu jeder Polenreise – und macht sicher nicht nur Kindern Spaß.*

# Kartenatlas

## Orientierung leicht gemacht: mit Planquadraten und allen Orten und Sehenswürdigkeiten.

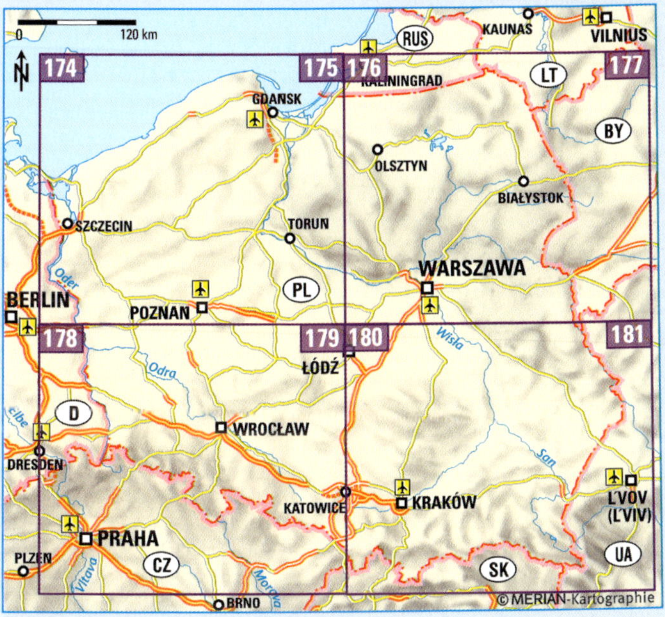


## Legende

### Routen und Touren

- Ins Land der 3000 Seen (S. 144)
- Paddeltour auf der Krutynia (S. 146)
- Multikulturelles Grenzland im Nordosten (S. 149)
- Das Reich des Rübezahl (S. 152)
- Durch Schlesien und das ehemalige Galizien (S. 153)
- Der »wilde Osten« im Dreiländereck (S. 154)

### Sehenswürdigkeiten

- MERIAN-TopTen
- MERIAN-Tipp
- Sehenswürdigkeit, öffentl. Gebäude
- Sehenswürdigkeit Kultur

### Sehenswürdigkeiten ff.

- Sehenswürdigkeit Natur
- Kirche
- Kloster
- Synagoge
- Schloss, Burg; Ruine
- Museum
- Denkmal; Gedenkstätte
- Höhle

### Verkehr

- Autobahn
- Autobahnähnliche Straße
- Fernverkehrsstraße
- Hauptstraße
- Nebenstraße

### Verkehr ff.

- Parkmöglichkeit
- Busbahnhof
- Bahnhof
- S-Bahn
- Schiffsanleger
- Flughafen; -platz

### Sonstiges

- Information
- Theater
- Markt
- Jüdischer Friedhof
- Nationalparkgrenze
- Nationalpark

A B C

1
2
3
4

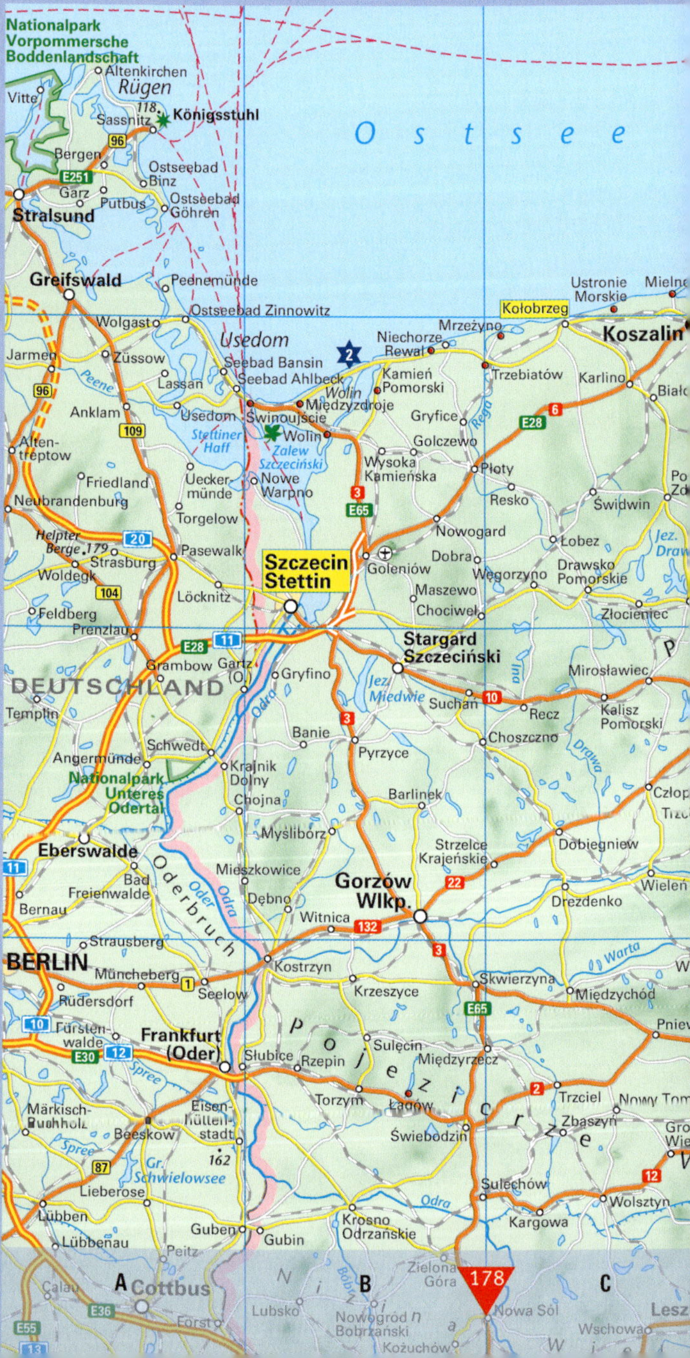

Nationalpark Vorpommersche Boddenlandschaft
Altenkirchen
Rügen
Vitte
118
Königsstuhl
Sassnitz
96
Bergen
Ostseebad Binz
E251
Garz
Putbus
Ostseebad Göhren
Stralsund
Ostsee
Greifswald
Peenemünde
Ostseebad Zinnowitz
Wolgast
Usedom
Jarmen
Züssow
Peene
Lassan
Seebad Bansin
Seebad Ahlbeck
96
Anklam
Usedom
Świnoujście
Wolin
Międzyzdroje
109
Stettiner Haff
Wolin
Zalew Szczeciński
Alten-treptow
Friedland
Ueckermünde
Nowe Warpno
Neubrandenburg
Torgelow
Helpter Berge 179
20
Pasewalk
Strasburg
Woldegk
104
Löcknitz
Feldberg
Prenzlau
Szczecin Stettin
E28
11
Grambow
Gartz (O.)
Gryfino
DEUTSCHLAND
Templin
Odra
Schwedt
Angermünde
Krajnik Dolny
Nationalpark Unteres Odertal
Chojna
Eberswalde
Myślibórz
11
Bad Freienwalde
Mieszkowice
Oderbruch
Oder
Odra
Bernau
Dębno
Witnica
Strausberg
BERLIN
Müncheberg
1
Kostrzyn
Seelow
Rüdersdorf
10
Fürstenwalde
Frankfurt (Oder)
E30
12
Słubice
Rzepin
Spree
Märkisch-Buchholz
Eisenhüttenstadt
Beeskow
Spree
162
87
Gr. Schwielowsee
Lieberose
Lübben
Guben
Gubin
Lübbenau
Peitz
Cottbus
E36
Forst
E55
13
Lubsko
Nowogród Bobrzański
Bóbr
Kożuchów
Zielona Góra
178
Nowa Sól
Wschowa
Leszno
2
Niechorze
Mrzeżyno
Rewal
Kołobrzeg
Ustronie Morskie
Mielno
Koszalin
Kamień Pomorski
Trzebiatów
Karlino
Biało
Gryfice
Rega
E28
6
Golczewo
Wysoka Kamieńska
Płoty
Resko
Świdwin
3
E65
Nowogard
Łobez
Jez. Drawsko
Dobra
Goleniów
Węgorzyno
Drawsko Pomorskie
Maszewo
Chociwel
Złocieniec
Stargard Szczeciński
Ina
Jez. Miedwie
Mirosławiec
Suchań
10
Recz
Kalisz Pomorski
3
Banie
Choszczno
Pyrzyce
Drawa
Człopa
Barlinek
Dobiegniew
Strzelce Krajeńskie
Gorzów Wlkp.
22
Wieleń
Drezdenko
132
3
Warta
Skwierzyna
Międzychód
Krzeszyce
E65
Pojezierze
Sulęcin
Międzyrzecz
Torzym
Łagów
2
Trzciel
Nowy Tomyśl
Zbąszyń
Świebodzin
Sulechów
12
Odra
Wolsztyn
Krosno Odrzańskie
Kargowa
A
B
C

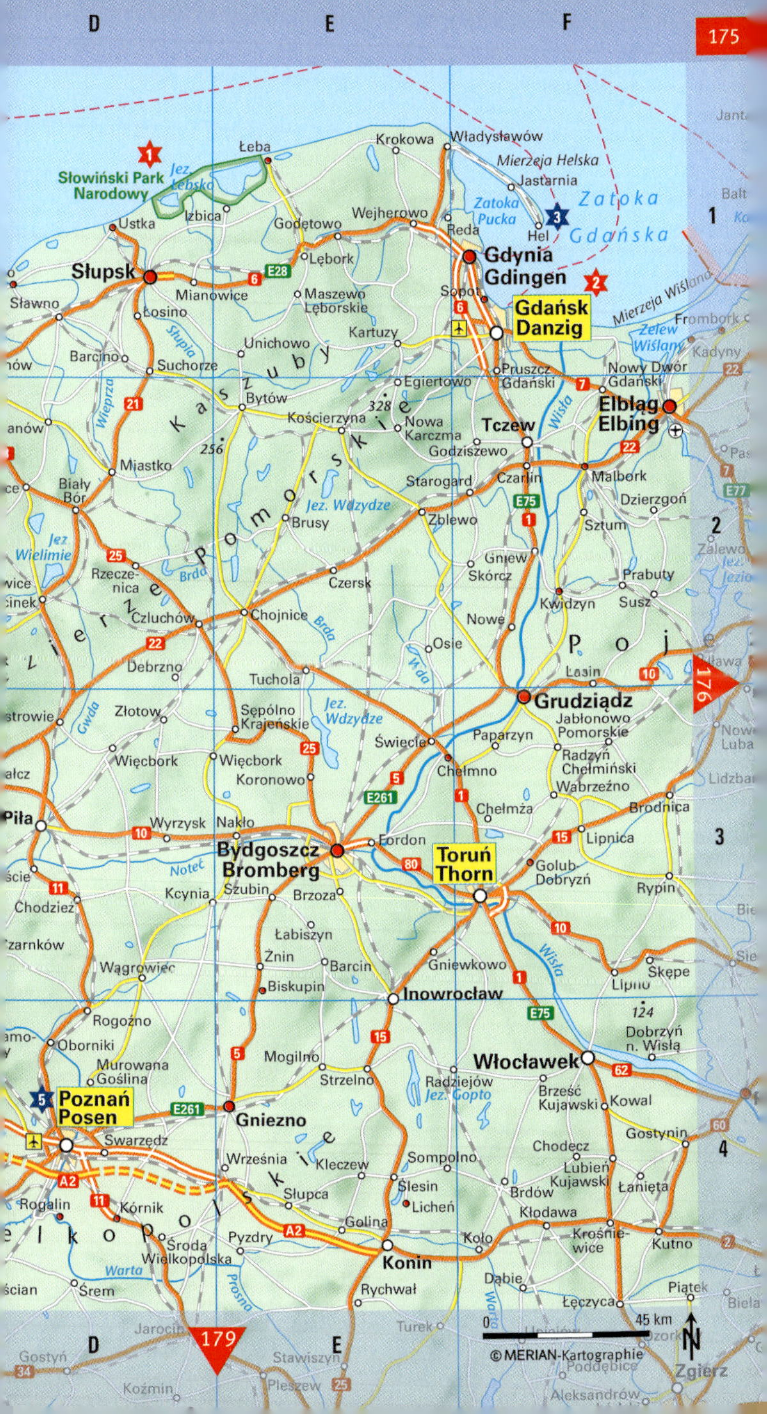
D
E
F
1
2
3
4
Słowiński Park Narodowy
Jez. Łebsko
Łeba
Krokowa
Władysławów
Mierzeja Helska
Jastarnia
Zatoka Pucka
Zatoka Gdańska
Hel
Ustka
Izbica
Godętowo
Wejherowo
Reda
Gdynia
Gdingen
Słupsk
Lębork
Mianowice
Sopot
Gdańsk
Danzig
Sławno
Łosino
Maszewo Lęborskie
Kartuzy
Mierzeja Wiślana
Frombork
Zalew Wiślany
Kadyny
Unichowo
Barcino
Suchorze
Słupia
Kaszuby
Egiertowo
Pruszcz Gdański
Nowy Dwór Gdański
Elbląg
Elbing
Wieprza
Bytów
Kościerzyna
Nowa Karczma
Tczew
Wisła
Godziszewo
Miastko
Starogard
Czarlin
Malbork
Biały Bór
Jez. Wdzydze
Zblewo
Dzierzgoń
Pomorskie
Brusy
Sztum
Jez. Wielimie
Gniew
Skórcz
Prabuty
Rzeczenica
Czersk
Kwidzyn
Susz
Człuchów
Chojnice
Brda
Nowe
Osie
Pojezierze
Debrzno
Wda
Łasin
Tuchola
Grudziądz
Złotow
Sępólno Krajeńskie
Jez. Wdzydze
Jabłonowo Pomorskie
Świecie
Paparzyn
Gwda
Więcbork
Radzyń Chełmiński
Chełmno
Wąbrzeźno
Koronowo
Chełmża
Brodnica
Piła
Wyrzysk
Nakło
Fordon
Lipnica
Bydgoszcz
Bromberg
Toruń
Thorn
Noteć
Golub-Dobrzyń
Kcynia
Szubin
Brzoza
Rypin
Chodzież
Łabiszyn
Żnin
Barcin
Gniewkowo
Skępe
Wągrowiec
Biskupin
Lipno
Inowrocław
Rogoźno
Oborniki
Dobrzyń n. Wisłą
Mogilno
Włocławek
Murowana Goślina
Strzelno
Radziejów
Jez. Gopło
Brześć Kujawski
Kowal
Poznań
Posen
Gniezno
Gostynin
Swarzędz
Chodecz
Września
Kleczew
Sompolno
Lubień Kujawski
Ślesin
Brdów
Łanięta
Wielkopolskie
Rogalin
Kórnik
Słupca
Licheń
Kłodawa
Golina
Krośniewice
Kutno
Pyzdry
Kolo
Środa Wielkopolska
Konin
Warta
Dąbie
Śrem
Prosna
Rychwał
Łęczyca
Piątek
Turek
Jarocin
179
176
45 km
N
© MERIAN-Kartographie
Gostyń
Stawiszyn
Zgierz
Koźmin
Pleszew
Poddębice
Aleksandrów

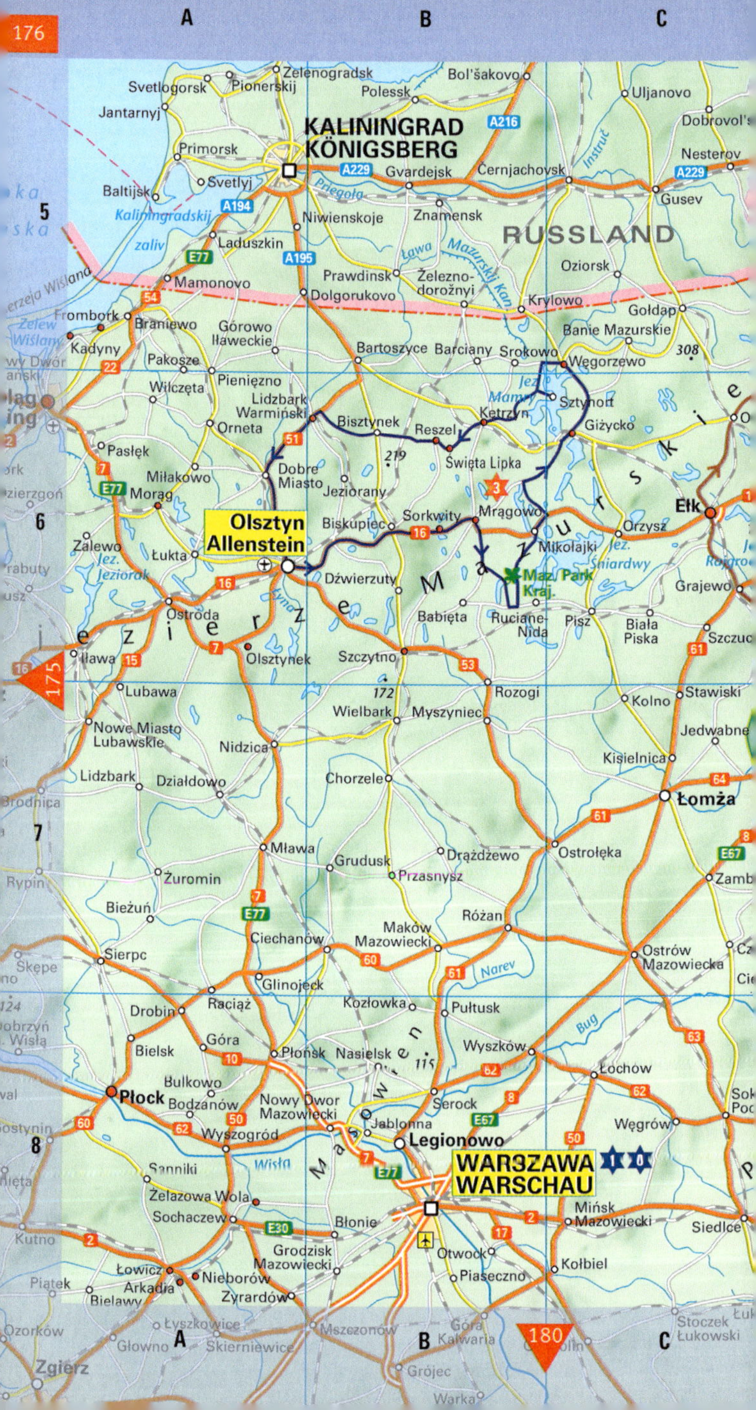
A
B
C
5
6
7
8
KALININGRAD
KÖNIGSBERG
RUSSLAND
Zelenogradsk
Svetlogorsk
Pionerskij
Polessk
Bol'šakovo
Uljanovo
Dobrovol's
Jantarnyj
Primorsk
Svetlyj
Baltijsk
Kaliningradskij zaliv
Pregola
A216
A229
A194
A195
E77
Gvardejsk
Černjachovsk
Instruč
Nesterov
Gusev
Niwienskoje
Znamensk
Laduszkin
Ława
Mazurskij Kan.
Oziorsk
Prawdinsk
Železnodorožnyi
Mamonovo
Dolgorukovo
Krylowo
Gołdap
Frombork
Braniewo
Górowo Iławeckie
Zalew Wiślany
Mierzeja Wiślana
Kadyny
Bartoszyce
Barciany
Srokowo
Węgorzewo
Banie Mazurskie
308
Pakosze
Pieniężno
Wilczęta
Lidzbark Warmiński
Jez. Mamry
Sztynort
Kętrzyn
Bisztynek
Reszel
Giżycko
Orneta
Pasłęk
Dobre Miasto
219
Święta Lipka
Miłakowo
Morąg
Jeziorany
Ełk
Sorkwity
Mrągowo
Biskupiec
Orzysz
Olsztyn
Allenstein
Mikołajki
Jez. Śniardwy
Załewo
Jez. Jeziorak
Łukta
Dźwierzuty
Maz. Park Kraj.
Grajewo
Ostróda
Babięta
Ruciane-Nida
Pisz
Biała Piska
Szczuczyn
Iława
Olsztynek
Szczytno
Jeziorze
Mazury
Mazurskie
175
Lubawa
172
Rozogi
Kolno
Stawiski
Nowe Miasto Lubawskie
Wielbark
Myszyniec
Jedwabne
Nidzica
Kisielnica
Lidzbark
Działdowo
Chorzele
Łomża
Mława
Grudusk
Drążdżewo
Ostrołęka
Żuromin
Przasnysz
Zambrów
Bieżuń
Różan
Maków Mazowiecki
Ciechanów
Sierpc
Ostrów Mazowiecka
Skępe
Glinojeck
Narev
Drobin
Raciąż
Kozłowka
Pułtusk
Bielsk
Góra
Bug
Płońsk
Nasielsk
115
Wyszków
Łochów
Płock
Bulkowo
Bodzanów
Nowy Dwór Mazowiecki
Serock
Węgrów
Wyszogród
Jabłonna
Legionowo
Wisła
Mazowsze
Sanniki
WARSZAWA
WARSCHAU
Żelazowa Wola
Sochaczew
Błonie
Mińsk Mazowiecki
Siedlce
Kutno
E30
Grodzisk Mazowiecki
Otwock
Łowicz
Nieborów
Kołbiel
Piaseczno
Arkadia
Piątek
Bielawy
Żyrardów
Łyszkowice
Ozorków
Głowno
Skierniewice
Mszczonów
Góra Kalwaria
Stoczek Łukowski
Zgierz
Grójec
Warka
180

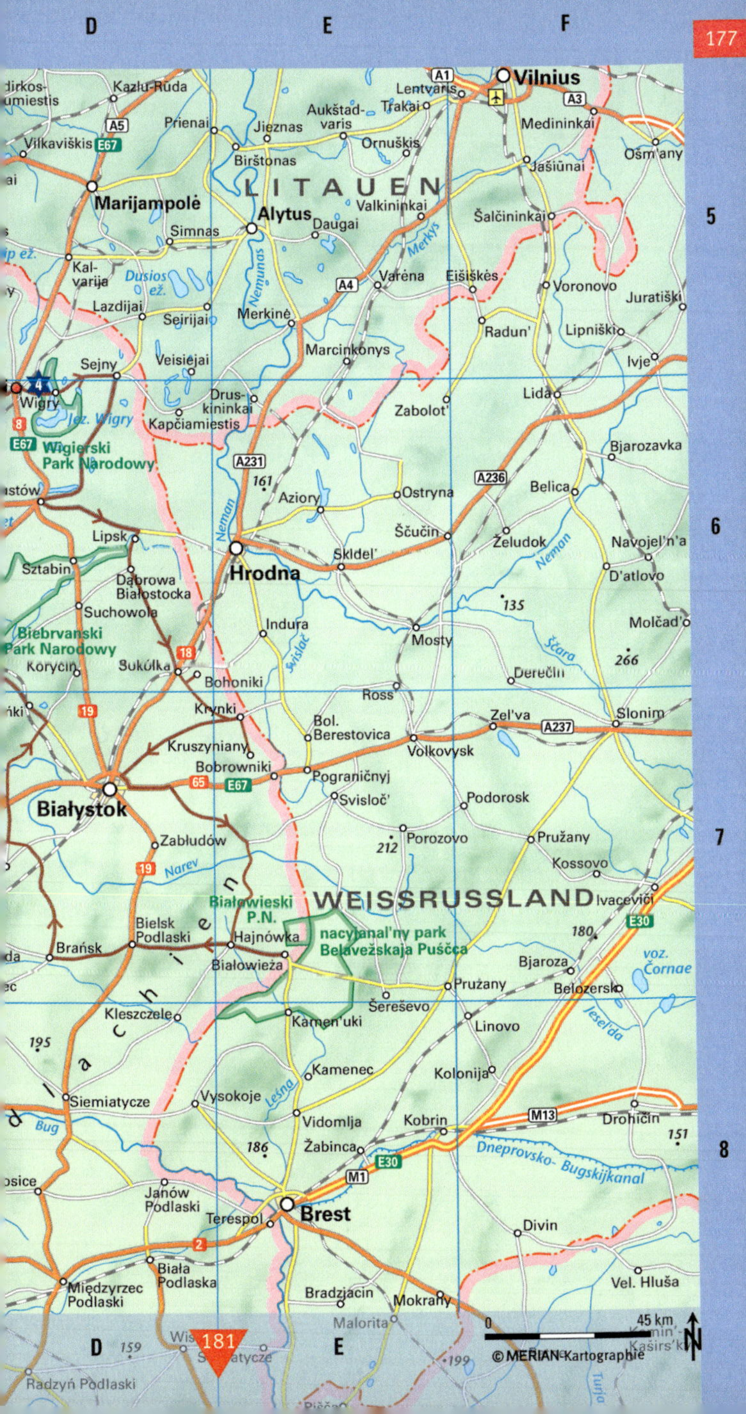
D
E
F
5
6
7
8
LITAUEN
WEISSRUSSLAND
Vilnius
Lentvaris
Trakai
Medininkai
Ošm'any
Jašiūnai
Kazlų Rūda
Prienai
Jieznas
Aukštad-
varis
Ornuškis
Birštonas
Vilkaviškis
Marijampolė
Alytus
Daugai
Valkininkai
Šalčininkai
Simnas
Kal-
varija
Dusios
ež.
Nemunas
Merkys
Varėna
Eišiškės
Voronovo
Juratiški
Lazdijai
Seirijai
Merkinė
Radun'
Lipniški
Marcinkonys
Ivje
Sejny
Veisiejai
Wigry
Jez. Wigry
Drus-
kininkai
Kapčiamiestis
Zabolot'
Lida
Wigierski
Park Narodowy
A231
161
Aziory
Ostryna
A236
Belica
Bjarozavka
Neman
Lipsk
Ščučin
Želudok
Navojel'n'a
Sztabin
Hrodna
Skidel'
D'atlovo
Dąbrowa
Białostocka
Suchowola
135
Indura
Mosty
Molčad'
Biebrvanski
Park Narodowy
Korycin
Sokółka
Svislač
Ščara
266
Bohoniki
Derečin
Ross
Krynki
Zel'va
A237
Slonim
Bol.
Berestovica
Volkovysk
Kruszyniany
Bobrowniki
Pograničnyj
Białystok
Svisloč'
Podorosk
Zabłudów
Porozovo
212
Pružany
Kossovo
Narev
Białowieski
P.N.
Ivacevići
nacyjanal'ny park
Belavežskaja Pušča
Bielsk
Podlaski
Hajnówka
180
E30
Brańsk
Białowieża
Bjaroza
voz.
Čornae
Pružany
Belozersk
Šereševo
Kleszczele
Kamen'uki
Linovo
Jasel'da
195
Kamenec
Kolonija
Siemiatycze
Vysokoje
Lesna
Vidomlja
Kobrin
M13
Drohičin
Bug
186
Žabinca
151
Dneprovsko- Bugskijkanal
M1
Janów
Podlaski
Terespol
Brest
Divin
Biała
Podlaska
Międzyrzec
Podlaski
Bradzjacin
Mokrany
Vel. Hluša
Malorita
159
199
0
45 km
Radzyń Podlaski
© MERIAN-Kartographie
181

9
10
11
12

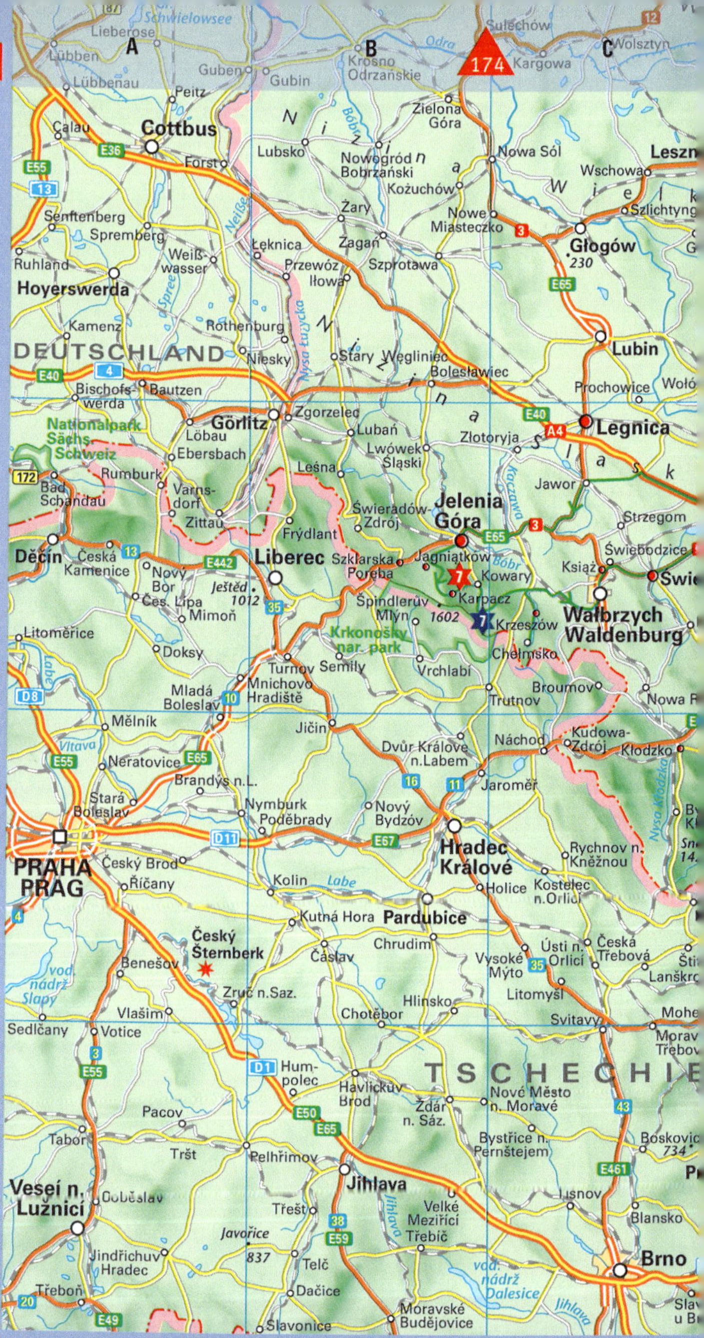
A
B
C
174
Schwielowsee
Lieberose
Lübben
Lübbenau
Guben
Gubin
Krosno Odrzańskie
Odra
Sulechów
Kargowa
Wolsztyn
Peitz
Cottbus
Calau
Forst
Lubsko
Nowogród Bobrzański
Zielona Góra
Nowa Sól
Kożuchów
Wschowa
Leszno
Szlichtyngowa
Nowe Miasteczko
Głogów
230
Senftenberg
Spremberg
Ruhland
Weißwasser
Hoyerswerda
Łęknica
Żary
Żagań
Przewóz
Iłowa
Szprotawa
Neiße
Spree
Bóbr
Nizina Śląska
Kamenz
Rothenburg
DEUTSCHLAND
Niesky
Nysa Łużycka
Stary
Węgliniec
Bolesławiec
Lubin
Prochowice
Wołów
Bischofswerda
Bautzen
Zgorzelec
Görlitz
Lubań
Lwówek Śląski
Złotoryja
Legnica
Löbau
Nationalpark Sächs. Schweiz
Ebersbach
Rumburk
Bad Schandau
Varnsdorf
Zittau
Leśna
Świeradów-Zdrój
Frýdlant
Jelenia Góra
Kaczawa
Jawor
Strzegom
Świebodzice
Książ
Świdnica
Děčín
Česká Kamenice
Nový Bor
Česká Lípa
Mimoň
Liberec
Ještěd
1012
Szklarska Poręba
Jagniątków
Kowary
Karpacz
Wałbrzych Waldenburg
Špindlerův Mlýn
1602
Krzeszów
Litoměřice
Labe
Doksy
Krkonošský nar. park
Chełmsko
Turnov
Semily
Vrchlabí
Mladá Boleslav
Mnichovo Hradiště
Trutnov
Broumov
Nowa Ruda
Mělník
Vltava
Jičín
Dvůr Králové n. Labem
Náchod
Kudowa-Zdrój
Kłodzko
Nysa Kłodzka
Neratovice
Brandýs n.L.
Jaroměř
Stará Boleslav
Nymburk
Poděbrady
Nový Bydžov
PRAHA PRAG
Hradec Králové
Rychnov n. Kněžnou
Český Brod
Říčany
Kolín
Labe
Holice
Kostelec n. Orlicí
Kutná Hora
Pardubice
Český Šternberk
Čáslav
Chrudim
Vysoké Mýto
Ústí n. Orlicí
Česká Třebová
Lanškroun
Benešov
vod. nádrž Slapy
Zruč n.Saz.
Hlinsko
Litomyšl
Vlašim
Chotěboř
Svitavy
Moravská Třebová
Sedlčany
Votice
TSCHECHIEN
Humpolec
Havlíčkův Brod
Žďár n. Sáz.
Nové Město n. Moravě
Pacov
Bystřice n. Pernštejem
Boskovice
734
Tábor
Tršť
Pelhřimov
Jihlava
Veselí n. Lužnicí
Soběslav
Třešť
Velké Meziříčí
Třebíč
Tišnov
Blansko
Javořice
837
Jindřichův Hradec
Telč
vod. nádrž Dalesice
Brno
Třeboň
Dačice
Moravské Budějovice
Slavonice
Jihlava
Slavkov u Brna

A B C

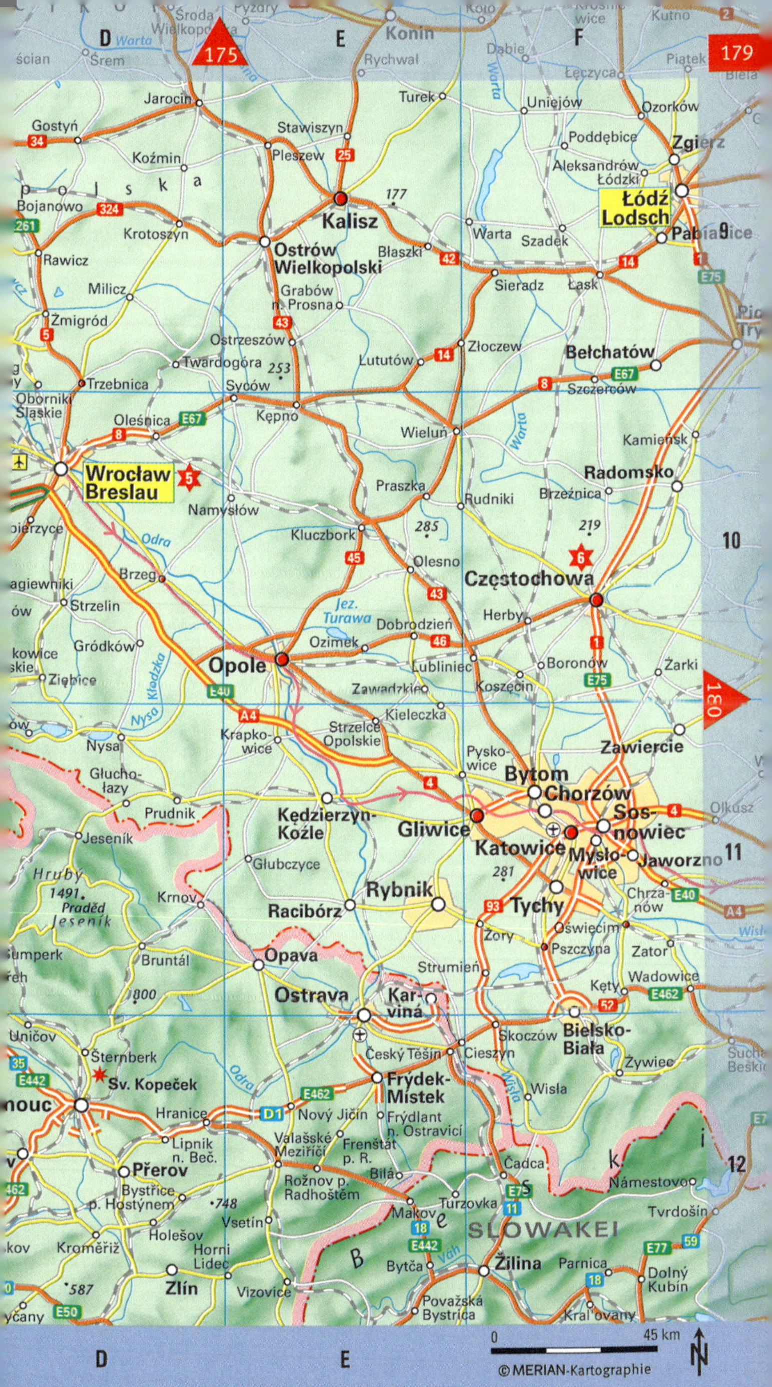
D
E
F
175
179
180
9
10
11
12
Konin
Środa Wielkopolska
Śrem
Warta
Rychwał
Koło
Dąbie
Kutno
Piątek
Łęczyca
Turek
Uniejów
Ozorków
Jarocin
Gostyń
Stawiszyn
Poddębice
Zgierz
Koźmin
Pleszew
Aleksandrów Łódzki
Łódź
Lodsch
Pabianice
Bojanowo
Kalisz
177
Krotoszyn
Ostrów Wielkopolski
Warta
Szadek
Błaszki
Rawicz
Sieradz
Łask
Milicz
Grabów n. Prosna
Żmigród
Ostrzeszów
Złoczew
Bełchatów
Twardogóra
253
Lututów
Trzebnica
Syców
Szczerców
Oborniki Śląskie
Kępno
Oleśnica
Wieluń
Kamieńsk
Wrocław
Breslau
Radomsko
Namysłów
Praszka
Rudniki
Brzeźnica
Odra
Kluczbork
285
219
Brzeg
Olesno
Częstochowa
Strzelin
Jez. Turawa
Herby
Dobrodzień
Ozimek
Gródków
Opole
Lubliniec
Boronów
Żarki
Ziębice
Zawadzkie
Koszęcin
Nysa
Kieleczka
Krapkowice
Strzelce Opolskie
Zawiercie
Nysa Kłodzka
Pyskowice
Głuchołazy
Bytom
Chorzów
Prudnik
Kędzierzyn-Koźle
Gliwice
Sosnowiec
Olkusz
Jeseník
Katowice
Mysłowice
Jaworzno
Głubczyce
Hrubý Jeseník
1491
Praděd
281
Krnov
Rybnik
Tychy
Chrzanów
Racibórz
Oświęcim
Žory
Pszczyna
Zator
Šumperk
Bruntál
Opava
Strumień
Kęty
Wadowice
800
Ostrava
Karviná
Uničov
Skoczów
Bielsko-Biała
Šternberk
Český Těšín
Cieszyn
Żywiec
Sucha Beskidzka
Sv. Kopeček
Frýdek-Místek
Wisła
Hranice
Nový Jičín
Frýdlant n. Ostravicí
Lipník n. Beč.
Valašské Meziříčí
Frenštát p. R.
Čadca
Přerov
Bílá
Námestovo
Bystřice p. Hostýnem
Rožnov p. Radhoštěm
748
Turzovka
Makov
Tvrdošín
Vsetín
Holešov
Kroměříž
Horní Lideč
SLOWAKEI
587
Zlín
Bytča
Žilina
Parnica
Dolný Kubín
Vizovice
Považská Bystrica
Kraľovany
Váh
0
45 km
N
© MERIAN-Kartographie

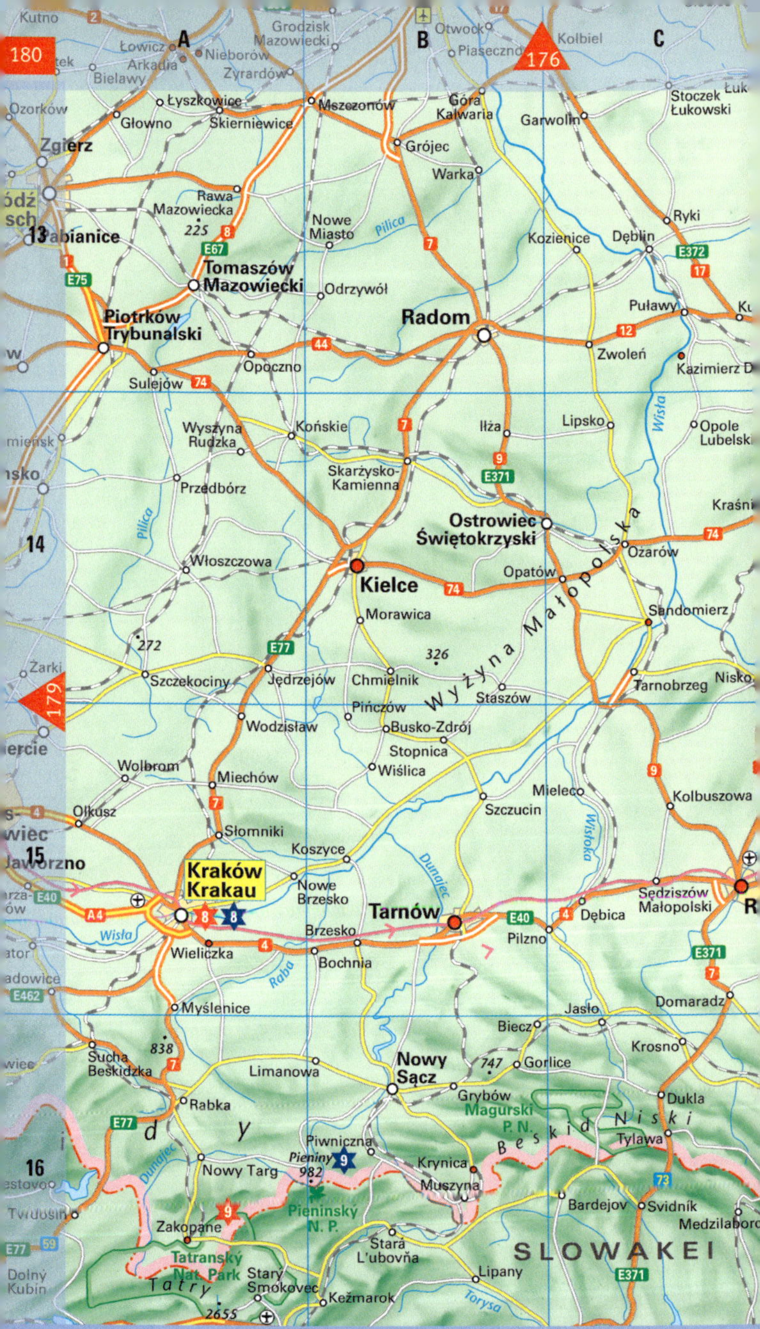
A
B
C
176
179
13
14
15
16
Kutno
Łowicz
Nieborów
Arkadia
Bielawy
Grodzisk Mazowiecki
Żyrardów
Otwock
Piaseczno
Kołbiel
Stoczek Łukowski
Ozorków
Łyszkowice
Głowno
Skierniewice
Mszczonów
Góra Kalwaria
Garwolin
Zgierz
Grójec
Warka
Rawa Mazowiecka
Nowe Miasto
Pilica
Ryki
225
Kozienice
Dęblin
Pabianice
E67
E372
E75
Tomaszów Mazowiecki
Odrzywół
Puławy
Piotrków Trybunalski
Radom
Zwoleń
Kazimierz D
Sulejów
Opoczno
Wyszyna Rudzka
Końskie
Iłża
Lipsko
Opole Lubelski
Wisła
Skarżysko-Kamienna
E371
Przedbórz
Ostrowiec Świętokrzyski
Kraśni
Ozarów
Włoszczowa
Kielce
Opatów
Sandomierz
Morawica
Wyżyna Małopolska
272
326
E77
Żarki
Szczekociny
Jędrzejów
Chmielnik
Staszów
Tarnobrzeg
Nisko
Pińczów
Busko-Zdrój
Wodzisław
Stopnica
Wiślica
Wolbrom
Miechów
Mielec
Kolbuszowa
Szczucin
Olkusz
Słomniki
Wisłoka
Koszyce
Dunajec
Jaworzno
Kraków Krakau
Nowe Brzesko
Sędziszów Małopolski
E40
A4
Tarnów
Dębica
Wisła
Brzesko
Pilzno
Wieliczka
Bochnia
Raba
E462
Myślenice
Jasło
Domaradz
Biecz
Krosno
838
Sucha Beskidzka
Limanowa
Nowy Sącz
747
Gorlice
Rabka
Grybów
Magurski P.N.
Dukla
Beskid Niski
Tylawa
Piwniczna
Pieniny
982
Krynica
Nowy Targ
Muszyna
Bardejov
Svidník
Medzilaborc
Tvrdošín
Zakopane
Pieninský N. P.
Stará Ľubovňa
SLOWAKEI
Dolný Kubín
Tatranský Nat. Park
Tatry
Starý Smokovec
Lipany
Kežmarok
Torysa
2655
E77
E371

A B C

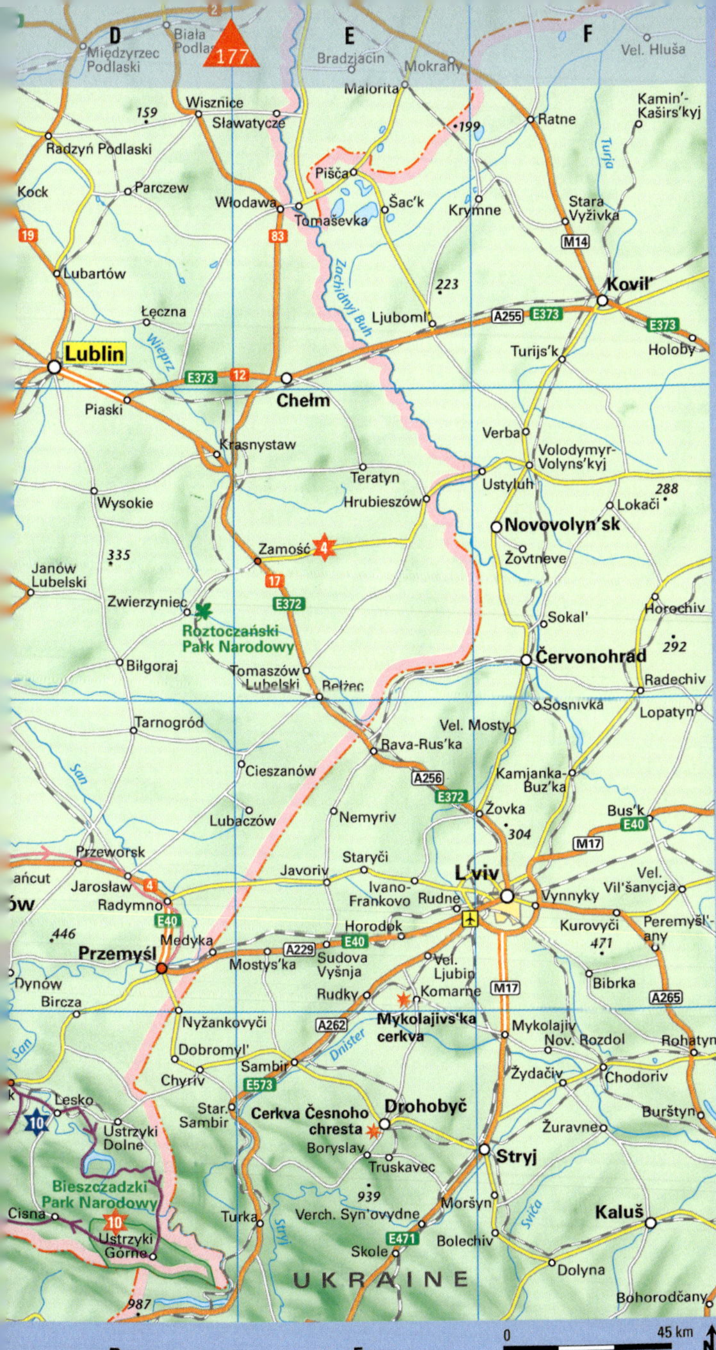
D
E
F
177
Międzyrzec Podlaski
Biała Podlaska
Bradzjacin
Mokrany
Vel. Hluša
Malorita
Wisznice
Sławatycze
159
199
Ratne
Kamin'-Kaširs'kyj
Radzyń Podlaski
Turija
Pišča
Parczew
Kock
Włodawa
Tomaševka
Šac'k
Krymne
Stara Vyživka
19
83
M14
13
Lubartów
Zachidnyj Buh
223
Kovil'
Łęczna
Ljuboml'
A255
E373
E373
Wieprz
Holoby
Turijs'k
Lublin
E373
12
Chełm
Piaski
Verba
Krasnystaw
Volodymyr-Volyns'kyj
Teratyn
Ustyluh
288
Wysokie
Hrubieszów
Lokači
Novovolyn's'k
14
Zamość
4
335
Žovtneve
Janów Lubelski
17
E372
Zwierzyniec
Sokal'
Horochiv
Roztoczański Park Narodowy
292
Červonohrad
Biłgoraj
Tomaszów Lubelski
Radechiv
Bełżec
Sosnivka
Lopatyn
Tarnogród
Vel. Mosty
Rava-Rus'ka
San
Cieszanów
Kamjanka-Buz'ka
A256
E372
Lubaczów
Nemyriv
Žovka
Bus'k
E40
304
M17
Przeworsk
Staryči
15
Łańcut
Javoriv
L'viv
Vel. Vil'šanycja
Jarosław
4
Ivano-Frankovo
Rudne
Vynnyky
Radymno
E40
Horodok
Kurovyči
Peremyšl'-any
446
Medyka
471
A229
E40
Przemyśl
Mostys'ka
Sudova Vyšnja
Vel. Ljubin
Dynów
Bibrka
Bircza
Rudky
Komarne
M17
A265
Nyžankovyči
A262
Mykolajivs'ka cerkva
Mykolajiv
San
Dnister
Nov. Rozdol
Rohatyn
Dobromyl'
Chyriv
Sambir
Žydačiv
Chodoriv
E573
Lesko
Star. Sambir
Cerkva Česnoho chresta
Drohobyč
10
Burštyn
Ustrzyki Dolne
Boryslav
Žuravne
Stryj
16
Truskavec
Bieszczadzki Park Narodowy
939
Cisna
10
Turka
Stryj
Verch. Syn'ovydne
Moršyn
Svića
Kaluš
Ustrzyki Górne
E471
Skole
Bolechiv
Dolyna
UKRAINE
987
Bohorodčany
D
E
0
45 km
N

Hier finden Sie alphabetisch aufgeführt alle in diesem Band beschriebenen Orte und Ziele, Routen und Touren. Bei einzelnen Sehenswürdigkeiten steht jeweils der dazugehörige Ort in Klammern, zusätzlich stehen die Abkürzungen H für Hotel, R für Restaurant und E für Einkaufen. Außerdem enthält das Register wichtige Stichworte sowie alle MERIAN-TopTen, Tipps und Favoriten dieses Reiseführers. Wird ein Begriff mehrfach aufgeführt, verweist die **fett** gedruckte Zahl auf die Hauptnennung im Band.

A



B



C



D



E

**Liebe Leserinnen und Leser,**
wir freuen uns, Ihre Meinung zu diesem Reiseführer zu erfahren. Bitte schreiben Sie uns, wenn Sie Berichtigungen und Ergänzungsvorschläge haben oder wenn Ihnen etwas besonders gut gefällt:

**TRAVEL HOUSE MEDIA GmbH,** Postfach 86 03 66, 81630 München
E-Mail: merian-live@travel-house-media.de Internet: www.merian.de

DER AUTOR
**Dieter Schulze** studierte Germanistik und Slavistik und promovierte mit einer Arbeit über das moderne Theater. Er lebt heute als freier Autor und Reisejournalist in Bremen. Zusammen mit Izabella Gawin, seiner aus Polen stammenden Partnerin, reist er jeden Sommer ins Nachbarland. Sein nächstes Projekt: ein Wanderbuch zu den Waldkarpaten (Bieszczady), diesem bisher wenig erschlossenen Naturparadies im Südosten Polens.

Alle Angaben in diesem Reiseführer sind gewissenhaft geprüft. Preise, Öffnungszeiten usw. können sich aber schnell ändern. Für eventuelle Fehler übernimmt der Verlag keine Haftung.

**Bei Interesse an Karten aus MERIAN-Reiseführern schreiben Sie bitte an:**
iPUBLISH GmbH, geomatics
Berg-am-Laim-Straße 47
81673 München
E-Mail: geomatics@ipublish.de

FOTOS
Titelbild: Malbork/Marienburg
Alle Fotos R. Freyer, außer:
D. Schulze 6, 7, 14, 16, 24, 26, 28, 30, 61, 84, 87, 92, 99, 100, 103, 109, 115, 124, 126, 137, 138, 139, 140/141, 144, 145, 148, 150, 151, 153, 155, 159, 166, 171, 172; T. Stankiewiecz 81



PROGRAMMLEITUNG
Susanne Böttcher
REDAKTION
Martina Gorgas
GESTALTUNG
wieschendorf.design, Berlin
KARTEN
MERIAN-Kartographie
PRODUKTION
Markus Plötz
SATZ
H3A GmbH, München
DRUCK
Appl, Wemding
BINDUNG
Auer, Donauwörth
GEDRUCKT AUF
Luxosamtoffset von Schneidersöhne

1. Auflage
ISBN 3-7742-7195-X

TRAVEL HOUSE MEDIA

*Ein Unternehmen der*
GANSKE VERLAGSGRUPPE